UPBEAT

The Story of the National Youth Orchestra of Iraq

求むマエストロ。
瓦礫《がれき》の国の少女より

イラク・ナショナル・ユース・
オーケストラの冒険

ポール・マカランダン
藤井留美 訳

ARTES

ズハル・スルタン。
バーラム・サーレハ宅のガーデンパーティーにて（2010年）©KRG

冒険が始まったバロニー・バーでの著者
©Markus Naegele

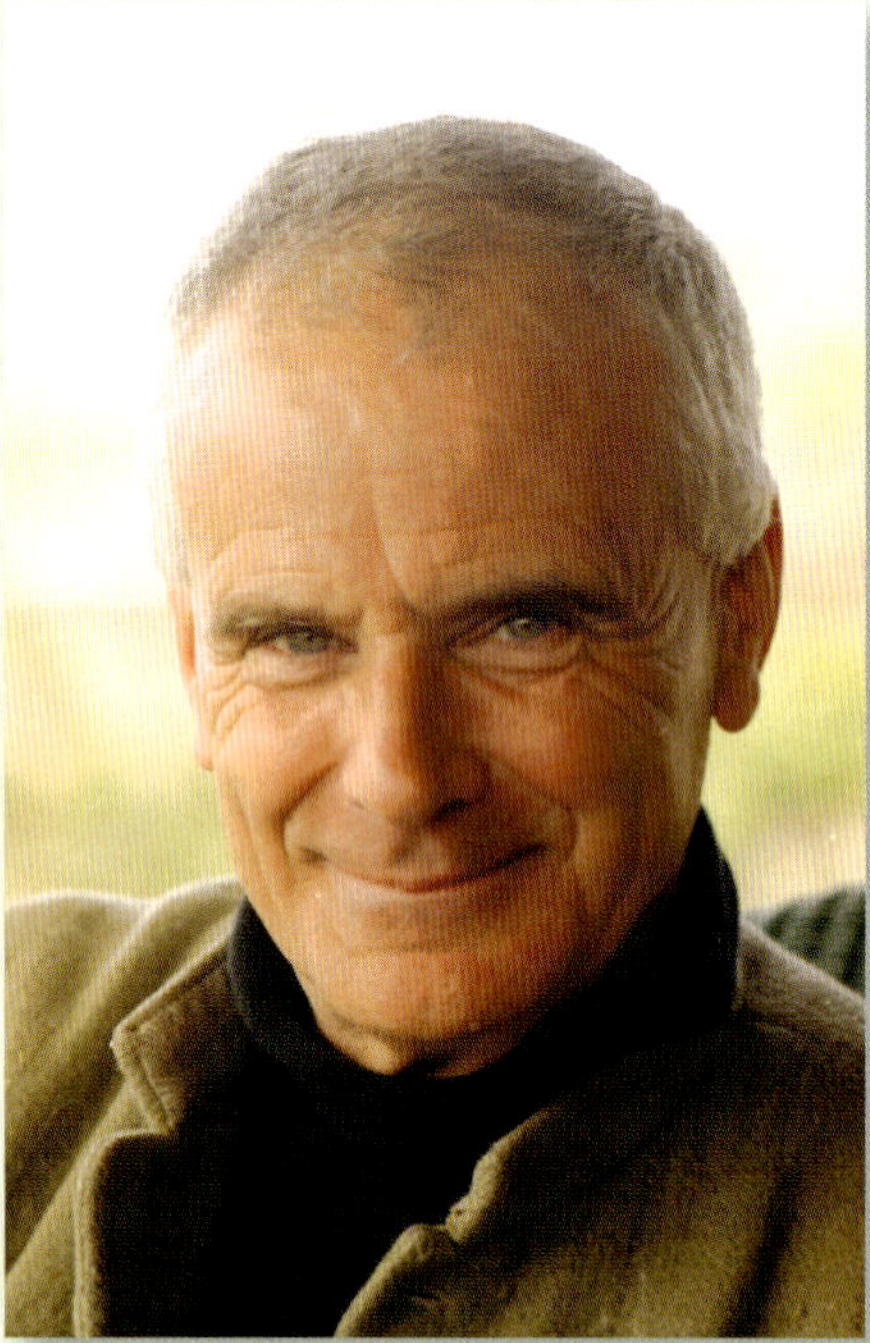

イラク・ナショナル・ユース・オーケストラ（NYOI）の名誉コンポーザー・イン・レジデンス、サー・ピーター・マクスウェル・デイヴィス
©Gunni Moberg

スレイマニヤの町を見おろす、雪におおわれた山々

NYOI初の集合写真（2009年8月）©Mike Luongo

テラリー・フネルの会議室での練習風景（2009年、スレイマニヤ）©Mike Luongo

フィルマン・サイードにヴィオラを指導するシーラ・ブラウン（2009年、スレイマニヤ）©Mike Luongo

デイヴ・エドモンズとフッサン・エザット（2009年、スレイマニヤ）©Mike Luongo

ホテルとテラリー・フネルを往復する送迎バスで歌と踊りの大騒ぎ（2009年、スレイマニヤ）©Mike Luongo

アルビルの城塞

コンサートマスターのアニー・メルコニアン（2010年、アルビル）©Tariq Hassoon

フランド・ナシャトとムルトラダ・アジズに指導するトランペットのジョニー・トンプソン（2011年、アルビル）©Tariq Hassoon

子どものためのコンサートで演奏するドゥア・アザウィ（2011年、アルビル）
©Tariq Hassoon

演奏会の冒頭で話をするクルディスタン地域政府首相のバルハム・サーレハ博士とズハル（2010年）©KRG

第1ヴァイオリンを指導するアンジェリア・チョウ（2011年、アルビル）©Tariq Hassoon

ダニエル・アギがワリード・アッシにフルートを指導する（2011年、アルビル）
©Tariq Hassoon

ムラド・サファルとブルジュ・ゲディク（2010年、アルビル）
©Tariq Hassoon

文化省の建物で、ダギー・ミッチェルの指導で木管セクション練。イーゼルが譜面台がわりだ（2011年、アルビル）©Tariq Hassoon

サアド・アブドゥラー・パレスでの演奏会にて。独奏はザナ・ジャラル、指揮は著者（2011年）

NYOIの事務局で、マジッド・アザウィの指導でヴィザ申請の書類に記入する楽員たち（2011年、バグダード）©Tariq Hassoon

「NYOIを応援するドイツの友人たち」の会合。左からグドルン・オイラー、カール＝ヴァルター・ケップラー、ウィル・フランク、著者（2011年、ケルン）©Georg Witteler

ベートーヴェン・ハレで練習するヘルグルド・スルタンとドロテー・アッペルハンス（2011年、ボン）©Beethovenfest

ベートーヴェン音楽祭でのシュワン・アジズとサマン・ヒワ（2011年、ボン）

©Beethovenfest

ベートーヴェン・ハレにて、ドイツ連邦青少年管弦楽団とアイスブレイキング・ゲームで盛り上がる（2011年、ボン）

©Beethovenfest

タンネンブッシュ・スクール・オーケストラと共演するトゥカ・アルワエリとサバト・ハミード（2011年、ボン）

ベートーヴェンのヴァイオリン協奏曲をみごとに演奏したアラベラ・シュタインバッハーとNYOI（2011年、ボン）©Barbara Frommann

ベートーヴェン・ハレで。左からイラク大使、著者、ドイツ連邦大統領（2011年、ボン）©Barbara Frommann

ジュエル・アンド・エスク・カレッジでサラ・マクスウェルによるホルンのパート練習。右からアリ・マハディ、ラニア・ナシャト、ムハンマド・サアド（2012年、エディンバラ）©Tariq Hassoon

クイーン・エリザベス・ホールでジュリアン・ロイド・ウェバーと共演（2012年、ロンドン）©Tariq Hassoon

ダリユス・ミヨー音楽学校の中庭で、朝のウォームアップのお手本を見せるワリード・アッシ（2013年、エクサンプロヴァンス）©Hassan Hassoon

プロヴァンス大劇場での本番風景（2013年）
©Hassan Hassoon

クルディスタンの難民キャンプでコントラバスと物語を子どもたちに聞かせるドブズ・ハーツホーン（2016年1月）©Kurdistan Save the Children

イラクの若き勇敢な音楽家たちに捧げる

【目次】

序文

サー・ピーター・マクスウェル・デイヴィス　ＣＨ　ＣＢＥ

　二〇〇三年、アメリカとイギリスによるイラクへの軍事介入がいよいよ気配濃厚になると、世界中の人びとが憤《いきどお》り、街頭に繰りだして怒りの声をあげた。私もそのひとりだった。だが抗議活動もむなしく、三月一九日、侵攻は始まった。

　抵抗はむだだったかもしれない。だが、倫理的に許せないという義憤に国境はなかったし、自分たちが誰に、どんなふうに支配されているのかじっくり見つめなおすきっかけにもなった。イギリスの『ニュー・ステイツマン』誌には、私のこんなコメントが掲載された。「民主主義は、イギリスでは正しい理念のはずだが、それが実行された証拠がどこにもない。作曲家として、私はこの時代を証言しなくてはならない」

　軍事作戦が終了し、サダム・フセイン政権が倒れ、イラクは占領下に入った。ともかく膿《うみ》は出しきったのだから、たとえ事態が悪化してもいずれ傷は治るはず。関係者はそう信じていただろう。

　私は音楽を通じて表現を続けており、このころはナクソスからの依頼で弦楽四重奏曲第三番に取りくんでいた。さりげないかたちで戦争に言及し、どこまでも寒々としている――それが私の証言だった。偏狭な民族意識に毒されたイラクには、思いやりや慈悲の心はどこにも残っていないと思われた。だが人間の精神がそれほどやわではないこともまた事実。アラブ人とクルド人が対立するイラクでも、詩人W・H・オーデンが書いたように、正義が「言葉を交わす」ところでは、「皮肉な光の点」が「まぶしく輝いて」いたはずだ。

正義とはイラクの若きクラシック演奏家たちのことだ。その光はインターネットを通じて輝いた。彼らのクラシック音楽への愛と果てしない向上心は、けっして減じることはなかったし、そうなるはずもなかった。イラクにいながらにしてアメリカやヨーロッパの教師のリモートレッスンを受け、CDを聴いて耳からも学ぶ。乾燥した気候のなかで楽器の手入れを怠らない——ただ彼らは、程度の差こそあれ孤独だった。

そんな孤独に風穴を開けたのが、ズハル・スルタンというひとりの女性だった。彼女はイラク・ナショナル・ユース・オーケストラをつくろうと思いたった。

ズハルはインターネットを駆使してあちこちに働きかけ、コネをたどりにたどって、ついに指揮者のポール・マカランダンとつながることができた。信仰心のある人なら、神のみわざと思いたくなるような展開だ。まさに適役の人物が、人生のどんぴしゃのタイミングで、心をかきたてられる直球のメッセージを受けとったのである。

ポールはがぜんその気になり、昔のつきあいやごぶさたの人、会ったことのない人まで、人脈を総動員した。オークニー諸島に暮らす私に電話がかかってきたのは、ポールとは昔からの親しい友人だったからだ。私はすぐに協力を約束した。こういう話は、全部を聞く前から心が歌を歌いはじめる。イラクの若い人たちが音楽によって荒廃から立ちなおろうとする姿勢はすばらしいし、ずっと若者と音楽にかかわってきた自分にとっては、人生の原点であり、続きであり、延長でもあった。

「超越」は安易に乱発されている言葉で、新生《ボーンアゲイン》を錦の御旗にする連中や、回心による救い、ワンステップ救済とやらを唱える連中がなにかと使いたがる。だが超越はたしかに存在するし、変化を起こすうえで必要なものだ。その手段のひとつが音楽であることは、これまでいくどとなく示されてきた。イラク・ナショナル・ユース・オーケストラの場合、孤立した生徒たちと、遠く離れた教師たちのあいだで「超越」が起きた。新しく誕生したユース・オーケストラは、新しい指導陣を得ることができた。メンバーに直接教えるために、教師たちがイラクに足を運んだ。新しい指揮者も就任した。そしてマカランダンが本拠地としているドイツをはじめ、イギリス、フランスの聴衆に迎えられた。さらにはアメリカとも強いつながりができるところだったが、最終的には頓挫してしまった。

私はこのオーケストラのコンポーザー・イン・レジデンスとなる栄誉に浴し、管弦楽のための《一巻の波しぶき、空》という七分の曲を提供した。イラクとは正反対のオークニーの気候と文化を表現しつつ、若い演奏者の技術を無理なく高めることをめざした作品だ。

オーケストラをつくっていく作業は簡単ではないし、安全でもなかった。楽員や家族には、危険も少なからずあった。変化に対応しながら一年、また一年と活動を続けることは、けっして容易ではなかったはずだ。ポール・マカランダンは個人的に難しい状況にあったにもかかわらず、目覚めている時間のすべてをこのプロジェクトに捧げ、心血を注いだ。いや、きっと夢のなかでもがんばっていたにちがいない。

イラク・ナショナル・ユース・オーケストラの偉大な挑戦は、どんな災厄が降りかかろうと本質は損なわれないことの実例であり、だからこそ後世に伝える意味がある。本質があればこそ、悲嘆に満ちていた場所にも喜びが生まれ、混沌から秩序が形成されていった。あまりにも多くの喪失から、生命が息づく新しいものが誕生した。文化の壁を乗りこえて友情が結ばれ、生涯忘れえぬ経験が共有された。ここからもしイラクの未来の指導者が出てくれば、この国にも協力と合意と秩序の精神が深く根をおろし、すこやかに育っていくことだろう。

ポール・マカランダンがこの本につけた「アップビート」というタイトルには、このオーケストラのこれまでの歩みと、個性豊かな楽員や教師、支援者たちの経験が込められている。彼らは力を合わせて輝く光をつくりだした。そして強さと決断力を発揮する音楽監督であり、豊かな知識と感受性をもつ音楽家であり、明快にものごとを語れる書き手でもあるマカランダンの才能も、この本を彩るもうひとつの光といえるだろう。

イラク・ナショナル・ユース・オーケストラについて私が書くのはこれぐらいにして、ここから先は、ポール・マカランダン自身の貴重な証言を読んでいただくとしよう。

オークニー、サンデー島にて

＊この本の制作が大詰めに入っていた二〇一六年三月、サー・ピーター・マクスウェル・デイヴィスはサンデー島の自宅で世を去った。八一歳だった。彼の死によって音楽界はもちろんのこと、オークニーの人びとも深い悲しみに沈んだ。

はじめに

エジプトを代表する作家ターハー・フセインは、「エジプト人が書いたものを、レバノン人が出版し、イラク人が読む」といった。たしかに二〇世紀半ばごろのイラクの首都バグダードには、多くの芸術家や知識人が学びと議論と創造の場を求めて集まっていた。なかでも音楽にかんしては、イラクのユダヤ人たちが牽引役となっていた。一九五八年、中東初のオーケストラであるイラク国立交響楽団がバグダードで産声をあげ、ほどなくしてバグダード音楽・バレエ学校も創設される。第一次世界大戦後に誕生したイラク王国には、石油利権を独占したいイギリスの思惑が大きく影を落としていた。それでもイラクの人びとは、独自の文化を守り、発展させていく。その源流となる古代シュメール文明は、粘土板に刻む楔形《くさびがた》文字を考案し、人類最古の文学作品であるギルガメシュ叙事詩を生みだした。

それから四〇〇〇年の時をへた、ある夜のバグダード。イラク国立交響楽団に所属する一〇代のピアニスト、ズハル・スルタンは自宅のベッドであることを思いついた――ユース・オーケストラだ。戦争の廃墟から不死鳥のように飛びたつユース・オーケストラは、和解の旗印となり、未来への希望となり、イラクの若い音楽家たちの生命線になるはず。こうして始まった物語は、ギルガメシュ王の英雄譚にくらべればはるかに地味でおとなしいけれど、波乱の展開が包みかくさず語られ、世界を変える力さえ秘めている。その価値はギルガメシュ王も渋々ながら認めざるをえないだろう。

二〇〇九年夏、イラク・ナショナル・ユース・オーケストラはイラクのスレイマニヤで二週間にわたるミュージックキャンプをおこなった。翌二〇一〇年には、石油産業の町アルビルに舞台を移した。そして二〇一一年は、ふたたびアルビルで二週間のミュージックキャンプを開いたあと、私たちは魔法のじゅうたんで空を飛んだ。ベートーヴェン音楽祭に招かれ、ルフトハンザ航空の厚意でドイツに行くことができたのだ。翌年の二〇一二年には、イギリスとの縁が実を結び、エディンバラ国際フェスティヴァルやロンドンのサウスバンク・センターで三週間にわたって演奏を披露した。二〇一三年も順風満帆で、クルディスタンの三つの町で一〇日間にわたるマスタークラス・ツアーをおこない、エクサンプロヴァンス音楽祭のサマーコースに参加した。さらにアルビルで開かれたモルゲンラント音楽祭では、室内管弦楽団の編成でオスナブリュック青少年合唱団と共演している。

わがオーケストラの楽員たちは、年を追うごとにステージに立つ機会が増えてきた。平和と愛と和解を訴えるために演奏する作品も、メンデルスゾーン、ムハンマド・アミン・エザト、ベートーヴェン、カルザン・マフムードと幅広い。そのいっぽう、創設者のズハル・スルタンはアラブのお姫さまよろしく、はるか遠くスコットランドのグラスゴーにひっこんでしまい、ハンサムな王子——私のことだ——がオーケストラとのパイプ役を懸命にこなすことになった。そしてISの病巣がイラク全土に広がっていた二〇一四年、私たちはこのオーケストラがもっとも必要とされている国、アメリカに行こうと全力で交渉を開始した。

私たちには大勢の人が力を貸してくれたから、みんなにお礼を述べるだけで長大な本になりそうだ。

なかでもブリティッシュ・カウンシルの継続的な支援がなかったら、私たちは存在すらしていなかっただろう。バルハム・サーレハ博士はイラクで唯一信用できた政治家であり、すばらしい対応をしてくれた。イラク側のスタッフと奏者たちは、どうしようもなく不利な状況にもかかわらず、誠実な姿勢を保ちつづけてくれた。「ドイツの友人たち」とベートーヴェン音楽祭は、このオーケストラをさらなる高みへと引きあげてくれた。スコットランド政府は当初から私たちに関心を示し、有言実行でエディンバラに連れていってくれた。そしてエクサンプロヴァンス音楽祭。名だたる演奏家が集うこの催しに参加できたのは、会場のひとつであるプロヴァンス大劇場が、過去に例がないくらい私たちの演奏会に時間と費用を割いてくれたおかげだ。かたちはどうあれ、大なり小なり助けてくれたすべての関係者に、感謝を伝えたい。

この本が世に出ることができたのは、二〇一四年から密接な協力関係にあるフレンズ・オヴ・ブリティッシュ・カウンシルUSAの助けが大きかった。講師関連の資金集めを手助けしてくれた英国イラク文化研究所、それにクリエイティヴ・スコットランドの支援にも感謝したい。サンドストーン・プレスと、この本に熱心に取りくんでくれた担当編集者のロバート・デイヴィッドソンにも深い感謝を捧げる。

私たちの冒険の旅はすべての人の心を揺さぶってきたし、私自身もこの旅で大きく変わったと思う。

ポール・マカランダン　イラク・ナショナル・ユース・オーケストラ音楽監督

◘主要登場人物

ズハル・スルタン（NYOI発起人、ピアニスト）
マジッド・アル・アザウィ（NYOI運営責任者）
ソフィア・ヴェルツ（NYOIマネージャー）
ボラン・ザザ（ピアニスト、ズハルの友人）
シュワン・アジズ（通訳）
サマン・ヒワ（通訳）
ポール・パーキンソン（ブリティッシュ・カウンシル）
トニー・ライリー（ブリティッシュ・カウンシル・イラク代表）
ジョー・ウールフ（テレビ番組「バトルフロント」プロデューサー）
ゲオルク・ヴィッテラー（「NYOIを応援するドイツの友人たち」発起人）
カール＝バルター・ケップラー（「NYOIを応援するドイツの友人たち」会長）
アレグラ・クライン（チャリティ団体「ミュージシャンズ・フォー・ハーモニー」代表、
NYOIオーケストラ・マネージャー）
バルハム・サーレハ（イラク副首相［2009年当時］）

◉楽員

ワリード・アーマド・アッシ（フルート。プロのサッカー選手だった）
アフマド・アッバス（ファゴット）
バシュダル・アフマド（チェロ。のちにNYOIのオーケストラマネージャー）

ドゥア・アル・アザウィ（オーボエ。マジッドの娘）
トゥカ・アルワエリ（チェロ。唯一ヒジャブをかぶっている）
ムラド・サファル（ファゴット。イラク国立交響楽団員でもある）
チア・スルタン（コントラバス。ヘルグルドの弟）
ヘルグルド・スルタン（ヴィオラ。のちに指揮。ラニア交響楽団を設立）
フランド・ナシャト（トランペット。あだ名は「なまいき子ザル」）
ラニア・ナシャト（ホルン。フランドの姉）
サミル・バシム（コントラバス。イラク国立交響楽団員でもある）
ハッサン・ハッスン（フルート。のちにNYOIのオーケストラマネージャー）
アリ・マハディ（ホルン）
アニー・メルコニアン（ヴァイオリン。副コンサートマスター）
アラン・ラシード（ヴァイオリン。クルド人）
ダルーン・ラシード（ヴィオラ。地域代理人）
ジャラル・レズワン（ヴィオラ。クルド人）

◉講師

デイヴ・エドモンズ（チェロ）
アンジェリア・チョウ（ヴェイオリン）
ドブズ・ハーツホーン（コントラバス）
サラ・マックスウェル（ホルン）
ダギー・ミッチェル（クラリネット）

イラクとその周辺国の地図

1
イラクの若者、マエストロを求む

二〇〇八年一〇月、ダンディー・ロイヤル病院でちょっとした手術を受けた父が退院した。いい機会だからスコットランドに帰って、親父の顔でも見てこよう。自宅のあるケルンからエディンバラに着いた私がとりあえず向かったのは、町の中心部、ブロートン・ストリートにあるお気に入りのパブ「ザ・バロニー」だった。一パイントのビールとフィッシュ・アンド・チップスが私を待っている。

一〇月一九日の日曜日は、エディンバラにしては穏やかな陽気だった。だが世界では、アメリカの投資銀行であるリーマン・ブラザーズの経営破綻をきっかけに金融危機が起こり、そのあおりで多くのアーティストが苦境に直面していた。私自身も、アルメニア、ニューヨーク、ニュージーランドで開いた演奏会はどれも好評だったとはいえ、景気後退の波を乗りきり、気持ちを前向きにするためには、思いきって舵《かじ》を切りなおす必要があった。

ザ・バロニーに入って、張りだし窓に面したテーブルに陣取る。頼んだフィッシュ・アンド・チップスはまだ手つかずだ。誰かが置いていったグラスゴー・ヘラルド紙に、エディンバラの澄みきった日差しが当たっている。新聞をめくっていくと、一三面にこんな見出しがあった。

「英国人マエストロ募集　イラクで管弦楽団立ちあげ」

マエストロ！　これが〝指揮者〟だったら、そのまま見すごしていただろう。記事を読むうちに、何か大きなことが始まりそうな予感がしてきた。バグダードに住む一七歳のピアニスト、ズハル・スルタンがイラクに青少年オーケストラをつくるため、指揮者を探しているというのだ。

でもちょっと待って。戦争が終わったばかりの、しかもオーケストラの伝統はさほどない国で、まともにやれるのか？　演奏するのはどんな人たちで、いったいどんな音が出るのだろう。指導者はいるのか。楽器はちゃんとしている？　あの国で起きた虐殺や悲劇については、メディアでこれでもかと流れていたのに、イラク人がどんな人たちなのか自分はまったく知らないし、文化のこともまるで知識がない。フォークに突きさしたフィッシュフライが小刻みに震え、記事に目が釘づけになったまま、私はつぶやいた。「でもやれるぞ」

私の頭のなかで、ズハルと仲間たちのオーケストラづくりはもう始まっていた。資金や物の手当ては、ブリティッシュ・カウンシルがやってくれるだろう。もちろん説得できればの話だが、きっとだいじょうぶ。それにナショナル・ユース・オーケストラの創設という栄誉に浴せる機会なんて、これを逃したら二度とない。私は四〇歳になったばかりで、まだまだ体力はある。ザ・バロニーでフィッシュ・アンド・チップスをたいらげながら、私は自分の未来を完成させた。

新聞から破りとった記事を手に、セント・ジェームズ・バスステーションに向かう。私の携帯電話はドイツで契約したものだから、ここで通話したらとんでもない料金が請求される。かわりに公衆電話からロンドンのブリティッシュ・カウンシルにかけて、旧知のポール・パーキンソンを呼びだした。

ポールは修道士を思わせる元作曲家で、いまはUKヒップホップといった最新の音楽トレンドを世界に輸出する仕事をしている。彼はクラシック音楽も好きだとわかった。イラク戦争にはイギリスも参加したのだから、今回のプロジェクトにかかわる意味は大いにある――二人の意見はすぐに一致した。私の話を黙って聞いたポールは、「調べてみる」と約束してくれた。

それから私は、イーストヌーク・オヴ・ファイフにあるアンストラザーという昔からの漁村に向かった。父は静養中とはいえ意気さかんだった。ジャーナリストをしていた父は、ある意味闘士だった。スコットランドのいくつかの新聞で編集次長を務めながら、つねに地域の指導者でもあった。サッチャー政権を熱烈に支持していたものの、やがて自由市場政策が信じられなくなった。そのきっかけは、セント・アンドルーズにあるスーパーマーケットで、年金の足しにと品出しの仕事を始めたことだ。土曜日の閉店一時間前、生鮮食品の割引きが始まると、年金生活者の長い列ができる。そして父が商品に新しい値札シールを貼るそばから、奪うようにもっていくのだ。

サッチャーの新自由主義が社会に残した爪痕《つめあと》を、父はようやく目の当たりにした。学生のときの私の主張がやっと認められたのだ。おたがいに深く愛しているのに、人生の考えかたがまるでちがう父子の距離がようやく一歩近づいた。それでもサッチャー時代の申し子としては、新自由主義の荒波に漕ぎださなくてはならない。保守党幹事長を務めたノーマン・テビット流にいえば、自分のバイクにまたがって仕事を探しにいくということだ。私はケルンに戻った。

ズハルの記事の配信元は、チャンネル4のリアリティショー「バトルフロント」のプロデューサー、ジョー・ウールフが所属するローTVのロンドンオフィスだった。全国向けのプレスリリースだったが、記事にしたのはグラスゴー・ヘラルド紙だけだった。ジョーとはすぐに連絡がついた。「バトルフロント」は、壁にぶつかった子どもが困難を克服する過程を追っていく番組だ。これまで、ネットいじめの解消に立ちあがった子や、偏見と戦う同性愛カップルなどが登場した。両親の吸うタバコの副流煙を吸いつづけ、ぜんそくを発症した少年は、車内禁煙の法制化を訴えた。彼は小生意気な態度と裏腹な脱力系の外見が笑いを呼び、大きな支持を勝ちとった。

ブリティッシュ・カウンシル・イラクを通じてズハルの存在を知ったジョーは、「バトルフロント」の外国人参加者として出演させようと思った。このときはまだ、あれほどたいへんなことになるとは予想していなかっただろう。ズハルはバグダードから一歩も出られないし、中東にユース・オーケストラをつくるなんて誰もやったことがない。ズハルの挑戦を後押しするとジョーは決めたものの、携帯電話もインターネットもつながりにくい状況がもどかしかった。戦後の混乱から抜けだしつつあったイラクだが、通信手段は当てにならない携帯電話が中心で、衛星インターネットは料金が高すぎる。はやる気持ちを抑え、ズハルを信じて少しずつ進んでいくしかないだろう。経験を積みあげていけば、信頼関係もできてくるはずだ。

二〇〇八年一一月、ジョーのはからいでズハルとスカイプで対面できることになった。ケルンのコーヒーショップ「ブラウニーズ」はＷｉ－Ｆｉが使えるので、ノートパソコンをもちこんでバグダードからの着信を待つ。ブラウニーズはいまどきの若いエリートビジネスマン御用達とあって値段も高く、オンラインの世界から出ないで社会とのかかわりをもちたい連中がディスプレイと向きあっている。このプロジェクトにはインターネットが不可欠なので、私も彼らに混じってこの店の常連となった。ズハルとの初めての対話は一時間におよび、そのあいだ私はひたすら言葉を垂れながしていた。全寮制の一流校に通う一七歳のズハルは、どんな相手でも説得できる賢さと自信にあふれていた。話をするうちに、ズハルのほうが四〇歳で、自分は一〇代の女の子じゃないかという気までしてきた。
私はその日のうちにロンドンにメールで報告した。

ジョーへ。
ズハルと一時間ほどスカイプをした。
私の立場から要点をまとめるとこうなる。
・すでに世界中でズハル支援を表明する声があがっている。アメリカのアレグラ・クラインもそのひとり。
・イラク国内でも、ズハルとイラク・ナショナル・ユース・オーケストラのアイデアは好意的に受けとめられている。そこでまずやるべきことは一つ。資金集めのための口座をイラク以外の国に開き、寄付を募れるようにする。口座の管理を信頼できる団体に託す。
・イラク国立交響楽団のライブラリアンが運営面でズハルを応援してくれるのは心強い。
・「バトルフロント」との話が思ったほど快調に進まないとズハルは感じている。でも私が思うに、「バトルフロント」の視聴者は一九八〇～九〇年代生まれのいわゆるジェネレーションYが中心だ。イギリスのクラシック音楽市場との橋渡し役として、「バトルフロント」は適切ではないかもしれない。クラシック音楽業界の関係者はみんなイギリスが本拠地だし、イラクにいる誰かを支援しようにもやりかたを知らない。彼らはもともと閉鎖的で昔をありがたがる傾向があるし、エンタテイメントビジネスやインターネットにも通じていない。

・スカイプでの初会話は、向こうの停電で突然終了した。イラクにクラシック音楽が向いている理由はそこにある。電気がなくてもチェロは弾けるからね！

・エル・システマ〔ベネズエラの国家的音楽教育プログラム組織。貧しい子どもたちに音楽教育をほどこすことで彼らを犯罪や暴力から守ることを目的とする。グスターボ・ドゥダメルらを輩出〕の話もして、イラクでも参考にできることがあると意見が一致。

・ユース・オーケストラでは、運搬関係や貧しい家の子の支援に親の協力が欠かせない。

・当面の目標は、来年夏に一八名程度の奏者で演奏会を開くこと。

・それに向けて、まずは参加できそうな子どもたちを見つけること（この作業はほぼ終わっているようだ）。私はイギリスとドイツのユース・オーケストラ関係のつてを頼って、オンライン教師を見つけなくてはいけない。一週間ぐらいで進捗状況を報告するとズハルに約束した。

・インターネットがつながる安全な環境で子どもたちにレッスンを受けさせるには、高い運営能力が求められる。とりあえずズハルには、オープン・ユニヴァーシティが提供しているeラーニングのサイトで、マネジメントなどのミニ講座を受けておくよう助言した。代理人についても話をした。

・リーダーシップもすごくたいせつだ。ズハルの呼びかけにみんな好意的なのは、アイデアもさることながら、彼女の伝えかたがうまいからだろう。ユース・オーケストラの成否は、イラクの人びとがオーケストラの代表者を認めるかどうかにかかっている。

・したがって、代表をどうするかはズハルが決めるのが理想だし、彼女は今後もオーケストラの顔であるべきだ。
・資金集めは、NYOI（イラク・ナショナル・ユース・オーケストラ）のウェブサイトを立ちあげて、ペイパルでオンライン寄付ができる機能をつければいい。「バトルフロント」とコラボした関連本を出版するのもひとつの手だ。オーケストフの成長を伝える本をDVDつきで何冊も出していけば、継続的に資金集めができるだろう。いま思いつくだけでも、自己実現と自分磨き、音楽業界全般、ジェネレーションYのリーダーシップ、音楽を学ぶ子どもたちと家族、新たなビジネスモデル、みたいな切り口で売りこめるかもしれない。
・ともあれ最初の演奏会は、クラシック音楽のプロモーターをつかまえて、ツアー計画がきっちり固まってからだ。クラシックFMなんかは、いいPRになるから飛びつくかも。よろしく。

ポール

いま読みかえすと、必要なことはみんなもう書いてある。代表を務める人間も、私で決まりみたいな感じになりつつあった。

ズハルはジョーに連絡をとり、ジョーから私に話が来た。つまり私が選ばれたわけだが、ズハル・スルタンについてまだ何も知らない。彼女はいったいどんな人間なんだ？　それを知る助けになったのが、ティーン雑誌『ニュー・ムーン』に載った彼女のインタビュー記事だった。

バグダードに生まれたズハルは、六歳のころから音楽を聴いてはおもちゃのピアノで再現していた。母親はそのことに気づくやいなや、すぐに個人レッスンを手配した。最初の教師は、ズハルの象牙色の両手はピタブレッド〔地中海沿岸、中東、北アフリカで食されている円形の平たいパン〕のようなやわらかさだと絶賛した。九歳のとき、中東初の音楽学校であるバグダード音楽・バレエ学校に入学を許され、奨学金を得て勉強できることになった。そのころ学校には旧ソ連出身の優秀な教師がそろっていて、西洋文化の伝統をバグダードでつないでいた。

しかし二〇〇三年に軍事侵攻が始まり、戦争になると状況は一変する。ズハルは一二歳になっていた。大好きな音楽学校は教師の大半がイラクを出国してしまい、閉鎖の危機にあった。楽器ケースをもってバグダードの街を歩くだけで、西洋文化に染まった金持ちと目をつけられる。国内での戦闘がもっとも激しかったのは二〇〇六年で、学校への行き帰りだけでも危険だったが、ズハルたち生徒は通学をやめなかった。戦争は長びくばかりで、「外に出られない、学校に行けない」と家にこもっていては何も始まらなかったのだ。とにかく続けるしかない。彼らは学校をなくしたくない一心で、独習に励んだ。

ズハルが生まれたのは理系一家で、とりたてて音楽には縁がなかった。両親はともに科学者で、ロンドン留学中に知りあったという。男兄弟のうちひとりは医師、もうひとりは技術者になった。ズハル自身も科学と数学が得意だが、夢中になれるのは音楽だった。イラク戦争のさなかに母親は病死、父親は不運にも銀行強盗の現場に居合わせて殺されてしまう。二人とも戦争の直接の犠牲者ではないが、他の多くのイラク人同様、社会の機能と秩序が失われたせいで生命を落としたのだ。両親亡きあとは、兄のひとりがズハルの保護者になっていた。

ズハルはニューヨーク在住のピアノ教師からスカイプを通じて指導を受け、勉強を続けた。一五歳のときには、パリの国連教育科学文化機関（ユネスコ）本部でイラク国立交響楽団とモーツァルトのピアノ協奏曲を演奏している。さらにブリティッシュ・カウンシルが展開する「グローバル・チェンジメーカーズ」プログラムに選ばれたことで、「バトルフロント」とのつながりができたというわけだ。

ズハルが一五歳で入団したイラク国立交響楽団は、年齢も宗教もばらばらな七〇名の楽員で構成されていて、まるで大きな家族のようだった。外では暴力の嵐が吹きあれていても、そこにだけは連帯感があった。たくさんの若い音楽家にも同じ経験をしてもらい、その様子を世界に伝えたい――ズハルはそんな思いを強くするようになった。戦争が始まってから、イラクでの生活は困難だらけだった。それでも日を追うごとによくなっている。いまこそ復興の歩みを、文化・芸術という深い視点からとらえるべきだ。そんなある夜、一七歳のズハルはひとつのアイデアを思いついた。それまでなかった若者のオーケストラをつくろう――イラク・ナショナル・ユース・オーケストラ（NYOI）だ。

ズハルとスカイプで話すまでのあいだ、毎日ケルンのコーヒーショップに座っては、深淵をのぞくように考えをめぐらせていた。イラクの一七歳の少女がオーケストラを立ちあげる。その試みに手を貸せば、私の人生は軌道が変わってしまうだろう。イラクの若者がオーケストラなんて、カウンターカルチャーの最たるもの。そこで自分が何をどうするべきか見当がつかない。イラクの若い音楽家と国家、彼らと私、私たちと音楽業界のあいだにどんな接点があるというのか。ブリティッシュ・カウンシルの懐の深さだけが頼みの綱だが、彼らにとっても目の前に深淵が横たわっているのは同じだった。

親しい誰かに背中を押してもらえたら……。一〇月も終わりに近づいたころ、私はこの話を初めて他人に打ちあけた。相手は古くからの友人で、イギリス王室から女王の音楽師範に任じられ、かつ私のパートナーでもあったサー・ピーター・マクスウェル・デイヴィスだ。一九九〇年代のスコットランドで、彼の世界に生きていた私は、音楽ビジネスの欠点や短所、風通しの悪さ、頑迷さを目の当たりにした。今回のイラクの企画に対する私の姿勢も、当時の貴重な経験がかたちづくったといえる。二人の関係が友人に戻ってからしばらくたった二〇〇六年、マックスのマネージャーが不正会計で刑務所送りになったことで、彼の世界は崩壊した。私は新たな本拠地である遠く離れたケルンで、静かにマックスを案じていた。

オークニー諸島に暮らすマックスと電話で話すうちに、私は言葉につっかえながらも、イラク・ナショナル・ユース・オーケストラの音楽監督になると宣言してしまった。それを聞いたマックスは、すかさず「きみにありったけの愛を贈るよ！」と祝福し、あまつさえこんなことまで口走った。「私が名誉コンポーザー・イン・レジデンスになろう！」

その瞬間、輝かしい可能性が開けた。マックスは作品をひとつ無償で提供してくれるという。だけどあくまで〝名誉〟だから、イラクに〝イン・レジデンス〟する必要はない。これは双方にとって好都合では？　マックスの作曲料は高額で、数分の作品でも銀行口座がからっぽになるほどだから、ありがたい申し出だった。マックスはブレア政権のイラク侵攻に反対して、ロンドンでのデモ行進にも参加していた。イラクで起きたことに本気で憤っていたがゆえに、ユース・オーケストラのサポーター第一号になってくれたのだ。まだおぼつかないこのプロジェクトを、マックスが公に受けいれてくれただけで、がぜん士気が高まるし、自分のやっていることが正しいと確信できた。

二〇〇八年一一月中旬、私はロンドンに飛んだ。ブリティッシュ・カウンシルのポール・パーキンソンと、今後のことを話すためだ。ひとつ朗報もあった。イギリスの音楽振興団体「メイキング・ミュージック」にいる古い友人たちに連絡したところ、「バトルフロント」と共同でチャリティ活動を立ちあげてくれるというのだ。イラクの金融システムは平時でも腐敗が横行していたし、ましてやいまは崩壊状態だ。透明性があって安定した銀行口座をイラク国外に開くことが資金集めには必須だろう。名だたる人たちから賛同を得られることは、たしかに励みになる。でも知名度だけでは意味はない。ともに情熱を分かちあって、初めて山は動くのだ。

私が訪れた「バトルフロント」のオフィスは、子どものとき父に連れていってもらった新聞社の編集室に似ていた。仕切りのない殺風景な部屋には緊張感が漂い、いかにもメディア関係といった若者たちがPCに向かっている（父の時代はタイプライターだった）。まるでこれ自体がリアリティ番組のセットだ。「バトルフロント」は一〇代の子たちが主体の番組だけに、プロデューサーのジョー・ウールフは一歩引いた冷静な立場で、子どもたちを守る責任を引きうけていた。一七歳の少女が発案したこのプロジェクトでも、私のように善意の協力者を装いつつ、よからぬ魂胆で近づく人間を排除しなくてはならない。

直感が鋭く、おしゃべり好きのジョーは、彼女の世界に私を引きこんで、ズハルの相談役を続けるよう私に求めた。バグダードでの日常は充分に理解できないが、それでもズハルがさまざまな障害を乗りこえる手助けをしなくてはならない。ジョーと「バトルフロント」の手ぎわは見事だった。まずは若い人たちと接する場を設けようということで、オンラインで私が若者にアドバイスするコーナーを開設した。ジョーは私にいった。

「ディズニーが映画やアトラクションの新しいアイデアを練るときは、三つのチームがかかわるそうよ。それぞれのチームは部屋も独立しているんですって。まずルーム1では、プラス思考の〝ドリーマー〟たちがアイデアを生みだす。あなたのユース・オーケストラみたいにね。それをルーム2の〝リアリスト〟が検討して、実現に向けた行程を具体化していく。最後にルーム3の〝批評家〟たちがそれを分析し、考えられる疑問や問題点、リスクをあぶりだす。ここでの評価が「悪くない」なら、それはすごいアイデアだってこと！　ユース・オーケストラのような企画となると、〝オブザーヴァー〟という第四の役目も必要になる。あらゆる意見を集めて、全員が結果に満足するまで全部の部屋を回って歩くの。今回にかんしては、あなたが四つの役目をひとりで引きうけて、問題をいろんな角度から見ていくか、それともチームのメンバーから、できそうな人を選ぶか。ともかく、新しいアイデアを現実にするには四つの役目がどれも欠かせない。たいへんだと思うでしょう？　でもこれが夢をかたちにするってことなの」

こうして私は、新しい活動を始めたいイギリスの子どもたちに助言をする立場になった。自分が誰かの役に立っている実感はひさしぶりだ。でも問題は、ユース・オーケストラのアイデアで誰が〝批評家〟〝オブザーバー〟になるのかということ。ここまでは私ひとりでも自信をもってやってきたけれど、この先はリスクも大きくなるはずだ。期待もあるが、足もすくむ。

課題は山積みのまま二〇〇九年が明けた。ズハルと最初にスカイプをしたとき、アレグラ・クラインという女性の存在を教えてもらった。ニューヨークの法律事務所で秘書をするかたわら、アメリカのチャリティ団体「ミュージシャンズ・フォー・ハーモニー」の代表を務めていて、中東での活動歴も豊富なうえ、マンハッタンにコネももっているという。ズハルとアレグラは、アメリカ国務省が資金を出しているチャリティ事業「アメリカン・ヴォイシズ」が、イラクのクルディスタン地域でパフォーマンスのワークショップを開いたときに知りあっていた。

ズハル、アレグラ、私でスカイプ会議をした結果、まずはこの三人がイラクに集まり、道筋を決めようということになった。やるべきことは山ほどある。それが見えてくるにつれて、怖さも増したが、やる気も出てきた。とにかく二週間以内にオーディションで優秀な奏者を集め、レベルに合ったレパートリーを決めて、オーケストラの格好をつけなくてはならない。ズハルには、イラク国内にいる音楽仲間に参加を呼びかけてもらった。

イラクの若者たちは、有望な約束が実行されることなく蒸発し、大金が役人の懐におさまるのをいやというほど見てきた。それでも彼らがズハルを信じたのは、疑っていられないくらい切実だったし、ズハルもまた同じ立場だとわかっていたからだ。ズハルの友人でクルディスタン地域に暮らす若いピアニスト、ボラン・ザザは、幅広い音楽の才能を私に何とかして伝えようと、自宅やインターネットカフェで何時間もPCにかじりついた。動画をアップロードしたり、CDに焼いたりするためだ。だが二〇〇九年当時は、たった五分の動画でもアップロードに一〇時間かかるありさまで、途中で停電が起きたら水の泡だった。

ズハルがオーケストラ・ピアニストとして所属するイラク国立交響楽団は、援助を必要とする若い才能の拠りどころになっていた。もうひとつ強力なネットワークとなったのが、アメリカン・ヴォイシズが二〇〇六年からクルディスタン地域で開いていた夏期講座で、さまざまな背景をもつイラクの若い音楽家たちが参加していた。この講座は、戦後初めて本格的な音楽の指導を受けられる貴重な機会でもあった。続々と届く応募動画に、私は胸が締めつけられた。暗闇のなかで、渇いた魂が音楽を感じたいと必死に手を伸ばしている。でもじっさいには足りないものだらけだ。テクニック、状態のよい楽器、適切な指導。何より音楽を愛し、彼らを正当に評価できる人間がいない。彼らは私たちを必要としていた。

私は若者たちにせいいっぱいの共感を示したかった。力にものをいわせる見苦しい独裁者が君臨していた国であっても、協力関係のなかで彼らを導いていきたい。戦争が終わり、再建をめざす国は若い世代が人口の大半を占める。政府も彼らの才能をつぶすようなことはしないだろう。資金集めの活動が毎週目白押しではあったけれど、孤立を余儀なくされ、意気消沈している若者たちと信頼関係を築くには、公正で道理の通った対応が不可欠だ。私が音楽ビジネスの世界で見てきたような、二枚舌を使いわける駆け引きに彼らを巻きこむのはいやだった。

判断に悩むときは、アレグラの鋭い洞察が頼りになった。ヴァイオリンパートを統率するだけでなく、オーケストラ全体をひっぱるコンサートマスターを選ぶときがそうだった。オーディション動画で見るかぎり、アラブ人奏者のほうがクルド人よりレベルが高い。でもユース・オーケストラは、クルディスタン地域のスレイマニヤを本拠地にするつもりでいる。アラブ人をコンサートマスターにすると摩擦が生じるのでは？　アレグラはそう指摘した。私は難しい決断を下さなくてはならない。

私はケルンの町でいちばんなじみのある界隈を歩き、考えをめぐらせた。そしてインターネットカフェに飛びこんでメールを書いた——クルド人とアラブ人のコンサートマスターを立てて、演奏会の前半と後半で交代させる。最初の船出からリーダーが二人なんて、ほめられた話ではない。それでも断腸の思いで決断した。答えがまだ出ていない問題が積みあがるなかで、リスクがまたひとつ増えた。

2

五万ドルのつぶやき

二〇〇九年三月はじめ、ブリティッシュ・カウンシル・イラクのトニー・ライリー代表とロンドンで初めて会った。白髪が渋い彼は、話しぶりもイングランドアクセントで温かみがあり、進捗状況を勢いこんで説明する私の話にじっと耳を傾けてくれた。ここまで来るとでこぼこだった道もかなり平らになり、イラクで開くオーケストラ夏季講習への支援がすんなり了承された。チャンスに賭けてみるトニーの性格は、戦争の傷跡深いイラクでのこうした試みにはぴったりだった。自分も大いにその傾向があるので、正直なところとても助かった。私たちには、この刺激的な試みが大きな可能性を秘めているという確信があった。孤立している若者たちが集まって、有意義なトレーニングを受けられるまたとない機会だ。イラクが戦後の混乱状態であることを考えると、完璧にする必要はないだろう。でもともかく構想は固まった。あとは実現させるだけだ。

ブリティッシュ・カウンシル・ロンドンの情報に想像力をかきたてられたのか、タイムズ紙がズハルの挑戦を大きくとりあげてくれた。グランドピアノを背景に一七歳の丸顔の少女がカメラを見すえる写真は、黒い瞳からアラブの魂がまぶしい光を放っていた。この記事が世間に出まわるのと時を同じくして、ズハルはブリティッシュ・カウンシルの招きを受け、アンマン経由でロンドンに来ることになった。おかげで彼女の名は一躍知られるところとなる。これは幸先がいい。そのあいだも私たちは毎日のメール連絡と週に一度のスカイプ会議を重ねていた。

三月末、未解決の問題はまだたくさんあったけれど、少しずつ手ごたえが出てきた。ジョーは、ヒースロー空港に意気揚々と到着したズハルをようやく撮影することができた。バトルフロントで流せる映像をどうにかしてものにしたかったのだ。これまで、バグダードでの生活やオーディションの様子を動画で伝えてほしいといくら頼んでも、のらりくらりとかわされてきた。ズハルがあえてバトルフロントと距離を置こうとしていることは、私もだんだんわかってきた。ズハルはメディアにとって最高の素材だ。彼女は自分がおとなに近づきつつあるとわかっているが、有名人としての責任や代償を引きうけるほど覚悟ができていない。それにバグダードでは、女性がへたにメディアの関心を集めることがリスクになりかねなかった。

イギリスでズハルが最初に訪れたのは、インターネットやスマホを駆使するEキャンペーンのフォーラムが開かれていたオクスフォード大学だった。熱烈な歓迎を受けたズハルは壇上に呼ばれ、あいさつもした。私もロンドンに飛んだ。ずっとスカイプだけのやりとりだったが、ようやく直接会って話ができる。腹を割って議論しなくてはならないことがたくさんあった。だがスカイプのビデオや音声での通話では、バグダード、ケルン、ニューヨークを結んだ話しあいは難しい。代わりに活用したのはテキストチャットだ。ズハルとアレグラと私は〝正しい〟道を進み、盛りあがっていたけれど、いかんせんまったく共通点のない三人だ。胸の内までは読みとれない。おたがいのことをもっと知る必要があった。

四月二日には、プロジェクトを大々的に紹介できるイベントがあった。これはユース・オーケストラの宣伝と、バトルフロントの番組づくりをからめた企画で、会場として用意されたのは、ロンドンにおける室内楽の殿堂ウィグモア・ホールだ。イベントはジョーがすべてを仕切っていた。午前中のリハーサルからカメラが入るが、その前に短時間だけズハルと話をすることが許された。もちろんジョーの見張りつきだ。

ウィグモア・ホールの楽屋の壁は、過去に出演した名だたる演奏家の白黒写真で埋めつくされている。バトルフロントの撮影スタッフは、イラク駐留米軍への従軍取材経験を買われて採用されたジャーナリストたちだ。いきなり別世界に放りこまれた彼らは、ソプラノ歌手、指揮者、ピアニストの真剣な表情の写真を眺めながら、自分たちがどう動くべきか探っていた。

撮影スタッフは手堅いプロぞろいで経験も豊かだが、クラシックの演奏会となると勝手がちがう。ほんらいはイラクで私たちを取材するつもりだったのだろう。やっと番組が制作できるとあって、ジョーはやる気満々だ。でも私はバトルフロント側の対応に無神経なものを感じて、疑念が芽ばえはじめていた。ジョーの指示で私はピアノの前に座り、カメラの前でユース・オーケストラについて話すことになった。最初のテイクでは、これまでの経緯を自分の言葉で語った。そして二回目のテイクでは、ズハルが独力でオーケストラをつくったように話せといわれた。まるでおとぎ話のヒロインだ。私の疑念はますます深まった。

なんとか収録を終えて、私はズハルを探した。これからどうなるのか、彼女の身が案じられる。ズハルは無償で出演する新進テノール歌手、アンディ・ステイプルズとリハーサル中だった。ウィグモア・ホールでの本番二時間前に、シューベルトの歌曲伴奏を初見で弾くなんて無茶な話だ。ズハル自身も、ラフマニノフの前奏曲嬰ハ短調をさらわなくてはならないのに。しかもズハルとアンディが気をつかいながら合わせている最中に、カメラが鍵盤のすぐ上まで接近してくる。アンディがいらだってもおかまいなしだ。私はその場を離れ、ジョーに懸念を伝えた。

「でも本人が決めたことだから」

は？　ほんとに？　バグダードから来たばかりの一七歳のイラク人少女に、どんな選択があったというのか？　空港に降りたつやいなや、メディアのおみこしにかつがれてロンドンの一流ホールに連れてこられる。そこで自らの大義を世界に伝えるかわりに、ほとんどぶっつけ本番で演奏を披露し、その様子を撮影されるなんて、あまりに法外な要求だ。けれどもズハルの対応は妙におとなで、ときに自分自身をも欺《あざむ》いていた。しかも西洋世界での経験がほとんどない。いまの彼女に発言権はなく、流れに身をまかせるしかないのだろう。

イベントはジョーの手腕でロンドン中のジャーナリストが招待され、昼食後に開演した。楽屋で泣いていたズハルも、涙を拭《ふ》いて舞台にあがった。ラフマニノフは無難だったが、しかたなく弾いている印象が強かった。続いて登場したアンディに会場は盛りあがった。ズハルも彼に導かれ、ためらいがちではあったがシューベルトの伴奏を立派に務めた。イギリス期待のチェロ奏者であるジェームズ・バラレットも駆けつけて、バッハを演奏してくれた。ところが撮影に必要だとスタッフが判断したのか、ステージにはマイクが置かれた。世界最高の音響を誇るホールで、ジェームズのバッハは増幅されてスピーカーから流れることになった。信じられない。私は座席で凍りついた。イギリス屈指のリサイタルホールで、登場する演奏家たちが次々と屈辱的な妥協を強いられていたのだ。

《音楽の捧げもの》が終わり、CBSニュースのエリザベス・パーマーが登場してズハルのインタビューが始まったときは正直ほっとした。ズハルもようやくリラックスできたのか、きれいな英語で堂々と自分の考えを語り、記者からの遠慮のない質問にもしっかり対応した。国の基盤もまだ再建途上のイラクで、ナショナル・ユース・オーケストラへの支援がなぜ必要なのか？　たとえばそんな質問には、ズハルは謙虚に、でも確信をもってこう答えた――国の再建は政府の仕事です。自分はイラクの人びとの生活をよくすることに集中したい。こんなふうに、ズハルはどんな問いにも本質を突いた回答で応じ、ただならぬ人物であることを証明した。この芯の強さは、戦時下で成長したがゆえだろう。でもそのいっぽう、彼女の自己意識はまだとてもこわれやすい。やりとりを客席の後方で聞きながら、私はそんなことを感じていた。

喝采が静まり、レセプションもお開きになったところで、ズハルと私はやっと誰もいない部屋を見つけた。「もうほんとに……」。それが彼女の第一声で、まるで叱られると思っているようだった。二人で話せる限られた時間で、オーディションや資金集めについて相談する。この勇気ある一〇代の少女は、あやふやな試みの隙間を埋めるためなら藁《わら》をもつかみたいと必死になっている。それは私も同じだった。彼女だってふつうの子ども時代を送り、ふつうのティーンエイジャーとして生活できたはずなのに、どちらも戦争に奪われ、自力で道を切りひらくしかなくなった。それでもうまくやってこれたのは、優れた芸術家に備わる強さともろさがあったおかげだろう。私たちにとって羅針盤の役目を果たすズハルだが、危うい綱わたりを続けていることに変わりはなかった。

メディアのおみこしから降りて、ズハルはその日初めて心からの笑顔になった。これからバービカン・ホールでドヴォルジャークの交響曲第九番《新世界より》を聴くというので、ウィグモア・ホールを出たところで別れる。夏季講習が実現する確信は少しだけ強くなったけれど、そこにたどりつくまでの道はややこしくてめまいがしそうだった。

五月はじめ、世界アマチュア・オーケストラ連盟の年次総会で発表するためアントウェルペン（アントワープ）に飛んだ。この種の組織が、世界のアマチュア音楽家のために何ができるのか。私はいささか疑問だった。総会には国内外で活動する音楽NGOが招かれ、代表者は私を入れて二一人になった。修道院を思わせる細長い会議室は、まじめでどこかぎこちない雰囲気だった。

私は事前の要請どおり、ユース・オーケストラ立ちあげの経緯を説明し、世界の若い世代とのかかわりを四〇分ほど話した。パワーポイントの資料だけでも準備に一週間かけて、発表は上々の出来だったにもかかわらず、部屋は静まりかえっていた。感想、質問、鋭い批判を求めても、中年の出席者たちは身じろぎひとつせず黙りこくっていた。

そのなかから、支持者が二人現れたのは幸いだった。欧州ナショナル・ユース・オーケストラ連盟のレナーテ・ボック会長は、私の発表に熱心に耳を傾けてくれたし、シンガポール・ナショナル・ユース・オーケストラのオリヴェ・カン代表も好意的で、助言を与えてくれた。私はそんな対応を切に求めていたのだ。孤独にさいなまれ、途方に暮れていたのはズハルだけではなかった。もちろん、常識はずれで実現も怪しいこのプロジェクトでは、たくさんの善意の人びとが私を旗振り役として認め、かかわってくれているし、アレグラも役に立つ情報を提供してくれる。それでも、このオーケストラが生まれる前から傷ついた心を抱えていることは、ズハルと私しか知らない。私たちはある意味、オーケストラの父さんであり、母さんなのだった。

五月末、ブリティッシュ・カウンシル・イラクのトニー・ライリー代表が、クルディスタン地域で二番目の都市スレイマニヤに到着した。彼はユース・オーケストラのために、クルド弦楽合奏団の練習場を借りようとしたが、たちまち壁にぶつかった。クルド弦楽合奏団は二〇〇七年にウィーンのコンツェルトハウスで開かれたコンクールに参加し、見事な演奏を披露した実績がある。クルド人奏者をオーディションで採用しながら、イラクの名を冠する私たちナショナル・ユース・オーケストラは、彼らにとって脅威だ。スレイマニヤは人口七一万五〇〇〇人の近代的な都市で、イラクの芸術の中心地。その頂点に君臨するのがクルド弦楽合奏団だった。トニーは苦心の交渉の末、暗黙の了解だけはとりつけることができた。それだけでもありがたい。アレグラとズハルと私は、約束が反故《ほご》にならないことを祈るだけだった。

クルディスタン地域のスレイマニヤをユース・オーケストラの本拠地にしたかったのは、テロが日常茶飯事のバグダードにくらべると戦争の影響が少なく、安全だったからだ。それに民族的なちがいもある。アラブ人は自爆テロをやるが、クルド人はやらない。クルド人は、ペルシャ人やアルメニア人と同じインド・ヨーロッパ語族に属する。後頭部が絶壁ぎみで、全体に繊細な風貌なのが特徴だ。だからクルディスタンでアラブ人が通りを歩いていたら、ものすごく目立つ。しかもクルドの秘密警察は情報網を張りめぐらせ、つねに路上で監視の目を光らせており、住民からの通報もあるので、怪しげな動きはただちに察知されるだろう。

クルディスタン地域にあるアルビル国際空港の警備体制は、イスラエルの情報機関モサドの元諜報員がいろいろ助言しているというのがもっぱらの噂だ。クルディスタンとイスラエルのひそかな関係は一九六〇年代にまでさかのぼる。クルディスタンがイラクからの分離独立を果たすためには、地域を安定させ、アメリカではなく石油を資金源にすることが不可欠だ。それを考えると、クルド人にとってイスラエルの存在はとても大きいし、世界第六位の埋蔵量を誇る油田地帯があることは強力な切り札だ。

政治的な背景はややこしいものの、演奏会のプログラムにクルドとアラブの作品を入れることはあっけなく決まった。作曲家のムハンマド・ザザは、ギター曲《クルド舞曲集》を管弦楽用に編曲してくれることになり、バグダードで運営を担当しているマジッド・アル・アザウィは、アリ・ハーサフの《イラクの旋律集》を用意してくれた。いずれも名曲とまではいかないが、イラクの文化再興を正しい方向で進めるためには必要だ。さらに、自分たちの大胆な創造活動にふさわしいベートーヴェンの《プロメテウスの創造物》序曲と、ハイドンの交響曲第九九番も演奏することにした。若者たちへの指導はこちらが柱となる。オーケストラの楽員として、旋律と和声とリズムの面からどんな役割を果たすべきか、この二曲を通じて学んでもらうのだ。

時間に余裕があれば、小曲で花を添える。一九一〇年にグラスゴーで歌われたキャバレーソング《別れの杯《さかずき》》をイーアン・ホワイトが編曲した管弦楽版と、《子守歌》をマーティン・ドルビーが編曲したものだ。

五月二六日、夜がふけても暑いバグダードで、ベッドに寝ころがったズハルは五万ドルの不足をどうやって埋めようか考えた。翌朝、彼女は思いついたことをアレグラと私にメールしてきた。

こんにちは。

昨夜、バルハム・サーレハ（前にも話したイラクの副首相——話してなかった？）の名前をツイッターで見つけたわ。びっくりして、すぐフォローしてメッセージを送ったの。

——私はイラク人でバグダードに住んでいます。政府の人もツイッターをやってるなんてうれしい！　すごいことだと思います。

ふと思いたって、オーケストラのことを知らせてみた。どんな反応が返ってくるかわからないけど、試してみて損はないし。

——よかったらこの記事を読んでください。力を貸してくださいませんか？

http://tinyurl.com/ragfu2（タイムズに載った私の記事のリンク〔現在このリンクは無効である〕）

そうしたら、いまメッセージが来てたの。

――ありがとう！　きみのことを誇りに思うよ。このプロジェクトにぜひとも協力したい。電話番号を教えてくれないか。こちらの番号とアドレスは……成功を祈ってるよ！

二日後、トニー・ライリーとズハルはバグダードにあるサーレハ副首相のオフィスに出向き、イラク・ナショナル・ユース・オーケストラの第一回夏期講習の資金として五万ドルを受けとった。ズハルは意気揚々とオフィスを後にした。アレグラと私はうれしくてめまいがした。その夜のスカイプ会議で、トニーは夏季講習の実施を正式に決めた。

ズハルは副首相へのツイッターひとつで、資金集めの最高額を引きだすことに成功した。まさに五万ドルのつぶやきだ。すべてがこんな感じで進めばいいのに！　ともかく話が決まったから、バトルフロントは撮影スタッフのイラク派遣をチャンネル4にかけあえる。時間はあっというまに過ぎていった。

ズハルが教えてくれたイラク国立交響楽団の実情には、愕然とするばかりだった。二〇〇三年の開戦で多くの楽員が退団して、空席を若い奏者が埋めたのはいいが、彼らは指導も支援もろくに受けられなかった。残った年長の楽員たちはよい教師ではなく、仕事も激減していた。ハエトリグサに捕まった虫のように、老いも若きもじわじわと追いつめられる。自分の仕事が奪われそうなのに、若い音楽家に手を貸す者はいない。芸術大学の学生も同様に放置され、やる気をなくしていた。政治家や宗教指導者は三日月刀を振りあげて世俗文化を斬りまくっていたが、それでも独習を懸命に続ける者はいた。

イスラム教では、神は自らの言葉を歌わせるために人間に声を与えたという解釈がある。それ以外の用途はハラーム（禁止）であり、罪なのだ。堕落と不品行の象徴である西洋音楽などもってのほかで、慎ましく家庭におさまるべき女性が音楽で感情を表現するのも言語道断だった。夏季講習の講師探しをアレグラと始めたときも、そんな社会的背景が私の頭のなかに渦まいていた。

六月に入って、ビデオオーディションの結果を公表した。応募者五三名のなかから、途中で崩壊せずにもちこたえられそうな奏者三三名が合格となった。でもこれだけではオーケストラにならない。二番オーボエ、二番ファゴットが空席だったので、講師に穴埋めしてもらう必要があった。講師は若い人のほうがいい。奏者と気安く話ができるし、ステージに上がっても浮いた感じにならない。女性の地位が低い現状に合わせるつもりは毛頭なかったから、男女関係なく優秀な人を探した。経験という意味では物足りないかもしれないけれど、年齢の高い男性を無条件によしとする社会に一石を投じたかった。クラシック音楽は全力で取りくみ、結果を出すもの。賞味期限がとうに切れた奏者に足をひっぱられてはかなわない。年齢は若くてもオーケストラで立派な実績があり、もてる技術と知識を惜しみなく提供してくれる人が理想だった。

時をさかのぼって二〇〇七年、私はスコットランド・ナショナル・ユース・オーケストラの演奏会をグラスゴーで指揮した。このときオーボエで参加したのがマイク・オドネルで、お母さんがスコットランド議会議員だった。世間ずれしていないマイクは遠慮なくものをいうが、ここにきて、仕事で口をつぐむべき場面もあることを学びはじめていた。まさにぴったりの人材だ。いまはフリーの奏者として、ロンドンの主要オーケストラにたびたび出演していた。態度は生意気だけど根が善良なマイクは、若い奏者たちにとって何よりの刺激だ。前途多難なこのプロジェクトに欠かせないひとりになるだろう。

ユース・オーケストラの話を聞いたマイクは、即座に乗ってくれた。兄のラリーもファゴットの講師として加わることになった。二人のイラク入りはみんなより一日遅くなる。スコットランドで結婚式に参列するためだが、それが大騒ぎになった。兄弟からイラク行きを告げられて、当然のことながら両親をはじめ親族がパニックに陥《おちい》ったのだ。それでもマイクは、ラリーといっしょに「ごきげんでイラクに行くよ」と母親に伝えることができてしごく満足そうだった。

トランペット奏者のジョナサン・トムソンも、スコットランド・ナショナル・ユース・オーケストラの一員で、私がモンテプルチアーノでオペラを振ったときに舞台上で演奏してもらった。ジョナサンは、ヴァイオリン奏者の恋人ルーシー・ワネルとともに参加を決め、管楽器セクションを指導することになった。二人はロンドン近郊で暮らしている。北部にくらべると競争は厳しいが、仕事の数ははるかに多いし、人のつながりもある。ジョナサンは練習を陽気に盛りあげてくれるし、悪ふざけが好きだが、金管奏者によくある反抗的で不快な態度は見せない。見た目がかっこよく、教えかたが手がたいジョナサンなら、管楽器セクションをうまくまとめてくれるにちがいない。しかもジョナサンと私には共通の背景があった。スコットランド音楽界の凡庸な重鎮たちに足をひっぱられ、引きずりおろされて、自信を粉砕された経験があるのだ。私たちは、そんなスコットランドから逃げだした難民のようなもの。だからこれから会うイラクの若者たちの窮状が、少しはわかる気がしていた。

アレグラはニューヨークで弦楽器の講師候補を見つくろっていて、そのひとりがアンジェリア・チョウだった。ジュリアード音楽院を卒業した元気いっぱいのヴァイオリン奏者で、室内楽で活動するかたわら、カーネギー・ホールのヴァイル音楽研究センターでも教えている。冒険精神に富むアンジェリアは、経験豊かなアレグラのセールストークにほだされ、新しい世界に飛びこむことにした。

アレグラはもうひとり、シーラ・ブラウンというヴィオラ奏者も一本釣りしていた。ニューヨーク大学とノース・カロライナ大学で教えていて、たしかに四〇歳という実年齢より若く見える。アレグラには講師は二〇代までといってあったのだが、シーラはヴィオラひとすじで地球を何周もするほどの活動歴があり、その情熱が若さの源泉だった。米国ヴィオラ協会の理事も務め、ソロやアンサンブルで現代音楽の紹介にも力を入れている。七月中旬、シーラは飼っている豚のコズモにさよならをいって南アフリカに出発する。そこでヴィオラ協奏曲の初演をしてから、直接イラク入りするということだった。

チェロの指導者には、ズハルのウィグモア・ホールの演奏会に出てくれたジェームズ・バラレットに来てほしかった。本人もすっかりその気だったのだが、代理人がおじけづいたらしく難色を示しはじめた。代わりを探す時間も限られていたので、ジェームズはあきらめるしかない。ロンドンにあるヤング・コンサート・アーティスツ・トラスト（YCAT）に相談したら、デイヴ・エドモンズという若いチェロ奏者の電話番号を教えてくれた。彼との最初の会話はこんな感じだった。

デイヴ　もしもし？

ポール　あの、私はイラク・ナショナル・ユース・オーケストラのポール・マカランダンといいます。YCATであなたの番号を教えてもらいました。イラクで教える仕事に興味はありますか？

デイヴ　えーと、いまバスでマンチェスターに移動中なんです。

ポール　だったらかけなおしますよ。いつならいいですか？

デイヴはマンチェスターにある王立ノーザン音楽大学の出身で、まだ二二歳。けれども、YCATから入ってきたローズ・ピアノ・トリオとの仕事で国際的な評価をすでに得ていた。じっくり話してみると、ぶっきらぼうでやさしい性格がこれからつくるチームにぴったりだと思った。いさぎよくて怖いもの知らずなところもいい。重要なのはイラクがどうとかではなく、助けを必要としている音楽家がいるということ。金持ちの親におんぶに抱っこ、遊びの延長で大学に行かせてもらったくせに態度だけでかい甘ったれた野郎はご免こうむる。求められているのは、イラクの地で音楽を教えるだけの根性と気骨のある人間だ。あまり恵まれていない境遇に育ったデイヴは、その両方をもっていた。

講師がひとり、またひとりと決まるなか、景気後退の波も迫っていた。才能ある若きプロフェッショナルたちが生命の危険よりも高い報酬を選んだ以上、こちらも資金確保に全力を尽くさなくてはならない。だがそれとは別に、彼らには明確な共通点があった。それは心意気だ。いまだ安全が確保されていない国なのに、彼らは迷うことなく引きうけてくれた。米英合同の講師陣は得難い人材ぞろいで、私は誇りに思った。

七月はじめ、ブリティッシュ・カウンシル・イラクが講師たちに正式な契約書を出し、航空便と現地の情報を伝えた。だが練習場所や安全確保の手段はいまだ不透明だ。バトルフロントはチャンネル

4から急ぎで許可を取りつけようとがんばったが、ついに時間切れで断念した。七月二一日、私はプランBを発動する。元BBCカメラマンで、過去にいろんなプロジェクトで仕事をしたことのあるマイク・ニューマンに話をもちかけたのだ。オーケストラの撮影に二五年の経験をもつマイクは、格安で夏季講習を映像に記録してくれることになった。

戦後のイラクは、何も書かれていない白紙の本だ。たくさんの可能性が、白いページに記されて、歴史になるのを待っている。そしていま、向こう見ずな情熱を燃やすイラク人とアメリカ人とイギリス人が、未知の響きへの試みを開始した。そこには、何か新しいこと、何かよいことが生まれる希望がある。八月一日、世界中からスレイマニヤに到着する者たちは、二週間で曲がりなりにもオーケストラ演奏を披露することになる。

練習場所、お金、安全管理と、不安は深く根をおろしたままだが、もうやるしかない。私たちチームは大きく息を吸いこんで、イラク行きの時を待った。

3　スレイマニヤでキックオフ

ウィーン国際空港の待合室で、若い韓国系の女性がヴァイオリンのケースをもっていた。ニューヨークから来るはずのアンジェリア・チョウにちがいない。私は自己紹介して、飛行機にいっしょに乗りこんだ。アルビルまではおよそ四時間。オーストリア航空の定期便は、クルディスタンで仕事をする外国人や、外国で家族と過ごしてきたイラク人で座席が埋まっていた。

冒険へと向かう空の旅は、ヨーロッパの航空会社らしい快適さに心が休まる思いだった。アンジェリアはというと、数列後方の席でぐっすり眠っている様子だ。眼下では、オーストリアの緑の牧草地やヨーロッパの景色が少しずつ消え、果てしない砂漠に変わっていく。四〇〇〇年の歴史をもつ城塞都市アルビルは、三日月形の旧市街を囲む城壁が新市街を囲んでいる。これからこの町で、望まれていようといまいと、イラク・ナショナル・ユース・オーケストラを立ちあげるのだ。私は初めて怖くなった。

飛行機から一歩外に出たとたん、砂漠の熱風が顔に吹きつける。アッラーの息か。ますます怖くなる。滑走路を歩いて質素なターミナルビルに向かう。もう戻れない。入り口では、マスクとスカーフを着けた白衣の女性が体温計をもって待ちかまえていた。鳥インフルエンザにかかっていませんか？彼女は体温計を私の額に押しあて、無表情に数値を読みとった。私は凍りついたように立ちつくす。気分は悪くないですか？　そっけない手の合図で、私は進むことを許された。入国管理官のほうはいたって愛想がいい。私のパスポートを確認して一〇日間のヴィザスタンプを押すと、「イラクへようこそ」とにっこり笑った。交戦地帯に歓迎するってどういうことだ。でも、とりあえず入国できればそれでいい。

アンジェリアと私はターミナルビルを出た。砂漠の風が吹きあれる。こぎれいな服装のがっしりした男二人が近づいてきた。どちらも英語は話せないようだ。ひとりが笑顔でアンジェリアに携帯電話を渡した。彼はブリティッシュ・カウンシル・イラクのアシスタントディレクター、ニシュティマンだった。これからレンジローバーで砂漠を横断し、スレイマニヤ市街に向かう。アンジェリアと私は後部座席で、奇妙な冒険をしている子どものように空港を眺めた。レンジローバーは走りだすとすぐに無機質な建物の前に停止した。空港警察だ。男たちはそこに入り、預けていた半自動小銃とピストルを抱えて戻ってきた。この瞬間、アンジェリアは車を降りてアメリカに戻ることを考えたそうだ。

車は砂漠を走りぬけていく。途中にはけばけばしいお屋敷や粗末なあばら屋があり、黒ヤギがときどき道端に立っている。焼けつく暑さなのに真冬のように毛が長く、私たちは目を丸くした。恐怖はいつのまにか驚きに変わっていた。運転手は、アンジェリアが動物を見つけてはｉＰｈｏｎｅで撮影するのに気づき、何か気配があると速度を落とした。それが親切だと思ったようだ。砂漠はどこまでも広く、荒涼として、砂まじりのつむじ風が巻きおこる。遮光ガラスもおかまいなしに照りつける太陽は、私たちの無垢な肌を直撃した。いくつもある検問所では、警備兵がなかをのぞきこみ、手を振って行かせてくれた。運転席と助手席のあいだには冷蔵庫が置かれ、水の入ったボトルが冷えていたので、私たちはこれさいわいとのどをうるおした。一時間半ほど砂漠を走り、川を渡ると、少しずつ集落の数が増え、まばらながらも緑の風景が現れてきた。スコットランド人らしく青白い私の腕は、もうすっかり焼けていた。スレイマニヤはまだ先だ。見るもの聞くもの初めてだらけのアンジェリアと私は、うたた寝をして感覚を遮断した。

到着したのは八月二日、日曜日だ。アレグラはミラコ・ホテルで私たちを待っていた。ロビーには、バグダードやクルディスタン地域からやってきた若い音楽家たちがたくさん集まっている。彼らは話をするでもなく、おたがいの様子をうかがっていた。アレグラは握手をしてあいさつするなり、クルド弦楽合奏団が練習場使用料の上乗せを要求していると教えてくれた。

あいにくそんな予算はない。おまけに練習場の部屋は空調のないところもあるという。殺人的な暑さのなかでは、楽器は膨張してひずみが生じ、音程が狂ってしまうだろう。政府の担当者ムハンマド・カラダギに事情を伝えると、テラリー・フネル（クルド語で「芸術の殿堂」という意味だ）を二週間まるまる使えることになった。夏季講習を実現するために必要な黄金の鍵が、ようやく手に入った。

寡黙で穏やかなムハンマドは、バルハム・サーレハの右腕として裏方に徹していた。サリーからの五万ドルの寄付をはじめ、私たちのヴィザの延長や、テラリー・フネルを即座に押さえたことなど、地方政府がからむ課題をみごとにこなしてくれる。テラリー・フネルを二週間も独占したら、地元音楽家の反感を買うのではとアレグラは心配したが、ほかの場所は金額の折りあいがつかない以上、気にしてなどいられない。そもそもこの時点で空いていた事実が、すべてを物語っている。企画の担当者もいなければ予算もないため、主催するイベントは年に二、三回しかないのだ。

テラリー・フネルはスレイマニヤ最大の芸術文化ホールで、三年前に完成したばかりだ。トルコ人建築家集団が設計した堂々たる建物には、セミナールームと一三〇〇名収容のホールが入っている。トルコ人に設計を依頼したのは、たんに隣国で好都合だったからではない。地政学的なリスクをつねに抱えるクルド人は、過去に対立していたり、いまも緊張状態にある国々ともビジネスを進めていく必要がある。クルディスタン地域の新しい首相となったバルハム・サーレハは、交易で摩擦を緩和するというEUさながらの政策を実行していた。

ユース・オーケストラは最初の夜を迎えたが、マイクとラリーのオドネル兄弟は結婚式に参列していた関係で、まだイラクに向かう途上だった。シーラ、ルーシー、アンジェリア、ジョナサン、デイヴといった他の講師陣はみんなスレイマニヤ入りしている。私たちは二台のバスに乗せられた。正確にはおんぼろのキャンピングカーで、一台に一五人、あわよくばそれ以上詰めこもうというのだ。おもしろいけれど、長距離はつらい。着いた先は遊園地のレストランだった。ビュッフェの列に並びながら、おたがいを観察し、並んだ料理を見て、またおたがいを眺めるうちに、関係者がわかってきた。ニューヨークから来たフォトグラファーのマイク・ルオンゴ、運営責任者であるイラク国立交響楽団のマジッド・アル・アザウィ、オーケストラマネージャーのアレグラ、ビデオグラファーのマイク・ニューマン、芸術監督兼何でもアシスタントのズハル、それにスレイマニヤでブリティッシュ・カウンシルとの連絡係を務める一七歳のサナルだ。完璧な英語を話すサナルは、裕福な家の子だとすぐにわかる。見た目も話しかたも西洋の若者そのままで、このイカレた冒険に盛りあがっている様子だった。

この日は「ピアニストに伴奏譜を配布し、室内楽のグループと各講師を発表する」ことになっているが、とうてい無理だ。アレグラは、ズハル考案のNYＯＩロゴが入った名札をみんなに配り、あまり遠くへ行かないようにと指示した。これは現実的だ。ところが一番クラリネットのマリワンが、自由時間だってほしいし、子どもみたいに名札を着けるなんてごめんだと騒ぎだした。参加者のほとんどは一八歳以上だから、その主張もわからないではない。私と数名の参加者はやれやれと笑いながら、名札を首にかけた。なにげなく「お手本を示す」ことにしたのだ。

ビュッフェの料理は量が少なく、アレグラは魚がまずいと文句をいっている。それを遠巻きに眺めながら、まだ着いたばかりなのにと私は先が思いやられた。三々五々とまわりの庭に散って食事をするそばを、散策する地元の人たちが通りすぎる。遊園地の錆びついた乗り物は六〇年代、いやもっと昔のものだろうか。鉄のクモのように凍りつき、タングステン電球に照らされている。ここイラクでは、健康とか安全は二の次のようだ。アンジェリアとあたりをぶらついていると、カナリアを集めた見世物に出くわしたが、同時に私たちも見世物になりつつあった。青白い肌のスコットランド人と、あかぬけた韓国系アメリカ人はすっかり注目の的だ。みんな困ったように遠巻きにして、こちらをじっと見ている。私たちは不安まじりの笑顔で応じた。イラクの遊園地にいる外国人は、これほど疎外感を味わうのか。でもたしかに私たちはよそ者だった。

私たちは暑さの残る小道をぞろぞろと歩き、バスに集合した。これからミラコ・ホテルに戻って最初の夜を迎える。イラク・ナショナル・ユース・オーケストラという風変わりな冒険に放りこまれたクルド人、アラブ人、アメリカ人、イギリス人が、おずおずと最初の一歩を踏みだした。誰もがおたがいをちょっと警戒し、でも少しだけ信頼していた。

日付は八月三日、月曜日になっていた。ミラコ・ホテルの部屋はそこそこ西洋式だ。私の部屋はスイートだったので、続きの間はたちまち講師たちのバーと化した。デイヴの部屋は空調が故障していて、室温四五度で寝ることになる。エトルリアの流れを汲む繊細な風貌の若い従業員は、急いで直すそぶりもなかった。とにもかくにもオーケストラの全員が集まり、ひとつ屋根の下で第一夜を過ごす。アレグラが全員を午前七時に電話で起こすようフロントに頼んでいたことは、そのとき誰も知らなかった。このモーニングコールはどんなに抗議しても続いた。

翌朝、ホテル最上階の朝食会場では、みんなおたがいをそれとなく観察するばかりで、けっきょくは知りあいどうし固まって着席した。私はよそよそしい空気を打開したくて、紹介っぽいこともやってみた。ほかの宿泊客や、休暇でバグダードから来た家族客は知らん顔をしている。でも彼らの警戒心は伝わってきたし、私が身構えているのも伝わっていたはずだ。ビュッフェの朝食は、インスタントコーヒー、ヨーグルト、蜂蜜、果物、紅茶という脈絡のなさで、ちょっとしたカルチャーショックだった。

一階ロビーに全員が集まると、マジッドがその日最初のリーダーシップを発揮して、「バスに乗って！」と指示を出した。彼について外に出ると、素朴な輸送手段が待っていた。イラクでよく見かけるバスが二台。詰めこんだらそれぞれ二〇人は乗れる。座席はビニールのクッションで、透明なビニールカバーがかけられ、太陽に熱せられている。距離計をリセットして、座席を新しくすれば、どんなに古い車体でもかんたんに転売できそうだ。私たちは一台のバスに一五人乗りこんだ。あらゆる開口部からコントラバスやヴァイオリンやフルートのケースが飛びだし、わずかな隙間も音楽家たちが埋めつくしたバスは、スレイマニヤの通りを走りだした。沿道には商店、カフェ、自動車のショールーム、ジューススタンドが並び、ベンツからビールまで何でも売っている。一行は町の雰囲気にすっかりのまれていた。私もマイク・ニューマンに話しかけられたが、言葉がひとつも出てこない。これまでの準備ですでにへとへとだったのだ。

移動用に手配した二台のバスは、助手席の日よけにLEDディスプレイが取りつけられていた。太い口ひげの人気歌手、アジジ・ワイセのミュージックビデオがスピーカーから流れ、私たちもそれに合わせて身体を揺らしはじめる。みんな腰をくねらせて踊りはじめ、どっちのバスが激しく揺れるか競争になった。車軸が折れるのも時間の問題だ。

Tシャツにジーンズという私の服装は、イラク人の指揮者ではありえない。カラヤンみたいにぴしっとしたスーツ姿が当たり前だ。でも講師も楽員も、私のカジュアルなドレスコードに同調していた。たいせつなのは仕事の質だし、型にはまったイメージからあえて離れたかった。私たちはみんなで期待を裏切ることにした。無意味な慣習なんてはなからお断り。戦後、イラクの若い奏者たちは国内の音楽教師に足をひっぱられていたのだから、せめてもの意趣返しだ。

そうこうするうちに、バスはテラリー・フネルの通用口に到着する。若い指導者ともっと若い奏者たちが次々と降りたった。

近代的なテラリー・フネルの建物は、一言で表すといかめしい。アーチを描く幾何学的なフォルムには、欧米にはない男くさい力強さがあり、砂漠と太陽が照りつける空に意志の力を見せつけながらそびえたっている。日よけが張りだしたガラスのファサードといい、磨きあげられた大理石の床や、特大のＶＩＰ席がある真っ赤な客席といい、ロールスロイス級のホールだ。芸術家の避難所であるスレイマニヤは、町でもっとも重要な建物としてこの殿堂を建設していた。私たちはこのホールを満杯にするのだ。

体格のよい若い武装兵士が、駐車場のゲートを上げてなかに入れてくれた。テラリー・フネルの内部は大きな空間で、きれいに手入れされているが、がらんとしている。事務室にいた職員が、リハーサルをするセミナー室に案内してくれた。ロビーに出ると、外にふくらんだ壁面は薄く色のついたガラスばりで、町の全景や近くのモスクがよく見える。通訳のサマンとシュワンがさっそく大きな紙を壁に貼り、予定をクルド語、アラビア語、英語で書きはじめた。カラシニコフをもってゆっくり通路を行き来する兵士たちは、驚き半分、退屈半分でこちらの動きを注視している。私が愛想よく笑顔を送ると、つられて笑顔になりかける者もいた。

セミナー室でキックオフ・ミーティングが始まり、ズハルがみんなをアラビア語で紹介すると、通訳がクルド語にいいかえる。「私はポール・マカランダン。音楽の質問は私にしてください」。正直、ほかの誰かの仕事を肩代わりする余裕はない。これから二週間、何が起こるかわからないのだ。私は音楽のことで手いっぱいだった。

ここに来る前、スコットランド音楽情報センターでおもしろい小曲をいくつか見つくろっておいた。

それが《別れの杯》と《子守歌》だ。それにマジッドが用意した《イラクの旋律集》、ボラン・ザザの父親で作曲家のムハンマド・ザザが管弦楽用に編曲してくれた《クルド舞曲集》もある。メインのプログラムはベートーヴェン《プロメテウスの創造物》序曲とハイドンの交響曲第九九番。オーケストラを一からつくるにはうってつけの教材だ。参加者の紹介が進むにつれて、うまくいきそうな予感がしてきた。ただしエアコンだけは、明らかに作動しているのに存在感を発揮していなかった。

最初の通しのために、みんなで譜面台を立てる。第一週の目標はただひとつ、とにかく全員が全曲を通しで演奏すること。そうすれば第二週でやれること、やれないことがおのずと見えてくる。午前中と午後四～五時はオケの全体練習で、毎日ハイドンのどれかの楽章を取りあげるほか、小曲も拾っていくことにした。

ハイドンの崇高な序奏部で、練習の幕が上がった。通訳のシュワンとサマンが私の両脇に立って、英語の指示をクルド語とアラビア語にしてくれる。楽員は直観で反応してくれると信じて、私は棒を振りおろした。冒頭の和音は音程がはずれまくっていたが、それでも同時に出て部屋を震わせた。私は数拍振っただけで演奏を止めた。見えてきた問題点を、時間が解決してくれそうなこと、ただちに指導が必要なことに分けよう。答えは――全部指導が必要だ。

さて、それをどう伝える？　何かいうたびに通訳が入るから、時間が三倍かかり、それだけ練習時間が食われる。そこで冒頭の和音を低いほうから重ねて、オケ全体の響きに耳をすませてもらった。単純だけど、音楽で調和を実現するには欠かせないステップだ。

ラリーとマイクのオドネル兄弟は初日の夜に到着した。私たちはレストランにいたので、二人は自分たちでホテルにチェックインして、近所のケバブ屋で食事をした。イラクのケバブはぜったい食べるなと忠告されていたはずだが、フリーで仕事をするスコットランド人音楽家が従うはずもなく、案の定、トイレ戦争が勃発した。それから二週間、彼らの腸は完全にメルトダウン状態だった。とくにマイクは深刻で、部屋で一日休養することになった。この日は六七回トイレに通ったそうだ。ケバブは下品なジョークとして定着してしまった。

管楽器セクション全体を指導するのはジョナサンと決まっていたので、マイクとラリーはオーボエとファゴットのサポートに回った。オーボエはマジッドの娘ドゥアで、ファゴットはムラドだ。どちらのパートも二番奏者は不在だから、マイクとラリーは彼らの隣で吹くことになる。音を合わせるうえで心強いよりどころだ。問題は、「音を合わせる」のがどういうことかドゥアとムラドが理解しているかどうかだ。

ムラド・サファルは二一歳。バグダードから来たジャーナリズム専攻の学生だ。イラク人応募者のなかで、このオケでやれそうな唯一のファゴット奏者だった。グラフィックデザインのセンスがあって、アメリカ映画で覚えたとおぼしき英語をじょうずに話す。なぜわかったかというと、話し言葉はふつうなのに、彼の書く英語からは、ロサンゼルスを舞台にしたギャング映画の雰囲気がびんびん伝わってきたからだ。ずんぐりした体格、ハンサムで愛嬌たっぷりのムラドは、バグダードではファゴットとイラク国立交響楽団に情熱を注いでいた。イラク国内には若いファゴット奏者がほかにもいたが、もちろん指導者などいない。それでもムラドは実力がずばぬけていたから、天性の才能があるのだろう。同年代のラリーが隣に座って音を出しはじめたら、二人はたちまち意気投合した。長いあいだひとりぼっちだったムラドに、ファゴット仲間ができたのだ。呼吸のことや、音を合わせることを教えてくれて、がっぷり四つに組んでハイドンを演奏できる仲間。この二週間でラリーから学べないことがあるとしたら、それはムラドの楽器の状態のせいだ。

ムラドのファゴットはひどいもので、どうやって音を出しているのかラリーも首をひねるほどだった。リードと本体をつなぐ金属製のボーカルはへこみだらけ。キーのパッドはとっくにひからびているのに、交換できないので出せない音もあった。出る音も象がうめいているようで、もはや丸太と呼ぶほうがいい代物だ。ラリーは自分のｉＰｈｏｎｅをイラクでも使えるようにしていたので、ロンドンにある木管楽器専門店ハワースに電話をかけ、楽器を買ってＤＨＬで送ってもらえないか相談した。値段は約七〇〇〇ドル。それぐらいの予算はあったが、ほかの奏者が嫉妬するかもという理由でアレグラが待ったをかけた。

ハワースでは楽器の発送準備をすませたものの、支払いへの不安を伝えてきた。それが三日後のこと。ブリティッシュ・カウンシル・バグダードのトニー・ライリーは、いちばん速い手段で送金すると電話で確約したが、今度は配送に一週間かかることがわかった。楽器が着くころには演奏会は終わっている。今年はもう無理となったが、ムラドの丸太問題には翌年も頭を悩まされることになる。

木管トレーナーのジョナサンは、毎日午後に指導をした。参加者から絶大な人気がありながら、指導もすこぶるまじめで、二番トランペットとして演奏にも参加する。一番のフランドは元気いっぱいの一五歳。バグダード音楽・バレエ学校でマジッドに師事していて、二〇〇七年にヨルダンでおこなわれたラニア王妃オーケストラ・セラピーにも招待された。クルディスタンでの「アメリカン・ヴォイシズ」に参加した縁で、若手音楽家や教師とも親交があった。英語も抜群にうまい。練習や個人レッスンでジョナサンと吹く時間は、フランドにとって至福の時だった。ユース・オーケストラの参加者は一八歳から二五歳がほとんどだが、フランドの初々しい自信と熱意は経験不足を充分に補っていた。シーラは彼に「なまいき子ザル」とあだ名をつけた。

ホルン奏者はアリと、フランドの姉ラニアの二人。ホルンの指導者がいなくてがっかりした様子だ。だが費用の問題もあって、初回の講師は最低限にしぼって様子見をするしかなかった。フルートパートは一番がバグダードから来た二八歳のハッサン・ハッスン、二番はアッシリア人で一四歳のファディだ。彼ら以外にやれそうな応募者は皆無で、参加資格を一四～二九歳に拡大したのもそのためだった。

かわいそうなのは打楽器のムハンマド・スタルだ。マジッドがバグダードから運んできた二台のティンパニを与えられたのはいいが、教える人がいない。私たちもがんばって後押しするものの、完全に独学でやってきた奏者の例に漏れず、読譜能力が高くない。性格は良さそうなのだが、痛々しいほど内向的で、英語は一言も理解できなかった。

それでもハイドンの第二楽章を通しているとき、楽員どうしに新しいつながりが生まれてくるのがわかった。いま誰と、どう重なっているのか気づいて、ちらりと目配せする。弓の動きや、かすかなうなずき、譜面台から視線を上げて確認する表情——ハイドンの美しい音楽のなかでそれらが重なりあい、オーケストラの集合意識に育っていく。必要なのは、おたがいを観察しながらたくさん演奏することだ。専門的なこと、技術的なことは、いくらサマンとシュワンがうまく通訳してくれたとしても、楽員たちには届かない。私は感情を込めたボディランゲージで伝えることにした。こちらの意図を頭では理解できなくても、少なくとも感じてもらえるように。そうやって音を鳴らしていくうちに、アンサンブルがはまる瞬間が出てくる。初めての心地よい響きだ。だが次の瞬間――ドンッ！

ムハンマド・スタルが力いっぱいティンパニのばちを振りおろした。すさまじい打撃音は全員の骨を震わせ、天国の静けさは絶望、そして喧騒へと砕けていった。私が手を上げて「何てこった」とつぶやくと、チェロパートの最前列にいたデイヴ・エドモンズが思わず吹きだした。私も露骨に顔をしかめる。ムハンマド・スタルは困った顔で私たちを見ていた。彼は小節を数えて、出番が来たからたたいた。不運だったのは、ちがう楽章だったこと。この瞬間、私は確信した。楽器ごとに指導者をちゃんとつけて、最後まで面倒を見てもらわないとだめだ。

日を重ねるにつれて、講師と参加者のあいだに、ほかのユース・オーケストラには見られない関係が育ってきた。アンジェリアは『スクール・バンド・アンド・オーケストラ』誌のインタビューでこう話している。

「自分の時間は最大限オーケストラのために使おうと思いました。彼らは熱心で、スポンジのように吸収する姿は感動的でした。やっている曲の動画を夜中にダウンロードする子もいて、ろくに睡眠をとらないので、それでは演奏に集中できないと叱ったこともあります」

「ホルンパートにラニアという女の子がいて、英語もうまく、社交的な子でした。どうしてみんな夜ふかしするのかとたずねたら、こんな答えが返ってきました。『私たちにとって、めったにない機会なんです。直接指導してもらえる時間を、一瞬でも逃したくない。寝るのはもったいなくて。明日は何が起こるかわからないし』」

「ラニアはバグダード生まれで、いまもバグダードに住んでいます。彼女はこういいました。「毎日何が起きているか想像できないでしょう。先週は友だちが殺された」。その言葉に、現実を突きつけられました」

「若い子たちが力を合わせる姿を見ていると、どんなに厳しい土地で、お金やものが乏しくても、やれることはあるのだとわかります。とくに音楽では、みんなが共通の目標と興味をもっているから、過去は関係ありません。でもアラブ人とクルド人は激しくぶつかってきたし、数のうえではアラブ人が多い。でもセッションを通じて、セッションを通じて、彼らは笑ったり、助けあったりしながら、それまで手の届かなかったことを引きよせようとがんばるようになった。そんな彼らから学んだことは、私のたいせつな宝物です。自分のやれることで多くの人に働きかけることが必要だと悟ったし、演奏者、教育者としての自分の人生がさらに有意義なものになりました。ステージで演奏するより、音楽家として手を差しのべ、自分が必要とされ、役に立っていると実感することに意味がある。そう気づいたのです。いままでいろんな場所を訪れましたが、自分の知識がいちばん求められ、それを伝える必要性があったのはここでした」

戦争で深く傷ついた若者たちが、ひとり、またひとりとアンサンブルを造形していく。迷える若き音楽家と、理想に燃える若き指導者が、無謀な航海へと乗りだしていった。行きつく先がどこなのか、これで人生がどう変わるのか誰も知らない。だが変化は確実に起きていた。

4 一触即発

セクションに分かれて練習する午後二時から四時まで、テラリー・フネルの空調は切られる。なぜか？　トルコ人建築家が入れた全館空調システムは、気温四〇度、五〇度にもなるイラクの夏に耐えられないからだ。箱ばかりで中身がともなっていない。この気温は楽器には想定外で、チューニングはめちゃくちゃになった。そのためセクション練は事務室でやることにした。ここなら壁付けエアコンがあって、何とかがまんできる室温になるし、楽器も落ちつく。参加者たちの楽器のチューニングがいいかげんで、演奏中に一定のピッチを保てなくても気にしない理由がこれでわかった。

セクション練のあいだ、私はピアノのワークショップを開いた。生徒はズハル、ボラン、ザルダシュトだ。ズハルの課題曲はラフマニノフの前奏曲嬰ハ短調。ウィグモア・ホールで弾いた作品だ。ザルダシュトは繊細な感受性の若者で、夕方五時からレストランでピアノを弾く仕事をしていた。彼がもってきたのはショパンのワルツ集だった。ボランはドビュッシーの《月の光》を選んだ。ヤマハのクラビノーバを順番に弾いてもらいながら、音色を変えたり、オーケストラのサウンドを再現したりとみんなで試してみた。

ボランはワークショップで得た知識をひとつ残らずノートに書く。ズハルとはフレージングとタイミングを掘りさげた。ほかの二人には声で拍子をとって、和音の変わり目に手をたたいてもらう。単純だがやってみると難しい。この練習で彼らの誤った思いこみが解体され、ラフマニノフのほんらいの意図が見えてきた。

音楽をきちんと理解せず、ＹｏｕＴｕｂｅで見つけた演奏をなぞるのは百害あって一利なしだ。きゅうくつな部屋で、私はワルツの踊りかたを彼らに伝授した。そうしないと踊りの曲は演奏できない。ズハルやボランは、服装も話しかたも欧米の若者と変わらないが、それでも身体に触れるのはためらわれる。イスラムの規則を山ほど破ることになるが、二人はかまわないといってくれた。ささやかだけど充実したワークショップを通じて、私はズハルたちのこれまでの孤独を感じることができた。いまもこの建物を一歩外に出れば、殺伐として堅苦しいことだらけだ。文化的な縛りから自由になれたら、彼女たちの才能はどこまでもはばたけるのに。

ユース・オーケストラの女性参加者たちは、同じ立場の男性より明らかにレベルが高い。学校の中退率が七五パーセント、失業率が八六パーセントの社会でやっていくには、うんと背伸びしてがんばらなくてはいけないのだ。二番ホルンのラニアは、弟のフランドと同じくアメリカ映画で英語を身につけ、誰の助けもない不安定な状況でホルンという難しい楽器を学んでいる。一番オーボエのドゥアが暮らすバグダードの地区は、女が音楽をやっているとひどい目にあいかねない。練習していると近所から苦情をいわれるが、台所で食事の支度をしていると説明して笑いとばす。優秀なヴァイオリン奏者のアニー・メルコニアンに、揺るぎない信頼、寛大な心、共感する力を教えたのは、家族とバグダードのアルメニア系社会だ。この三つは戦後のイラクではすっかり消えてしまった。いや、最初からなかったのだろう。

ボランは一七歳。ユース・オーケストラのために自作のギター作品《クルド舞曲集》を編曲してくれたムハンマド・ザザの娘だ。アルビルでは、彼女がホストを務めるクラシック音楽のラジオ番組が放送されている。ピアノ教師でもあるボランは、三カ国語を操れるので通訳の役目も果たしていた。ヒジャブと呼ばれる布を唯一かぶっているトゥカは、講師のデイヴ・エドモンズに実力を認められてチェロのトップの座を勝ちとった。同じチェロパートのアッサムはそれが気にいらない。

トゥカは変わり者だ。チェロを愛してやまず、眉間にしわを寄せて強い意志を示す彼女とは、音楽で〝会話〟をした。忍耐も、学ぶことも、音楽への愛も、すべて音楽で伝えることができた。練習中や休憩のとき、トゥカは甲高い笑い声を漏らすことがある。気持ちがはじける一歩手前で、かろうじて踏みとどまっているような笑いだ。

惨憺《さんたん》たるオーディション動画にやるせない気持ちになったのは、ついこのあいだのこと。応募者はがんばっていたが、魂と響きが切りはなされ、音楽をする喜びが伝わってこなかった。プログラムにハイドンの九九番を選んだのは、二週間で格好がつきそうだからというのはもちろんだが、楽員たちにユーモアを注入したかったからだ。開始も終止も定石をはずれ、フレーズがひっくりかえり、意味深長な休止があったと思えば、圧倒的な響きが鳴りわたる。そんなハイドンの交響曲は、奏者が耳をすませて、たがいにアンサンブルできるまたとない経験だ。一番ヴァイオリンの演奏をやめさせて、同じ旋律をどの楽器がやっているか質問したが、彼らは自分が弾くことに精一杯で、三メートルしか離れていないフルートに誰も気づいていなかった。自分もなければ、集団であることの自覚もないのだ。

表現の空白を埋めるためには、演奏をいったん止めて、いま何が起きているのかたずねなくてはならない。そんな質問をされるのは、生まれて初めてだったにちがいない。一番クラリネットのマリワン・イスマエルには、ほかが何をやっているかがなぜそんなに大事なのかと聞かれた。臆面もないが、正直な質問だ。ここにいる若い演奏家たちは、拍を数えたり、耳を傾けたり、音程を合わせるやりかたを知らない。音に強弱をつけたり、美しく演奏したりもできない。譜面に書きこみをして、指揮者をよく見て、自分の音を周囲に溶けこませることもできない。すべてが天然だった。ばらばらに音楽をやっている彼らの心をひとつの生き物のようにまとめあげるのが、私たちの役目だ。それによって、彼らをめぐるさまざまな距離や格差が少しでも解消してほしい。全体練習に加え、一対一のレッスンを入れる私たちに、通訳のサマンとシュワンも時間を延長して協力してくれた。

音楽家なのに音楽と断絶してしまう背景には、指導の問題があった。独学でやってきた者のほうが、教師についている者よりまともなのだ。それにイラクでは、良質なクラシック音楽に生で触れる機会がまったくない。クラシックという媒体を選んだ以上、国を出て海外のクラシック音楽をたくさん体験しないと成長できないだろう。だが、バグダードで戦争を生きのびてきた彼らにとって、砲弾の炸裂や恐怖、混乱から逃避して、自分だけの世界へ運んでくれる唯一の手段が音楽だった。ここに集まっているのは、自意識をぶあついガラスの金魚鉢に閉じこめた若者たちだ。ほかの楽器の音を聴けとか、感性や愛を表現しろ、チューニングをちゃんとして小節を数えろ、聴衆に語りかけろといきなりいわれても、彼らの常識からはかけ離れていた。

戦時下で正気を保つために築いた心の壁を壊せというつもりはないし、そんなことはできない。それでも、彼らの意識を外に押しひろげる必要がある。トニー・ライリーがいっていたように、子ども時代をもてなかった彼らが、生命の危険がないところで思うぞんぶん遊べる場がこのユース・オーケストラなのだ。魂と響きが遮断されているなら、もう一度つなげようじゃないか。

いっぽうテラリー・フネルでは、電力の遮断がしょっちゅう起きた。照明と空調がないと、窓のないセミナー室では何もできない。時間がもったいないので練習場所をロビーに移すが、凸面レンズのような全面ガラス張りの窓を通して、スレイマニヤの太陽がじりじりと私たちをローストする。音程を合わせるなんてもはやジョークでしかない。それでも参加者はイラク、イギリス、アメリカそれぞれの根性を発揮して踏んばった。私自身も、面倒なことはとっととやっつけて前に進むスコットランド魂で乗りきる。

午後の全奏が終わると、楽員たちは指揮のレッスンか室内楽を選ぶ。講師も含めてみんなふらふらしながら事務室に移動して、木管五重奏に編曲したスコット・ジョプリン《メープル・リーフ・ラグ》や、モーツァルトの弦楽四重奏曲、トランペット二重奏曲などに取りくんだ。指揮を教えたことはない私だが、ズハルをはじめとする未来のマエストロたちに教授することになった。ヨーロッパからはるか遠いこの場所でなら、いろんなことが自由に試せる。準備運動として、テニスボールを床にはずませて手首の筋肉をほぐしたあと、ケルンで買ったグラスノファイバー製の指揮棒を配り、基本パターンをひととおりやってみる。それからひとりずつベートーヴェンのピアノ・ソナタを指揮してもらった。ピアノは私が担当する。さらにハイドンの交響曲も勉強した。二週目にはじっさいにオーケストラを振ってもらう。こうした学習の効果は少しずつ現れ、講師たちにもわかるほどになった。やればやるほど、直感で理解できることが増えていったのだ。クラシック音楽は、正しい教師とよい楽器をそろえて何年も研鑽を積まないと結果は出ない――そんなこと誰がいった？

酷暑のなかでひたすら練習というのもけっこうな苦行だが、最大の難関は食事だった。昼食と夕食をとるイラン料理のレストランは、私たち以外に客がいない。店内は風通しがよくて、清潔そうな印象だ。サラダビュッフェ、チキンウィング、煮込み、肉料理、デザートはどぎつい原色のゼリー、飲み物は緑とオレンジの蛍光色をしたソーダとメニューもいまっぽい。だが欧米人の胃袋は毎回痛い目にあった。かろうじて無事なのはジョナサンと私だけ。マイク・オドネルは私に「きみが倒れたらすべて終わりだ」といったが、そのときはピンと来なかった。ことの重大さに気づいたのは、イラク式トイレに遭遇してからだ。平たい便器が床に置いてあるだけ。そこをめがけて出すものを出したら、ホースの水で流す。お世辞にもきれいな状態ではない。だからレストランを予約するときは、まずトイレを確認するのだとシーラはいった。トイレが清潔な店は衛生管理もしっかりしているらしい。なるほど。

オーケストラのなかでは、日を追うごとに不満がたまってきた。ラリーとマイクは、ムラドのファゴット購入を阻止されたことでアレグラに腹を立てていたし、アレグラと私も練習をめぐる行きちがいが多かった。アレグラはアレグラで、ブリティッシュ・カウンシルとの連絡係である一七歳のサナルにいらついていた。そのサナルとマジッドが事務室のカウチで昼寝をするので、みんな暑くてもがんばっているのにと講師たちは頭に来ていた。場当たり的な運営体制だから、感情がすぐに増幅されるのだ。

ある日アレグラが無断で休んだ。足が腫れたというのだ。そうなるとズハルと私で全部仕切らなくてはならない。テラリー・フネルの外でズハルと相談し、しっかり協力して乗りきろうということになった。通訳のサマンとシュワンには、話をこまめに通訳して、意思疎通がとどこおらないようにしてほしいと頼む。水面下でくすぶる火種が私たちを動かした。指導者たちは状況をただちに了解して、いつにもまして熱心に取りくんだ。参加者たちが変化を見せたのはこのときだ。反応がよくなり、新しいことを素直に受けいれ、年齢がさほど変わらない指導者に敬意を示すようになった。技術的な障害が少しずつ消えるにつれて、音楽のほんとうの意味が浮かびあがってきた。楽器どうしがぶつかりあい、「戦うか、逃げるか」だった音楽に流れが出てきたのだ。

それでもやはり、食事は頭の痛い問題だった。レストランでは講師、アラブ人、クルド人どうしが固まって着席してしまう。自主隔離だ。その様子を見て私はシュワンにいった。

「これ、よくないよね」

「そうね、とてもよくない」

「どうしたらいいかな?」

「わからない」

外国人としていろいろ思うところもあるが、まずはお手本を示そう。撮影担当のマイク・ニューマンが料理の皿をもち、クルド人たちのテーブルの空いた席についた。私たちもひとり、またひとりとそれに続く。言葉が通じるかどうかはおかまいなし。同じテーブルを囲み、食事をしながら、目を合わせて笑うだけで距離が縮まる。食事のたびにテーブルをまわり、二言三言しゃべったり、ときにはおたがいの存在を感じながら黙って座っているだけで、私たちは少しずつ家族になっていった。

アレグラとズハルが相談して、親睦を深めるアイスブレイキング・ゲームをやると決めたのはその翌日のことだ。暑さにうだりながら一日中練習してへとへとだったが、夜になるとみんないわれたとおりホテルの朝食会場にやってきた。

ルールはかんたん。講師、参加者、通訳、その他全員がテーブルにつき、氏名と出身地、それに自分にかんすることをひとつ紙に書く。それから、自分とはちがう言語を話す相手とペアになり、書いたことを教えあう。内容が単純なので理解しやすい。最後に、自分のパートナーをみんなに紹介するのだ。

ズハルは次から次へとペアを前にひっぱりだして紹介させた。自らも英語とアラビア語で手助けする。私は「スコットランドから来たポール、オリンピックでやるフリースタイルのレスリングが趣味」だ。

このゲームは二時間続き、みんなくたびれて部屋に戻った。うまく氷が融けた者もいたが、消耗しただけの者もいる。ストレスはたまるいっぽうだ。演奏会をつくりあげる仲間への信頼感が、あらゆる面で試されている。ひさしく見ていなかった希望の光と、先駆者としての自覚だけが支えだった。

ユース・オーケストラの牽引役は私と、コンサートマスターを務めるクルド人のカワン・エリアスとアラブ人のムハンマド・アドナンだ。少年の面影を残す繊細なカワンは、クルド人ヴァイオリン奏者のなかでいちばん実力がある。ムハンマド・アドナンはイラク国立交響楽団のヴァイオリン奏者で、堂々として自信にあふれていた。おたがい相手の言葉も英語も話せなかったが、関係は良好だった。プログラムの前半はカワン、曲が難しくなる後半はムハンマド・アドナンという分担で、それぞれコンマスでないときは二番ヴァイオリンのトップを務める。かなり難しい役回りだが、二人はなんとかこなしていた。

クルド人とアラブ人のちがいは、ヴァイオリンパートに顕著に現れた。アラブ人の参加者はみんなバグダードで活動する仕事仲間で、弦楽器パートの強力な核になっている。それがクルド人奏者には重圧になった。彼らはクルディスタン地域のあちこちからやってきた初対面どうしなのだ。クルド人奏者はほとんど二番ヴァイオリンに行ってもらったのだが、アラブ人主体の一番ヴァイオリンにくらべるとどうしても弱い。そこで陰陽の原理に従い、一番と二番パートにそれぞれクルド人とアラブ人を入れて、音楽と人間関係がどうなるか様子を見ることにした。ここにいる誰もが、自分がむきだしだと感じていた。アーティストとしては、他者のエネルギーを丸ごと受けとめられるので悪いことではないが、不安定な要素が多すぎると危険なことになる。

事前にクルド人とアラブ人の関係を勉強していた私だが、じっさいに接してみると、大きな声ではいえないけれど興味ぶかい側面が見えてきた。クルド人とアラブ人は遺伝子の系統が異なる。クルド人は顔の造作が繊細で、指は細く骨ばっている。いっぽうアラブ人は身体が大きくてがっしりしている。両者は一キロ先からでも見分けがつくほどで、クルディスタン地域がイラクでもっとも安全なところだったのもそのためだ。クルド人とちがって、アラブ人は自爆テロで同胞を死なせることも多い。だからアラブ人がいると、すぐに注目の的になる。

クルディスタン地域は、クルド系二大政党の勢力分布ではっきり二分されていた。しかし二〇〇三年のイラク戦争を機に、自治権強化、さらには独立の芽が出てきたことで二つの政党は手を組んだ。危険で信用ならないアラブ人の存在を際だたせることは、安全を確保し、イラク政府を揺さぶって国家建設を実現する戦略のひとつだったのだ。クルド人は政府に愛着のかけらもない。一九八〇年代、サダム・フセインがクルド人を虐殺してからはなおさらだ。当時の記憶は、ユース・オーケストラ参加者の親世代に生々しく残っている。長年の憎悪の歴史から、クルド人は地域の主要言語であるアラビア語を覚えようとしない。世界で孤立し、閉鎖的になることをもっとも恐れるクルディスタン地域政府は、イラクの他の地域とは対照的に、外国からの訪問者には一〇日間のヴィザなし滞在を認めている。

ユース・オーケストラの二人のコンサートマスター、カワンとムハンマド・アドナンは、通訳を介して話しあい、それぞれの仲間に積極的に働きかけて誤解を最小限に抑えようと約束した。焦点のひとつは、私が一番ヴァイオリンに入れた唯一のクルド人奏者、ハナ・ファイサルだ。彼は聴衆からよく見えて、音も聞こえる二プルト外に座らせることにした。ハナを囲むアラブ人奏者は、バグダードでは練習中にも視線をかわし、注意しあう仲だった。しかしハナはアラビア語を解さないので、ここでそれをやられるとハナが置いてきぼりになる。しかも彼の実力はパート内でいちばん下だ。ムハンマド・アドナンが彼を内側の席に替えたいといったので、まかせることにした。ヴァイオリンパートのまとめ役は私ではなく、あくまでムハンマドだからだ。しかし同時に、私はハナの隣に通訳を座らせ、アラビア語で音楽にかんする話が出たらクルド語で伝えてもらうことにした。

練習後、サマンに通訳を頼んでハナに感想をたずねた。ハナはにっこり笑ってＯＫと答える。ほん

と に？ はい。この方式はまだるっこしいけれど、何とか機能しているようだ。心なしかヴァイオリンパート全体が明るくなり、風通しもよくなってきた。

クルド人とアラブ人のあいだに明らかに不穏な空気が流れることはあっても、周囲がしっかりブレーキをかけていた。私も講師たちと協力して、全員が音楽だけに集中できるよう気を配った。最大の障壁は言葉だから、隣どうしに座って同じ音楽を演奏することが最大のコミュニケーション手段になる。クルディスタン地域政府が支配を確立した一九九一年以来、クルド人の若者が話せるのは六種類ある主要方言のひとつ、ソラニー・クルド語だけだ。通訳のリマンとシュワンは学校でアラビア語を学んだが、アラビア語に触れていない者、立場上理解しない振りをしている者が大半だった。もちろんアラブ人もクルド語は話せない者がほとんどだ。

どんなに通訳ががんばっても、言葉の行きちがいでクルド人参加者がいらだちをあらわにすることがあった。だが、相手の心情を読むのが得意なジョナサンや私からすると、彼らのひとり相撲に見えることもある。クルド人はつねに少数派であり、アラブ人、ペルシャ人、トルコ人から迫害を受けてきた複雑な歴史がある。虐殺の記憶もまだ新しい。親の世代に降りかかった組織的な大量殺人を経て、若者たちがいまここで演奏しているのは奇跡だ。だがそのせいで、最初から被害者モード全開の者がいたのも事実だ。練習を停滞させないためには、不穏な空気が生まれるたびに何が起こったのかたずね、理解しあうことが重要だった。さもないと、同情を買うための演技だと思われてしまう。そのいっぽうで、コインの裏側も無視するわけにいかない。アラブ人奏者は戦争で子ども時代が奪われ、家族を失った者もいる。戦争という異常事態を脱した彼らは、ユース・オーケストラで生存本能を発揮して、いつか新しい世界で花開くために窓を全開にしておきたいのだ。

そんななか、緑の下で静かにがんばる参加者がいた。副コンサートマスターのアニー・メルコニアン。バグダードから来た小柄なアルメニア系の女の子だ。彼女がオーケストラに取りくむ揺るぎない姿勢は、私たちの支えとなった。プロの演奏者としてチームプレーに徹するアニーが、オーケストラやほかの奏者について発する言葉は重みがちがう。それだけではない。彼女は同じバグダード出身の男性たちもうまく扱い、このオーケストラは教育と調和の場だと堂々と主張した。イラクの男性に対して女性が毅然と接するのは危険と背中合わせだ。アニーがアラブ系でなく、よそ者的な立場だからできたのかもしれない。アニーは私にもいろいろ助言をくれた——イラク人に時間を守る概念は存在しないというのもそのひとつだ。

ある日、アニーがやってきていきなりこういった。

「ポール、あなたがハッピーなら私たちもハッピーです」

私はびっくりしたが、その一言がしだいに重みを増して、彼女はオーケストラと私を結ぶへその緒になった。欧米のオーケストラとちがい、ここに来ている若い音楽家たちは、戦争やテロから身を守ることが先決だった。経験が乏しい彼らは、気分屋の指揮者とやったことがないのか。いや、これまで約束は守ってきたから、そこだけは信用できると思われていたのかも。ともかくアニーのおかげで、私は指揮者として新しい地平に立つことができた。いろいろ課題はあっても、がっかりした顔はしないで、つねに前向き《アップビート》でいよう。

午後の全奏では、その日に学んだことを少しでも演奏に取りこみたい。そう思いつつも、なかなか進歩は見られなかった。それでも木曜日には、まがりなりにも全曲通した。そして第一週の最終日、ハイドンの最終楽章に入ったときのこと。開始から八小節で停電が起きた。困ったなと思いつつ、暗闇で指揮をしてもしかたないので棒をおろした。ところがオーケストラはそのまま演奏を続けている。それまでなかった決意のようなものを感じて、私はおずおずとかたちばかりの指揮を再開した。停電は楽章が終わる直前に復旧し、私は向かいのヴィオラパートに座っているシーラと目配せして笑顔をかわした。この一週間、厄介すぎる問題に次々と直面したけれど、このオーケストラはけっしてへこたれず、最後までやりとげる意気込みを示してくれた。

二番ホルンのラニアがあとで教えてくれたのだが、イラクでは停電はしょっちゅうだから、みんな譜面が頭に入っているのだという。たしかに、バグダードのイラク国立交響楽団でも同じようなことが何度もあった。

講習が始まって最初の金曜日。この日はイスラム教の休日なので練習はなしにして、みんなで遊園地に出かけた。そこでは私の関心を惹こうと誰もが競いあっている。たしかに、錆びの浮いた乗り物にいっしょに挑戦すれば、それだけでおたがいちょっと気安くなれる。それでも、がたつく怪しげなやつは遠慮しておいた。

園内をぶらついていたマイク・ニューマンと私は、同時にある光景に気がついた。女性たちがヒジャブをかぶっている保守的な家族と、反対に女性が欧米風のセダンな服装をしている開放的な家族が、屈託なくいっしょに楽しんでいるのだ。ただオーケストラにいるかぎり、スンニ派とシーア派、保守と開放の区別はつかない。これだけは五年後も変わらないだろう。音楽を奏でる場では、そんなことは誰も気にしない。オーケストラは自分が所属する世界からいっとき離れられる、ガラスドームのような小さなユートピアだった。

その日の締めくくりは、イラン料理店での夕食だった。ジョナサンと私をのぞく欧米人の胃腸を攻撃し、たたきのめしたあの店だ。こうこうと照明がともる芝生のテーブルで、乾いた暑さのなか食事をしていたら、とつぜん店からチェロトップのトゥカがケーキをもってやってきた。この日はボランの一八歳の誕生日なのだ。彼女を囲んでハッピー・バースデーを歌った。シャーワンがスーフィーの太鼓ダフでリズムを刻みはじめ、クラリネットのマリワンがクルドの旋律を軽快に鳴らすと、魔法のスイッチが入った。オーケストラの全員が芝生に出て踊りはじめたのだ。みんなで腕を組み、歓声をあげて、ボランのまわりをぐるぐる回る。勢いよく振りあげる足や、はじけるような笑顔をマイク・ニューマンがビデオに記録する。疲れも不満もどこへやら、夏季講習は半分まで来たけど、まだいっしょにいられる喜びが爆発した。

足が腫れているアレグラは、にこにこしてその様子を見守っている。音楽をまじめに勉強することは貴重な実りをもたらしてくれるが、こうしたはじける瞬間は、ワークショップからは生まれない。お堅いことはなしの解放感のなか、友だちになれそうな手ごたえを感じた私たちは、これでオーケストラがやれると確信して、夜がふけるまで騒ぎとおしたのだった。

5 そして壁は崩れた

第二週が始まった。これまでに達成できたことはたくさんある。食事をとる店は、おいしいピッツァが出て、ビールが飲めて、トイレがぴかぴかのコステロズに変えた。全曲通しもやって、オーケストラは烏合の衆からアンサンブルへと変貌しつつあった。バルハム・サーレハ首相が、様子を見にひょっこりレストランに姿を現した。一日の終わりにやっていた室内楽練習は、楽員たちの疲労もあって大苦戦だったが、それでも内輪で演奏を披露できるようになった。そして何より、講習の離脱者がひとりもいなかった。

ジョナサンとフランドの師弟関係はますます濃密になった。マジッドは、バグダードではフランドにトランペットを教える立場なので、レッスンにも立ちあう。ジョナサンとマジッドの関係が緊張していることは明らかだった。ジョナサンの楽器演奏への姿勢がマジッドとまるでちがうこともあるが、若い講師陣のなかで、四〇代なかばのマジッドは居心地の悪さを覚えていた。

それでもマジッドはなくてはならない存在だった。大柄で快活、映画『ジャングル・ブック』に出てくるクマのバルーのようだ。ただし口ひげをたくわえている。ユース・オーケストラの羊飼い的な役割を引きうけて、みんなを集めてバスに乗せたり、打楽器運搬やバグダードから来た参加者の移動を買ってでてくれたり、ライブラリアンとして楽譜を管理してくれる。それでも、部屋の隅に座って、ときには床に寝そべって練習を見学するマジッドは、悲しげな瞳がますます悲しそうになっていた。世界の第一線で活躍する二〇代の奏者で指導陣を固める私の方針が、ひどくこたえていたのだ。それは、マジッドが教えるバグダード音楽・バレエ学校ではとうてい望めないことだった。

失われた面目と、失われた歳月――マジッドの深い喪失感が理解できたのは、しばらくたってからだ。彼がユース・オーケストラに協力してくれたのは、ひとえにイラクや若い音楽家たち、とくに娘ドゥアへの深い愛ゆえだった。マイク・オドネルはドゥアに何度となくオーボエのレッスンをしたが、マジッドはそれを毎回撮影した。その姿は良きパパそのものだった。

スレイマニヤに夜遊びができるところはなく、私の部屋のラウンジが講師のたまり場になった。ホテル内でのアルコールは禁止だったが、ポーターのひとりに頼んでおけば、近くの酒屋で冷えた缶ビールを調達して、冷蔵庫に入れておいてくれる。イラクではどんなことでも、少なくとも男性には抜け道が用意されているのだ。マジッドが特別な差し入れをしてくれたこともあった。マスグーフと呼ばれるコイの炭火焼きで、イラクではたいへんなごちそうだ。

夕食のとき、フォトグラファーのマイク・ルオンゴと彼の著書『イスラム世界をゲイが旅する（Gay Travels in The Muslim World）』の話になった。ユース・オーケストラでは、男の子たちがハグ、キス、手つなぎをよくやっている。中東でよく見られる光景だ。結婚まで女性に触れることができないので、代わりに男どうしの距離が極端に縮まる。だから手をつないで通りを歩いていても、ゲイというわけではない。いや、たまにはそういうこともあるが。同性愛者や女性の権利がないに等しい中東で、男性の親密なつきあいは認められてきた。けれども欧米では、ピューリタニズムの観点からそういう関係はご法度だ。

講習は第二週に入っても、同じ内容で進めることにした。午前中に全奏、午後はセクション練と全奏、最後に室内楽か指揮レッスンだ。テラリー・フネルの気まぐれな空調と、うだるような暑さにも慣れてきた。脱水状態にならないよう、ミネラルウォーターをひたすら飲みまくる。イラク国立交響楽団のサミル・バシムが弾くコントラバスは練習中にひびが入り、応急修理のため一日使えなくなった。ほかの楽器も例外なく問題が起きていた。いちばんの原因は乾燥と高温だが、もともと質のよくない楽器を酷使したこと、持ち主が正しい手入れ法を知らないことも関係していた。

そのころマイク・ニューマンは、私たちのインタビューを撮影して、ＢＢＣラジオ・スコットランドの朝のニュースと、ＢＢＣワールド・サービスに売ろうと考えていた。ところが思わぬ壁にぶつかってしまう。イラク発の「いい話」は誰もほしくないとあからさまにいわれたのだ。悲惨な話でないと視聴率がとれないらしい。少なくとも年内は、ユース・オーケストラが世界に報じられる見込みはなかった。

いつもと異なる角度からおたがいの音を聴き、一体感を深めるために、異例ではあるがオーケストラの配置も変えてみた。ハイドンの交響曲は、一七九一年の初演時の配置も試した。指揮レッスンの生徒たちには、じっさいにオケの前に立ち、交響曲の冒頭を振ってもらった。堂々たるマエストロぶりを発揮したのはやはりズハルだ。ときには私が指揮台を降りて、オーケストラにそのまま演奏させながら歩きまわった。ほかの音にもっと耳を傾け、意思を伝えあってほしいから、思いつくことは何でもやった。

厳しい練習のあいまに、詩情豊かな啓示の光が差しこむ瞬間もあった。それは弦楽器の指導者四名、アンジェリア、ルーシー、シーラ、デイヴによる弦楽四重奏団が、室内楽コンサートに向けてベートーヴェンをさらっていたときだ。森の動物みたいに、まわりに少しずつ人が集まってきた。とくにイラク人の参加者たちは、うっとりと聴きほれ、目を奪われている。イラクでは、クラシックの室内楽が演奏されることなどまずないのだ。言葉もなく、濃密に音楽を仕上げていく四人の姿は、音楽をやる者として強く同調するものがあっただろう。無知と誤解の壁が、こうしてまたひとつ崩壊した。似たようなことは、二週間のうちに何度となくあった。

講習が始まってから日数もたってきた。同じ日課の繰りかえしから一度抜け、組織としてのありかたを探るべきだ。全員がともに過ごせる時間はあまりに短いから、一分でもむだにしたくない。ズハルは、オーケストラの参加者に方針をゆだねることに難色を示した。それでも私は譲らず、彼らを信頼しようと説得した。

日曜の夜、ホテルの朝食会場に全員を集めた。テーブルには四色のA5用紙とペンが並んでいる。練習のあとで疲れているから、さっさとやってしまおう。イラク平和財団でアレグラと働き、クルド語とアラビア語が話せる女性が空気をなごませたところで、私が四つの質問を書いた紙を掲げた。

1．あなたが人生でたいせつにしていることは？

2．あなたが音楽でたいせつにしていることは？
3．今後NYOIにどんなことをしてもらいたい？
4．自分でユース・オーケストラを運営するとしたら、どんなことをたいせつにしたい？

質問1は黄、2は緑というように、色のちがう用紙に答えをひとつずつ書いていく。言葉はクルド語、アラビア語のどちらかだが、英語で書く者もいた。
四五分で全員が書きおわった。私はお礼をいって、集めた紙の束を翻訳チームに渡した。参加者の回答を三種類の言語に訳してもらうのだ。二日後、翻訳が終わった紙を練習場の壁一面に貼りだした。

音楽をやっていると、果てのない美しい世界にいるような気がする。ユースオケに参加したのは、音楽の腕を磨いていろんな文化に触れ、自分の才能と能力を伸ばし、自尊心と自信をもちたかったから。

自分の感情を表現できる音楽は、イラクをもっと美しい国にしてくれる。それはすべての人の人生にもいえることだと思う。

優れた演奏に加えて、協調、愛、団結の精神を示し、他のユースオケと競えるようなレベルに到達する。

みんなは音楽を本気で愛している。音楽だけでなく、マナーもレベルが高い。ほかの人の気持ちを思いやれるし、それぞれの価値観を尊重している。誰もがまじめですごくがんばっている。

イラク国内はもちろん、世界でいちばんのオケになりたい。イラクや国外で年間を通じて活動できたらいい。

この一週間で、これまでの人生全部より多くのことを学んだ。このユースオケは賞賛に値すると思う。

自分が演奏する音楽を通じて人類にメッセージを送りたい。そのメッセージがみんなの役に立つといい。

彼らの夢は、ズハルや私の想像をはるかに超えていた。戦争、孤立、恐怖が渦まく場所で、誰ともなく自然に湧いてきた希望と未来の言葉。練習場を埋める色とりどりの用紙は、参加者たちの実像を浮かびあがらせ、このままいっしょに進んでいいのだと確信させてくれた。だが私たちが前進するいっぽうで、バグダードから不穏な影が忍びよっていた。

第二週で特筆すべきできごとは、イラク国立交響楽団の音楽監督カリム・ワスフィの訪問だった。届強そうな四人のボディガードを引きつれて、首都バグダードからお出ましになったのだ。戦争が始まったころ、暗殺未遂で危うく生命を落としかけたため、警備を厳重にしているという。ユース・オーケストラには交響楽団の団員も数多く参加していたから、様子をうかがいに来たのだろう。ギャングみたいな幅広襟のスーツに紫色のシャツとネクタイ姿で、護衛も似たりよったりの格好とあって、とんでもなく場ちがいな一行だった。貧相なTシャツとジーンズで指揮台に立っていた私は、シカゴの暗黒街の連中に消されると思った。ないのはマシンガンをしのばせたヴァイオリンケースだけ——いや、ほんとうにもっていたかも。離れた場所に座って練習を見学するワスフィを視界の端で観察しながら、私は演奏を続けた。黒々とした口ひげ、てかる頭髪はどこかで見たような独裁者だ。彼のいうことは話半分で聞いておけというのが、アレグラの事前の忠告だった。練習が終わると、ワスフィが言葉少なに部屋を出て、私たちが夕食をとるコステロズにやってきた。

店に入ったワスフィは、当然のように楽員たちの席に座った。テーブルの空気が急に重々しくなる。ボスが町にやってきた。どんな反応を示すのか……。隣のテーブルにいた講師陣と私は、彼のしたいようにさせた。オーケストラはここまでまとまってきたのだから、いまさら何が起きてもだいじょうぶだと信じて。ワスフィも私たちを脅威と見るのではなく、楽員たちの技能を伸ばす補助役と考えてくれればいい。その後ワスフィと私は、ホールの楽屋で通りいっぺんの話をして、そこそこ友好的に別れた。

集中練習の疲れが少しずつたまってきた。チェロトップのトゥカが腕の痛みを訴える。講師のデイヴはその理由がわかっていた。独学のせいで悪い癖がついているところに、長時間の練習で腕が悲鳴をあげたのだ。デイヴは癖を直す方法をレッスンしたが、一回ぐらいでは応急処置にしかならない。とうとうトゥカは一日練習を休み、部屋のすみっこでしょんぼり腕をさすって過ごした。長年放置されていたツケは、一朝一夕には払えないのだ。

演奏会まであと一日というとき、災難が降ってきた。一番オーボエ奏者ドゥアが、楽器が壊れたといってきたのだ。自分には悪運がついてまわるとドゥアは取りみだす。マイク・オドネルが彼女をなぐさめ、楽器の様子を確かめた。イラクにはオーボエを修理してくれるところはない。壊れたところは壊れたまま使う。ドゥアの楽器はイギリス以外ではよく知られたモデルだったので、マイクは自分の楽器に少し手を加えて、ドゥアが扱えるようにしてやった。私たちはスレイマニヤ在住のオーボエ吹きを見つけだして、楽器を貸してもらうことにした。代わりの楽器は中国製の安物だ。ロンドン交響楽団にもたびたび賛助出演するフリー奏者にはありえない代物だが、これでやるしかない。マイクは腹をくくった。イラクでは、楽器の手入れ不足、故障、まにあわせの修理という悪循環は当たり前の状態だった。

その夜、ミラコ・ホテルの朝食会場で室内楽のお披露目がおこなわれた。《メープル・リーフ・ラグ》木管五重奏版、モーツァルトの弦楽四重奏曲第一七番変ロ長調《狩》の第一楽章。フランドはトランペットソロをやった。弦楽器の講師陣クァルテットはベートーヴェンの弦楽四重奏曲第一番へ長調を演奏し、クラリネット二重奏もあった。ユースオケが終わったあとも、みんなで音楽を続けていく第一歩だ。何より室内楽をやると、おたがいの表情や身ぶりから考えを読みとり、悪いところを修正しあえるようになる。つまり集団指導だ。音符やリズムのまちがい、バランスの悪さがそのまま全員の問題になる。この小さなコンサートでは、素朴ながら情感豊かな小曲が、よい響きで正確に、楽しく演奏されたのだった。

もちろんイラクにも室内楽は存在していた。婚礼やパーティー、家族のお祝い、レストランなどでは、少人数の楽団がイラクの伝統的な音楽を演奏していた。しかし戦争中に宗教的な締めつけが厳しくなったこともあり、御法度となったようだ。開放的なイラクでも、音楽を純粋に聴く楽しみはあまりない。まだ危険な道路が残っていることもあって、音楽家どうしで集まり、決められた時間に練習を開始するなんてことは考えられなかった。

くつろいだお披露目会が終わり、その日は解散となった。ところが部屋のなかや廊下で、楽器の音がしはじめた。演奏会を翌日に控えて、誰もがもう一段上をめざしていたのだ。夜中まで練習する光景はおなじみだったが、今夜は熱の入りかたがちがう。アンジェリアと様子を見てまわっていると、ハイドンの最終楽章が耳に飛びこんできた。おそるおそる開けた扉の向こうでは、チェロのフッサムをはじめ弦楽器の四人が合わせていて、こちらに気づくと笑顔を向けた。私たちは泣きそうになった。誰の指導を受けるでもない、自発的な学びがいま目の前で実践されている。彼らは立派にやってくれるだろう。明日だけでなく、その後もずっと。

演奏会の日がやってきた。テラリー・フネルの大ホールでは、マイク・ニューマンと私が舞台のマイクスタンドを調整するかたわら、アレグラは演台を出してスピーチの準備をする。彼女は忙しい私たちに代わり、アルジャジーラ英語チャンネルのインタビューも受けた。マジッドは客席後方に陣どって進行を見守っている。

照明の準備をいろいろやってきたマイクだが、ホール側から見せられた設備は悪夢だった。必要な機材はそろっているのだが、設置がことごとくまちがっているのだ。やりなおすのに一週間はかかる。残された時間は二日しかなかった。

ホールの音響は、声も音楽も増幅することが前提で設計されていた。舞台上で聞こえるオーケストラの音は、乾いて残響がない。床に敷きつめられた赤いカーペットが音を吸ってしまい、客席まで飛んでいかないのだ。それでも席数一三〇〇の豪華絢爛なホールは特別な空気を演出してくれる。最前列のVIP席はビロードが張られ、大きな舞台に楽員三三名のオーケストラは飲みこまれそうだ。打楽器と譜面台、それにがたつく指揮台はマジッドがすでに搬入していた。全部イラク国立交響楽団からの借り物だ。

全員が集中力をしっかり保って、最後のリハーサルが終了。やれることはすべてやった。たった二週間で規律が生まれ、音に耳を傾け、ひとつにまとまるところまで来たのだ。この国でここまでやりとげたのは大したものだ。

「高校のオーケストラぐらいにはなったかな」。私はマイク・オドネルにいった。

「それもベイジングストーク並みのね」。彼はロンドン近郊のユースオケを引きあいに出した。皮肉たっぷりの英国流ジョークには、腹ぐあいも自尊心も何とか無事なまま二週間を乗りきった安堵感が込められていた。

アレグラ、サナル、ズハルがラジオやパンフレット、バナーで宣伝したおかげで、お客が続々とやってくる。催し物の中身はあまりわかっていないようだが。世間を騒がせる異例の企画に人を集めるために入場料は無料としたら、来場者は約七五〇〇人になった。カリム・ワスフィもそのひとりだが、彼はバグダードの音楽・バレエ学校のパンフレット配りに余念がなかった。

私は男子トイレの個室で燕尾服に着がえた。指揮者として箔をつける儀式のようなものだ。イラクではおなじみの独裁者に少しだけ近づくようだが、質の高い、熱のこもった指導を二週間も続けてきたいま、それも悪くないと感じていた。マイク・ニューマンは客席中央のミキシングブースにカメラを据えて撮影を開始した。アレグラは最初のあいさつで、支援してくれたイギリス大使館、ブリティッシュ・カウンシル、バルハム・サーレハへの感謝を述べた。さあ、いよいよ幕が上がる。

ベートーヴェンの《プロメテウスの創造物》序曲は、全奏の和音が強烈な稲光のように鳴りひびき、素朴なコラールへと続く。先導するのはオーボエパート、マイクの楽器を借りたドゥアとおもちゃみたいな楽器で吹くマイクだ。芸術と知識、行動規範で人類に光を与えたギリシャ神話の神プロメテウスの逸話は、戦禍で荒廃したいまのイラクにぴったりだったかもしれない。もっともイラクには、遠く五〇〇〇年も前から輝かしい文明が繁栄していたのだが。

チューニングの悩みは本番までついてまわった。序曲は明るいハ長調が軸なのに、気温の変化が激しい練習場、長年の独学、調音体系がいくつもある中東音楽の伝統があいまって、舞台上はすごい状態だった。それでも聴衆はじっと耳を傾けてくれる。

アリ・ハーサフ《イラクの旋律集》は二〇〇九年に作曲された一〇分ほどの小品で、《チ・マリ・ワリ》という伝統的な旋律がイラクならではの音楽感覚で展開される。ハーサフはイラク国立交響楽団のクラリネット奏者でもあるため、オーケストラの楽器をきちんと想定して書かれている。イラク在住のイラク人作曲家で、ここまでできる人はそういない。

楽しい気分になれる曲がほしくて私がプログラムに加えたのが、古いキャバレーソング《別れの杯》だ。クルド人コンサートマスターのカワン・エリアスは、ばりばりのスコットランドのメロディをせいいっぱい表現してくれた。

続いてアルビル出身のヴァイオリンとチェロの姉妹、サバトとサウェンが歌を披露した。クルドのアドナン・カリムがつくった《ワク・ナイ・クンクナ・ジャルグム》だ。ピアノが弾けるザダシュトが伴奏する。イラクの聴衆はオーケストラ作品ばかりの演奏会になじみがないから、前半の途中に歌をはさむのがいいと思ったのだ。二人の声はすばらしかったが、例によって自分たちの世界に閉じこもっている。練習では、客席のほうをしっかり見て、聴衆に届けようと思って歌えば、客席から反応が返ってくると指導した。姉妹が気持ちをこめ、哀調を帯びた喪失の調べを歌いだすと、会場全体が悲しみに沈む。ほかの楽員といっしょに舞台で聴いていた私は、音楽の本質に触れた思いだった。

姉妹の感動的な歌唱のおかげで、前半最後の曲とよいめりはりがついた。それはムハンマド・ザザが二〇〇八年につくったギター作品《クルド舞曲集》の管弦楽版で、過去と決別して西洋のモダニズムを受容しようとする意欲作だ。曲調が小気味よく変化してフィナーレで最高潮に達し、そのまま休憩に入ることができた。この後五年間に、ユース・オーケストラのために多くの作曲家が楽曲を提供することになるが、アラブ人作曲家はほぼ例外なく、伝統的な音楽を力強く、気宇壮大に歌いあげる。いっぽうクルド人作曲家は過去を切りはなし、学びとったモダニズムで、いまなお残る悲嘆を表現していた。

のちに友人で頭の切れるエリーザベト・フォン・レリヴァとその話をしたとき、彼女はこう推測した。クルド人は一九八〇年代の虐殺の過去を噛みしめ、悼みつづけるなかで、静穏の境地に達したのではないか。対するアラブ人、とくにバグダードのアラブ人はテロリズムに翻弄されて先が見えず、過去の恐怖体験を昇華することもできない。文明のゆりかごだった古代イラクへのロマンティシズムには、そこからよい未来を築けなかった苦い敗北感がひそんでいるのだと。

演奏会の前半が終了すると、五人の若者が舞台の下に駆けよってきて、片言の英語で降りてこいと私を呼んだ。ずいぶん強引だなと思いつつも、善意全開の熱心さに負けた。私は燕尾服姿のまま、地元の大学生だという彼らとスマホの写真におさまった。男どうしでも平気で身体をくっつけ、抱きあっていると、解放的な気分になる。よそよそしく距離を保つドイツ人やイギリス人とは対照的だった。

後半はコンサートマスターが交代して、経験のあるムハンマド・アドナンになった。本番でハイドンをやりとおすには彼の力が必要だ。口開けはマーティン・ドルビーが編曲した《子守歌》。いくつかある小さなソロをアドナンはやさしく弾き、聴衆も温かい拍手をくれた。子守歌が嫌いな人はいない。

いよいよハイドンの交響曲第九九番だ。講師陣は最初から全員舞台に上がっていたが、いちばん頼りにしたいのはこの曲だ。彼らがいなければ、演奏がどう転ぶかわかったものではない。人びとの生活に喜びを注入したくてこの曲を選んだのだが、聴衆の反応で、この選択が正しいことがよくわかった。楽章の切れめや、途中のちょっとした休止のたびに熱狂的な拍手が巻きおこる。ハイドンも大喜びにちがいない。終止と見せかけて曲を続けるのは作曲者の得意わざだが、聴衆とオーケストラの駆けひきみたいになってさらに盛りあがった。

交響曲が終わると、七五〇人の聴衆は立ちあがって心のこもった拍手を送ってくれた。いまの私たちはまぎれもなくオーケストラだ。少しばかり規律もあるし、そのための教育も受けてきた。でも何より、楽員がおたがいを認めあっている。イラク全土から応募してきた参加者がいなかったら、たった二週間でここまでの音楽がやれたかどうか。イラクでは実現不可能に思えたことが、いま現実になった。聴衆もそれを感じとったから、惜しみなく称賛してくれたのだ。

何より意義があるのは、こういう状況でも、外から来た中立の指導者が人びとをまとめられると証明できたことだ。ユース・オーケストラはいうなれば中立地帯。ここは欧米でも、クルドでも、アラブでもない。ここにいれば、みんなで音楽に熱中できて、新しい友だちができる。衰退しきったイラクの文化を、一歩ずつ再建することができるのだ。

6
暗闇に住まわせておくれ

演奏会で夏季講習を締めくくった私は、ただちにロンドンに飛んでブリティッシュ・カウンシルに活動報告をおこない、古くからの友人アランとマークが暮らす近郊のレイトンに向かった。二人はもう二〇年いっしょにいる。彼らが住むヴィクトリア朝時代のアパートで、私は何度となくクリスマスと年越しを祝い、マークの料理を腹いっぱい詰めこんだものだった。二人の家は、NYOIの用件でロンドンに行ったときの拠点であり、疲れきったときの避難所でもあった。彼らは私の無謀な挑戦を理解しようと、イラクでの話を熱心に聞きいった。なかでも、ぱりっとしたスーツに口ひげをてからせるカリム・ワスフィと、Tシャツにジーンズ姿で権威に対抗する私の様子には、あきれつつもおもしろがっていた。ブリティッシュ・カウンシルでは、賢者然としたポール・パーキンソンがユースオケの成功に満足していたが、アランとマークは私が生きていることを喜んでくれた。とんでもない無茶をやる友人は、もう応援するしかないのだろう。

デイリー・テレグラフ紙の音楽評論家、マイケル・ホワイトにも会った。彼とは一九九〇年代からのつきあいで、クラシック音楽業界に向ける目は穏やかながら鋭く、それでいて思慮ぶかい。といっても軟弱からはほど遠く、相手を威圧することなく本質に切りこむことができる。二〇〇九年のプロムスのときは、自宅に二泊させてくれた。イラクでの夏季講習の様子を記録した一二分の動画が完成していたので、居間のソファに座り、ノートパソコンを広げていっしょに眺めた。

中東のクラシック音楽事情の話もした。話題はオマーンのスルタンが創設し、ロイヤル・オマーン交響楽団に人材を送りこんでいる音楽学校だ。ロンドンからやってきたスカウトがオマーン全国をまわり、少しでも音楽の才能がありそうな男子がいたら、この音楽学校に入学させる。授業料も生活費もただ。めざすはスルタンの私設オーケストラで、入団試験に合格したら、高級車や高級時計がこれでもかと与えられる。それにひきかえ私がイラクで提供できたのは、たった二週間の指導と仕上げの演奏会だけ。ただどちらにしても、ニンジンを目の前にぶらさげてお尻をたたくのは同じ。消耗戦にはちがいない。

その後、ボン・ベートーヴェン音楽祭の取材に行ったマイケルは、音楽祭ディレクターのイローナ・シュミールにNYOIの話をしてくれたらしい。ケルンに戻った私は、音楽祭の初回ミーティングに呼ばれた。これがドイツへと続く長い旅の始まりだった。ドイツ側がボールを投げてくれた以上、こちらも動くべきだ。夏季講習のとき、参加者に夢や希望を書いてもらった紙の束はまだ私の手元にあった。そこから読みとれるメッセージは明快だ。向上心あふれる若者たちは、オーケストラの経験をもっと積んで、自国の文化を発展させ、平和と希望の象徴になりたいと願っている。

NYOIの参加者が見せた愛と熱意と献身は、全人類に共通する重要な要素だ。だがそれだけではない。彼らは規律に従い、風通しのよいコミュニケーションを心がけ、素直に聞く耳をもって、ともに努力を重ねた。ユース・オーケストラに飛びこんだ参加者たちの、未来を切りひらきたいという必死の思いは手にとるようにわかり、その姿は強烈で新鮮だった。現状の難しさはわかっていても、そこから抜けだすと決意を固めていたのだ。

　正直私は気力も体力も使いはたしていたが、ここまでやれたという達成感と、参加者たちが紙に記した強い気持ちがあれば、まだ前に進めるかもしれない。それにバトンを渡せる後任もいなかった。ズハルは兄とスコットランドに移住して、新しい生活を始めていた。アレグラはバグダードでのコンサルタント活動に力を入れていた。参加者たちもそれぞれ元の場所に戻った。まだかたちの定まらない、複雑な組織の運営を引きうける余裕などない。やるのは私しかいなかった。

　グラスゴーに住みはじめたズハルとは、ときどきスカイプでユース・オーケストラへの希望を話していた。ズハルは頭のよい子だが、スコットランドの学校になじむのに苦戦している様子だ。いっぽう私は、NYOIのとりあえずの成果を成功戦略に転換するには、次のステップが必要だと感じていた。よい教育を受け、世界のなかで孤立もしておらず、楽員が高価な楽器を所有しているよそのユース・オーケストラと競ってもしかたない。NYOIが生きのこり、繁栄していく隙間をこじあけなくては。

　イラクでは、演奏でも作曲でもクルド人、アラブ人がそれぞれ活躍している。この多様性が強みだ。ベネズエラのシモン・ボリバル・ユース・オーケストラ〔エル・システマ（二四頁参照）出身の若者によるユース・オケ〕とか、ダニエル・バレンボイムがやっているウェスト＝イースタン・ディヴァン管弦楽団〔ダニエル・バレンボイムとエドワード・サイードにより設立された、イスラエルとアラブ出身の若者によるオーケストラ〕のような実力派路線への期待は排除して、自分たちの背景にある物語を音楽との二本柱にするべきだ。そして文化の枠を超えて、国外のユース・オーケストラや聴衆に働きかけたい。NYOIの準備の大半は、オンラインを使って国外でやってきたから、国境を越えるテクノロジーの利点が強調できるだろう。動画オーディションなんかは、昨今のユース・オーケストラでは当たり前になっている。とはいえ、やはり決め手になるのは外交使節としての役割が果たせるかどうかだ。

イラクの草の根外交をになう団体として、いろんな国の政府やユース・オーケストラと手を組んでよりよい未来をめざす。YouTubeのチャンネルを通じて、イラクにいてもみじめじゃないとメッセージを発信する。年に一回講習を開くようにすれば、イラク国内ではオーケストラのものめずらしさから、世界ではイラクのオーケストラという話題性で、私たちは他に例のない存在になれるはず――アイデアが次から次へと湧いてくる。どんな逆境にも負けず、可能なかぎり先進的で、地域に根ざし、親しみやすいオーケストラになろう。スコティッシュ・バレエの舞台係はいつか私にこういった。「ブタの耳からどうやって絹の財布をこしらえるかだ」

NYOIにとって、二〇〇九年はやれることを証明した年だった。二〇一〇年は戦略を立てて実行に移す年だ。うまくいけば二〇一一年には文化使節としてベートーヴェン音楽祭に参加できるだろう。だが私がいちばんやりたいのは、彼らを私の故郷スコットランドに連れていくこと。私はさっそく根回しを開始した。

ポールへ。

今朝は話ができてよかった。一一月六日金曜日、午後二時にヘイマーケット駅近くのグロヴナー・ホテルで会いましょう。

二〇一〇年八月中旬のこのプロジェクトに、エディンバラ・ユース・オーケストラもぜひ参加したいと思い、ジュリアン・ロイド・ウェバーに話をしたら、あなたがたがいるときにエディンバラでワークショップを開いてくれることになりました。

マージョリー

イラク・ナショナル・ユース・オーケストラ訪英作戦がいよいよ始まった。

マージョリー・ドゥーガルはエディンバラ・ユース・オーケストラのゼネラルマネージャー。発想と人脈の発電所のような人で、三〇年にわたってオーケストラと彼女自身の名声を保ってきた。高級住宅地モーニングサイドの住民らしい上品な物腰だが、国内外で多くのことを経験してきた女性だ。エディンバラ・ユースにはぜひいっしょに演奏してほしいし、マージョリーの知恵も借りたい。何よりNYOIのスコットランド訪問を応援してほしかった。ズハルも現地の若い音楽家とつながったほうがいいが、マージョリーがその窓口になってくれたらありがたい。

私はスコットランドに飛んだ。マージョリー、ズハルと会って、エディンバラ国際フェスティヴァルへの参加を検討する。後援者から確約されている寄付金額はおよそ五万ポンド。訪英費用の三分の一にしかならない。フィオナ・ヒズロップ文化・観光・対外関係大臣への働きかけも不調に終わった。希望があるとすれば、スコットランド政府がオーケストラ支援の動議を可決したことだった（議会議員をしているオドネル兄弟のお母さんに感謝だ）。降参するのはまだ早い！

マージョリーと私がいろんな可能性を話している横で、ズハルはずっと黙りこくっていた。水を向けても、いつもと様子がちがう。私の隣にいるズハルは、知性がはずむ元気な声の女の子ではなく、まるで陸に揚がった魚のようだった。ここエディンバラは都会を自称しているが、見た目はただの町、雰囲気は小さな村で、かなりとっつきにくい。グラスゴーにずっといる人間でもそう感じるから、引っ越してまだ三カ月のズハルが萎縮するのも無理はなかった。

マージョリーはこの企画を前向きに評価して、いっしょにやろうといってくれた。もちろん、何をどこまでやれるかは私が見きわめる。今回の話しあいで、二つの期待が生まれた。ひとつはイラクの若い音楽家たちに、エディンバラ国際フェスティヴァルという最高の夢の舞台を体験させること。もうひとつは、私自身が故郷と和解することだ。

一二月一三日、ケルン中心部にあるアパートに戻ったら、電気が止まっていた。レッスンの収入だけでは、NYOIと自分の生活を支えるにはとうてい足りない。オーケストラが山ほど抱える問題に対処するのに、インターネットカフェに四時間は詰めっぱなしになる。私は自分のことより、NYOIを生かしつづけることにとりつかれた。NYOIの歴史で何度も繰りかえされる暗黒の冬の始まりだ。YouTubeを使った動画オーディション、オーケストラや私自身の不安な資金操り、解決策の見えない課題が押しよせる張りつめた日々。心を強くもっていれば次に行けると信じて、未来への展望だけを頼りにのろのろと手探りを続けていた。

ほかに頼れるところは？　ブリティッシュ・カウンシルは引きつづき支援してくれる姿勢だが、財政面で早く自立することも期待している。資金協力も二年までが限度だろう。新しい試みは、その国の文化に根をおろしてこそ持続可能になるからだ。

　私はひたすら努力を続けた。皮肉なことに、バグダードではおなじみだった電力不足にドイツでも悩まされた。この年は近年にない寒い冬で、NYOIの仕事をするのも、ノートパソコンや携帯電話を充電するのもインターネットカフェ頼みだ。朝は小型のキャンプ用こんろで湯を沸かしてひげを剃り、近所の格安フィットネスでシャワーを浴びてレッスンに出かけた。キャンプ用品店で豆炭や使いすてカイロを買ってみたものの、寒さしのぎにはならない。夜は熱湯をボトルに入れてまにあわせの湯たんぽをこしらえ、手を口に当てて吐く息で温めるのがいちばんだとわかった。気分はもうどん底だった。

　年が明けて、スポンサー探しを開始した。イギリスとイラクを中心に、ノルウェー、アメリカ、UAE、オーストリア、アイルランドの企業で、中東に広告を出したり、じっさいに活動している企業を一五〇社ほど選び、電話番号、メールアドレス、CEOとその個人秘書の氏名を表計算ソフトに入力していく。石油会社やその関連企業、銀行、建設会社、設計事務所、ホテルチェーン、携帯電話会社、安全保障会社などだ。石油産業の広告や記事、企業のウェブサイトから、社会的責任をどううたっているか調べ、こちらの働きかけにどう反応するか分析する。ある石油会社は、地元学校の窓とドアをすべて新しくした――それは自治体がやることじゃないの？　というか、いっそのこと校舎を建てかえればよかったのに。もちろん、もっと寛大で野心的な援助例もある。私は携帯をポケットに入れたまま、国際電話を安くかけられるコールショップで電話をかけまくった。インターネットカフェからコールショップへと飛びまわる私には、ケルンの町全体がオフィスだった。自宅では、昼間充電しておいたノートパソコンで作業を続けた。

そのころズハルは学校探しに苦労していた。大学入学資格を得るために、Ａレベルプログラムを受講したかったのだが、スコットランドではスコティッシュ・ハイヤーという独自資格をめざす学校がほとんどなのだ。けれども志望するオクスフォードかケンブリッジに入るには、Ａレベルで優秀な成績をおさめるしかない。けっきょく、ロンドンの通信教育課程に申しこんだ。野心を抱くイラクの若者らしく、またしても独習の道を選んだわけだ。しかもグラスゴーの狭いアパートで、生まれたばかりの兄の子どもを世話しなくてはならない。それでも町には検問所もないし、自爆テロの恐怖もない。冷たい雨を顔に受けながら、碁盤の目のような通りを歩いてミッチェル図書館に行けば、個人練習室でピアノを弾くこともできる。大いなる前進だったが、それでも孤独であることに変わりはなかった。

二月、動画オーディションはすでに始まっていたが、新しいスポンサーはまだ見つからない。ブリティッシュ・カウンシル・イラクのトニー・ライリーと会って、現状について話しあった。これまでの電話攻勢では、最初こそていねいに応対してくれたものの、最終的にはおたがいの時間を浪費しただけだった。内部での影響力や巧みな立ちまわり、それに買収がものをいう世界なのだ。スコットランドのある石油会社のＣＥＯはこういいはなった。「イラクと名のつく団体にはぜったい支援しませんよ。イラクはいつ爆発してもおかしくない時限爆弾です」

石油をめぐるバグダードとアルビルの駆けひきは、まるでポーカーの勝負だ。タクタク油田や、キルクーク近くのババ・グルグル油田は、軍とテロリストがにらみあう紛争地域にある。イラクのユース・オーケストラは「イラク」の名を冠しているゆえに、スポンサーになればクルド人の気持ちを逆なでする。クルディスタン地域で活動し、クルド人奏者が数多く参加するオーケストラに支援すると、連邦政府の覚えはめでたくないだろう。トニー・ライリーも最大限の援助を考えていたが、二年目の予算は大きくふくらんでいた。私は講師を七名から一一名に、楽員は三三名から四二名に増やすつもりだったからだ。質を高め、迫力のあるオケにするためには不可欠だった。

まだ中間地点だというのにお先真っ暗で、オーケストラも、運命共同体の私も崩壊寸前だった。資金集めの悲惨な実情を知ったトニーは、二〇一〇年度の夏季講習に五万ドルの支援を決め、アルビルにいる二名の職員、ニシュティマンとカルダに協力するよう指示した。ひと息ついた私は、関係者との話し合いをさらに進めるべく飛行機でロンドンに向かった。

ロンドンでまず会ったのは、クルディスタン地域政府のバヤン上級代表だ。英語、クルド語、アラビア語、日本語を操り、優雅でくつろいだ雰囲気のなかにも、クルディスタンに根をおろした土臭さを感じさせる。クルディスタンは国家ではないので、バヤンは大使でも領事でもないが、地域政府の政治・ビジネスの利害を代表して世界中で活動する代表のひとりだった。このオーケストラをつくる理由は何ですか？　バヤンの質問は直球だったが、答えは明白だった――指導を必要としている若い音楽家たちのために、ナショナル・ユース・オーケストラの設立を依頼されたのです。当時、クルディスタン地域政府はイラク全体を支援する方針だった。バヤンもそれに従い、クルディスタンの石油産業にかんする本をどっさりくれた。スポンサー探しの参考にしなさいということだ。バヤンは職務を果たし、私たちはその後も連絡をとりあった。

ＮＹＯＩの訪英を大きく前進させてくれたのは、次の短いメッセージだった。

「イギリス＝イラク友好協会のサラ・アル・シャイクリー会長およびサー・テレンス・クラーク副会長が喜んでお会いすると申しております。二月一五日（月）午前一一時三〇分に、ビーストン・プレイスのゴーリング・ホテル（ヴィクトリア駅近く）にいらしてください。私も同席いたします」

差出人はイギリス＝イラク友好協会の秘書、ローラ・カーティスだ。

ゴーリング・ホテルはロンドンの裏通りに立つエンパイア様式の高級ホテルだ。ソファは黄色いビロード張りで、内装は豪華絢爛、人のほとんどいないラウンジには革の簡素な肘掛け椅子が配されていた。私はシャツにジーンズ、スニーカーでがんばってみたが、どう見ても不釣りあいだ。誰もいないラウンジの隅っこにおとなしく座り、友好協会のことを調べようとノートパソコンを開く。数分もたたないうちに難しい顔をしたウェイターが近づいてきて、パソコンはご遠慮くださいと慇懃に注意された。二一世紀のいま、こんなしょぼいパソコンひとつでホテルの品格が下がるのか？　ほかにお客はいないから、迷惑にもならない。私は問題のパソコンをしまい、コーヒーを注文してチップをはずんだ。これで面目が保たれ、地位を回復できるだろうか。それからはウェイターと私はおたがい幽霊になり、ときおり見せる姿にかすかに反応するだけになった。

シャイクリー、テレンス、ローラは時間どおりに到着した。これで話が始められる。ユース・オーケストラの説明をしながら、私の胸をかすかな不安がよぎる。自分はどこの馬の骨ともわからない、高級ホテルにふさわしくない服装の男だ。元外交官である二人の老人との橋わたしは、調整能力に長けたローラが務めてくれた。サー・テレンスは陽気にあれこれしゃべるが、ドクター・シャイクリーは一歩引いたところから私を観察している。ただ、アラブの伝統楽器を入れたらいいという別れぎわの助言は強く印象に残った。

正直なところ、外交官は少々苦手だ。完璧な鎧《よろい》をまとっていて、腹の内がちっとも見えない。だが外交官や政治家の最大の武器は、目の前の人間を直感で判断できることだとわかってきた。それ以外のことに時間は割かないし、やろうとも思わない。彼らと話すときは、こちらもそれを意識しておいたほうがいい。

三月、北半球が少し太陽のほうに傾き、昼の時間が伸びて、ケルンの私のアパートも暖かくなってきた。ある晩、激しい動悸で目が覚めた。霜のおりた芝生を逃げまわる野ウサギのようだ。ベッドの上で、筋肉を緊張させるエクササイズと自己流ヨガをやってストレスを追いだす。そして胸の上で両手を組み、朝が来るのを待った。自分でも意識しないうちに、身体と心がしゃかりきにがんばっていたのだろう。ユース・オーケストラの指揮者として聴衆の前で演奏したあと、戻ったケルンではどん底生活の日々。さすがに限界だった。NYOIの運営は、週に一回車で断崖から飛びだして、どうすれば軟着陸できるか模索するようなもの。ようやくその方法がわかったようで、もはや痛みは感じなかった。

そんな苦しい状況のなか、人脈づくりのために私はふたたびロンドンに向かった。

イギリス＝イラク友好協会（ＢＩＦＳ）主催によるマジッド・ジャファル氏の講演会「イラクの石油・天然ガス産業――その現状と展望」が開かれます。二〇一〇年三月二二日（月）午後五時三〇分。会場はカドガン・プレイスのジュメイラ・カールトン・タワーです。

入場料一〇ポンドは無料になるということで、レッスンの仕事はキャンセルして行くことにした。自分の収入よりオーケストラのコネづくりが先決だ。うまくいけばスポンサー候補の関心を惹けるかもしれない。会場のホテルはモダンが混ざった凡庸な古典主義で、いかにもビジネス客相手らしい。もちろん私もそれらしくスーツにネクタイを締め、カフェに座って窓の外を眺めた。指揮者が「イラクの石油・天然ガス産業」の講演会に出席する不条理さを噛みしめながら。

上階の大きな会議室に早めに入り、カナッペの隣のテーブルに二〇〇九年夏季講習のDVDを扇形に並べた。輸出入関連の書籍や、エネルギー業界の各種パンフレットも置かれている。人が増えてきた。こうした関係者の集まりで、正体の知れない異分子を演じるのはもうお手のものだ。

会場には、しわの寄ったスーツ姿のおじさんたちに混じって、ピシッと決めたキャリアウーマンの姿もある。ラグビー経験者らしい幅広の肩をした元気のいい若造もたまにいて、息抜きになる。パブリックスクールを出たばかりのようだが、話すアクセントが微妙にちぐはぐだ。

ともかくほんらいの目的を果たさなくては。ここにいるのは貿易代表部の職員、学者、ジャーナリスト、中東情勢アナリスト、石油業界関係者、データ分析の専門家などだが、雰囲気がほぐれてきたところで何とか足がかりを見つけたい。私は少しずつ話の輪に入り、雑談に加わった。落ちついた様子のローラ・カーティスがやってきて私を眺めまわし、「別人みたいね」とだけいった。頼みの綱の彼女には、まだ見捨てられたわけではなさそうだ。やがて扉が開き、ベージュ色のセミナールームに移動した。大きなスクリーンと演台が用意されている。座席は一五〇で、その半分が埋まった。

若きビジネスマンでイギリス＝イラク友好協会の理事も務めるマジッド・アル・ジャファルが一時間の講演をして、質疑応答に移った。クレセント石油グループのエグゼクティヴディレクターのほか、複数のエネルギー企業で役員を務める彼がこの分野にくわしいのは当然として、私まで知識が増えるのは複雑な心境だった。ユース・オーケストラを続けていくために、今後もいろんなことを学ばされるのだろう。イラクの石油産出量の二〇世紀の推移を示したグラフを見ていると、唯一の天然資源を地中から掘りだすために、何もないところから創意工夫を重ね、努力してきた苦労がしのばれる。だが戦争が起きるたびに歩みは止まり、生産量は激減するのだ。紛争に続く紛争のなかで、勝利と悲劇が繰りかえされる――それがイラクの物語だった。現代イラクには石油の呪いがかかっているが、この呪いはまもなく解けるかもしれない。マジッド・アル・ジャファルは、石油業界の大物の言葉をこんなふうにいいかえた。「石器時代は石不足で終わったのではない」。今後のために覚えておこう。

そんな考えごとにふけるうちに、聴衆の側も意見を出しはじめた。トランスペアレンシー・インターナショナルというNGOの代表は、イラク政府と石油会社の契約についてアル・ジャファルに問いただした。生産の段階ごとに政府高官の署名が必要で、賄賂が欠かせない。前年にトランスペアレンシー・インターナショナルがおこなった評価では、イラクの腐敗度はアフガニスタンに続いて世界第五位だった。イラクが注目されるのは世界第三の石油埋蔵量であって、国民のことは誰も顧みない。どろりとした黒い原油に足をとられ、絶望に沈みこむ若者が多いのもうなずける。講演が終わり、私はアル・ジャファルに直接礼を述べた。彼は名刺をくれて、DVDを一枚もっていった。

ケルンに戻った私は、一二名の講師探しを始めた。それは陪審員選びにちょっと似ている。ヴァイオリンのアンジェリア・チョウとチェロのデイヴ・エドモンズははずせないとして、新しい顔ぶれもたくさん加わった――ジョアン・キグリーはダブリンで活動するフリーのヴァイオリン奏者で、指導歴が豊富。ドブズ・ハーツホーンはニュー・ハンプシャー州出身のコントラバス。中東とアフガニスタンで演奏した経歴がある。ヴィオラのイローナ・ボンダルはポーランド生まれで、ロンドンにある王立音楽アカデミーを卒業したばかり。演奏から頭脳の明晰さがうかがえる。ダニエル・アギはケルンで活動する経験豊富なフルート奏者だ。国籍はドイツだがシリアの流れを汲むので、アラビア語で指導できる強みがある。ヘルゲ・ハーディングはクラリネット、グウェンリアン・デイヴィスはオーボエ、ニック・マコリソンはファゴットで、それぞれベルリン、カーディフ、ロンドンを拠点にしている。スコットランド・ナショナル・ユース・オーケストラの出身者にもふたたび加わってもらった。アダム・クリフォードは打楽器、サラ・マックスウェルはホルン担当。トランペットはジョナサンに代わり、王立スコットランド音楽院を卒業してまもないアンディが講師を務めることになった。

二〇〇九年より経験豊富な講師陣となったが、それでも若さは重視した。指揮者が背負う重圧を考えると、たとえ実力は超一流でなくても、やるべきことを確実にこなしてくれる人材がいちばんだ。

ベートーヴェン音楽祭の打ちあわせは、ケルンから電車でわずか二九分のボンで継続しておこなわれていた。二〇一一年にドイツに行けるかもという希望の光がある以上、二〇一〇年はぜったいに乗りきらなくてはならない。表向きは平静を装っていた私だが、熱意にあふれ、資金の裏づけがある音楽祭の応援を受けたくてしかたなかった。一年にたった二週間だけ本格的な指導をして、あとはイラクの無法地帯に放りだすなんてサディストのやることだ。若い音楽家たちには、イラクの文化を背負い、未来を切りひらく責任がある。そのためには見聞を広め、孤立に終止符を打ち、ほかの国の音楽教育に触れることが不可欠だ。

季節はさらに暖かさを増し、冷えきった骨にも春の気候が浸みこんでくる。ブリティッシュ・カウンシル・イラクも本格的に動きはじめ、クルディスタン地域政府はアルビルのサアド・アブドゥラー・パレスを練習と本番に提供してくれることになった。だが金銭面と各種輸送の手配でやることは山ほどある。欧州ナショナル・ユース・オーケストラ連盟と、全米オーケストラ連盟に会員登録して、フェイスブック、ＹｏｕＴｕｂｅ、ツイッターでの情報発信も開始したが、イギリスで支援母体をつくる試みは難航していた。持続可能な未来を確かなものにするためにはぜひとも必要だ。

話は二〇〇九年に戻る。一月の乾いた寒い日、ビジネスコーチをしているというゲオルク・ヴィッテラーからとつぜん一通のメールが届いた。

ミスター・マカランダン

二〇〇八年一二月二一日付サンデー・メール紙で、「スコットランドから戦乱の続くイラクへ、作曲家が平和の調べを届ける」という記事を偶然目にしました。あなたとサー・ピーター・マクスウェル・デイヴィスの活動の話です。私はスコットランドが好きだった縁でマックスの音楽を知り、彼の作品が入ったＣＤは全部もっています。

私は譜面が読めませんが、音楽への情熱が高じて、現代音楽を中心に六〇〇〇枚のＣＤコレクションがあります。そのなかでも、スコットランドと自分の深いつながりを感じさせてくれるマックスの音楽は特別です。来夏、私はパートナーといっしょに、マックスがオークニー諸島で最初に暮らしたホイ島を訪ねる予定です。

そんな男が自分に何の用かといぶかしんでおられるでしょう。あなたはスコットランド出身の指揮者で、意欲的な演奏会を数多くこなし、マックスと親しく仕事をしてきました。しかも現在はケルン在住ということで私は興味をもち、お近づきになりたいと思ったのです。私はビジネスコーチをしているので、共通の話題もありそうです。一度お会いできませんか？　ご連絡をお待ちしています。

ゲオルク・ヴィッテラー

これはすごい！　ＮＹＯＩのことでマックスに取材したサンデー・メール紙が、まるで彼自身もイラクに行くような記事を出し、それを読んだマックスのファンが私に連絡してきたのだ。ありがちといえばありがちだが、こうなったら逃げも隠れもできない。ルドルフ広場のカフェ・リコで会うことにした。コーヒーを飲みながらイラクのことをあれこれ考えるのによく使う店だし、いちおう用心するに越したことはない。じっさいに会ってみると、ゲオルクは丸顔に眼鏡をかけ、熱意あふれる温厚な男だった。すぐに打ちとけるとまではいかないが、繊細な魅力の持ち主だ。マックスの音楽を熱く語る声に笑いが混じるのはいらつくが、マックスのファンはそういう連中が多い。

ゲオルク・ヴィッテラーが豊富な人脈を駆使してがんばったおかげで、二〇一〇年五月、「ＮＹＯＩを応援するドイツの友人たち」が正式に発足した。二〇一一年のベートーヴェン音楽祭にＮＹＯＩを参加させるのが目的で、ケルンに本部が置かれた。もちろん私も異存はない。地元ケルンで、木々が芽ぶいて緑に色づきはじめたこの季節に支援基盤ができてほんとうによかった。六月にはアパートの電気も復旧した。文明的な生活が少しずつ戻ってきたところで、次の外交課題に取りかかろう。アのつく国に出発だ。

オーケストラの代表が集まる会合はとにかく陰気で、あまりの空気の重さに自殺したくなることもしばしばだ。二〇一〇年度全米オーケストラ連盟会議が開かれるアトランタに向かうときも、新会員として名前を売りたいだけで、期待することはほとんどなかった。ヴィザの関係でイラク在住の関係者は出席できず、私は孤立無援。充分なお金もなく、長距離移動の疲れも重なって、自分を奮いたたせるのに必死だった。

この会議は全米および海外のオーケストラが、急速に変化する社会やテクノロジーのなかで生きのびるたびに、どう変わっていくべきか、それとも変わらずにいるのかといったことを議論する大規模なものだった。アメリカのオーケストラは寄付や後援に頼る部分が大きく、市場の動きに振りまわされて苦境にある。ここ数日、イラク問題に対するイギリスとアメリカの反応のちがいを私は痛感していた。イギリスでは市民が戦争反対の声をあげたこともあり、いまも罪の意識を感じている人が多い。しかし会議の出席者からそうした感情は読みとれなかった。自国軍に配慮するメディアが戦争の真の目的をごまかし、戦争の悲惨な実態を伝えなかったせいもある。

イラク人の生活を破壊した無意味な戦争に、莫大な税金が投入された。そのことに誰も何も感じていない。アメリカはいまだに超大国気どりで、自分から歩みよる必要はないと高をくくっている。そのうえ連邦政府への不信感が強く、ワシントンからは距離を置き、地域や地元にばかり目が向いているのだ。そんなアメリカで、ナショナル・ユース・オーケストラという概念がなじむはずがない。NYOIの訪米はいずれ挑戦することになるが、まだ時間がかかりそうだ。

連盟のユース・オーケストラ部門で代表を務めるメロディ・ウェルシュは、私を暖かく迎えてくれた。代表者がわりあい少なかったせいもあるだろう。アトランタまでわざわざやってくる必要も予算もない団体が大半なのだ。よそ者として場数を踏んできた私は、ここでも自分の意見はなるべく口にしないでいた。しかし話のまだるっこしさにさすがにうんざりして、年度末の予算消化で来た参加者たちに自論を熱くぶってしまう。悪い癖だ。しかしメロディと、肝の据わったテキサス人のボブだけは、ユース・オーケストラの実情をよくわかっており、率直な話ができたのだった。

会議では、ニューヨーク・フィルハーモニックによるジェルジュ・リゲティ作品の紹介、ソーシャルメディアと資金集めといった刺激的なセッションもあった。だが正直なところ、アメリカ中西部のユース・オーケストラの抱える問題点は、私たちから何光年も離れている。共通点がなさすぎて、わざわざ橋を渡す必要もなさそうだ。彼らと同じ問題に悩むようになったとき、やっとNYOIはふつうのオーケストラになるのだろう。

NYOIの指導者という私の立場を知りながら、あえてイスラエルの支持者を名乗って反応を探る人たちもいた。だが「イラク」という言葉に過剰反応して、反ユダヤ主義を勘ぐられるのはもうたくさん。アラブ人とユダヤ人が同じセム系で、クルド人がまったく別系統であることなど、ほとんどの人にはどうでもいい。地政学の空論を戦わせても百害あって一利なし、それより四二人の音楽家をオーケストラにまとめあげる方法を議論したい。私がやっているのはささやかな中東和平プロセスだ。フェイスブックの投稿に「いいね」を押すだけで満足する者もいるが、私は自分の手で和解を進めていた。

連盟が、ヴィザにくわしい弁護士への三〇分無料相談をおぜん立てしてくれた。おかげで、NYOIをアメリカに連れていくときの問題点をひととおり知ることができた。アトランタを去るころには、固い氷が少し割れたのを感じたが、逆に凍りついたところもあった。

六月から七月にかけては、たった三人の準備チームのひとりとして働いた。残る二人はブリティッシュ・カウンシルのアルビル事務所にいるカルダとニシュティマンだが、彼らはあくまで英語を指導し、試験を実施することが本業だ。下地のないところでユース・オーケストラの講習会を実施するハードルはいっそう高くなった。バグダードからマジッドが様子を見にやってきて、ホテルやレストランの手配をしてくれた。コスト節約のため、ホテルは講師陣と女性参加者だけにして、男性参加者は大学の寮を使う。サアド・アブドゥラー・パレスをいちはやく確保していたニシュティマンは、学生寮でいいかと私にたずねてきた。もちろん。以前アメリカン・ヴォイシズが音楽のワークショップを開催したときも、同じところを使っていたからだ。

だが欧米とイラクの学生では勝手がまるでちがう。そのことを私はまだ知らなかった。

7 傷心のオーケストラ

二〇一〇年度の夏季講習に向けて、アルビルのサンヒルズ・ホテルに参加者が集まってきた。メソポタミア博物館の隣にある近代的で快適なホテルだ。ちょうど非常口の設置工事をしていたのは、私たちの滞在に合わせたのかもしれない。ユース・オーケストラのマネージャーを務めてくれるのはソフィア・ヴェルツ、通称フィア。陽気で負けん気の強い彼女は元警官で、つねに銃を携行しており、どんな事態になっても私たちを救出してくれそうだ。彼女は南アフリカ・ナショナル・ユース・オーケストラの事務方を何年もやってきた。そこでもさまざまな背景をもつ若者たちが、和解と成功のために一堂に会したのだ。運営の具体的なやりかた、オーディション、講師、レパートリーについて、彼女の知識が必要だったし、情勢が変化しやすい非欧米の国でオーケストラを続けていく方法も知りたかった。クラシック音楽が愛好されている国で、ユース・オーケストラを長く続けてきたことが、私たちとの最大のちがいだ。できればズハルもフィアから多くを学び、もっと強くなってほしかった。

ホテルのレストラン「007」はメニューが豊富で、ジェームズ・ボンドの強敵が座りそうな黒い革張りの肘掛け椅子は、過去の栄華をもしのばせる。ここでフィア、ズハルと食事をしながら、講習の進めかたを話しあった。フィアはガムを噛んでいるような南アフリカ風アクセントで、なかなかの難物だ。私は一刻も早く運営の仕事を引きわたし、残ったエネルギーを音楽に集中させたかった。まだ講習は始まっていないのに、準備のための戦いで燃えつきていたのだ。それでも疲れを隠し、元気なふうを装うことはできた。さて、運営は誰にまかせればいい？　仕事を引きうけてくれる酔狂な人間はいるのか。

講師たちのイラク入りでは、ブリティッシュ・カウンシルとうまく意思疎通ができなかった。アンジェリアは、ニューヨークからアンマン経由でひとりで行くのはいやだと駄々をこねた。彼女が理由をいわず、不毛なメールの往復が続いていたので、私が割って入るしかなかった。今年は初めてオーケストラの各楽器にひとり講師がつく。全員外国から呼ぶので、移動の手配や資金は頭の痛い問題だ。私は身動きがとれなかった。マジッドをはじめとするイラク・チームは、プロジェクトの全体像をまだ把握できていない。いや、組織を一から立ちあげ、存続させていく必要性さえ理解していないだろう。

いちばん悩ましいのは、資金が二万ドル足りないことだ。南アフリカのユース・オーケストラ講習会からまっすぐこちらにやってきたフィアは、こちらのオケの運営と並行して資金不足も解決しなくてはならなかった。私たちはアイデアを出しあった。演奏会で寄付を募る——そういうのはイラク社会ではなじまない。チケット販売——売る場所がないし、有料だと誰も来ない。路上で演奏してお金をもらう——気温五〇度の炎天下では無理だし、イラクの人に受けいれられない。ショッピングモールでチラシを配る——カルチャーショックを与えるだろう……。この地に文化が育たない理由がうっすら見えてきた気がする。フィアは資金力のあるアルビルの非政府組織にねらいをつけることにした。トニー・ライリーは、ブリティッシュ・カウンシルとＮＹＯＩの宣伝活動に力を入れていた。サアド・アブドゥラー・パレスには、イラクのテレビ局のカメラ、ジャーナリスト、ラジオ局のインタビュアーがおおぜい集まった。メディアの露出はぜひとも必要だった。イラク国内で私たちのことはほとんど知られていないのだ。いや、こんな団体の存在を認めたくないのかもしれない。ＢＢＣのヒュー・サイクス特派員もバグダードから取材に来ることになった。ラニアとフランドの金管姉弟は、以前バグダードで彼のインタビューを受けたことがある。いよいよ始動した二〇一〇年のＮＹＯＩがうまくいくには、知名度を上げることが不可欠だ。

だが早くもきしみが生じた。ヴァイオリンを中心とした一六人の男性参加者が、バグダードから到着して学生寮に入った。彼らは、女性参加者と講師陣が宿泊するホテルに姿を現し、怒りと失望をぶつけてきた。ファゴットのムラドが、ｉＰｈｏｎｅで撮影した寮の惨状をみんなに見せてまわる。トイレは壊れているし、排泄物が壁にべったりついて臭くてたまらない。室温は五〇度なのにエアコンは不調だし、そもそもエアコンがない部屋もあるので、暑くて床に寝るしかない。なぜ事前に確認しなかったのか？　フィアはブリティッシュ・カウンシルに電話をしたが、交渉は難航している様子。「そちらの落ち度ではないかもしれない。でも責任はありますよ」といっているのが聞こえた。

スレイマニヤのミラコ・ホテルを知っている参加者からすれば、あまりの落差に腹を立てるのも当然だ。ブリティッシュ・カウンシルのアルビル事務所で、連絡役を務めるカルダと対応を協議することになった。背が高く、ひげをきれいに剃ったカルダは、明るく穏やかな男で、今回の酔狂なプロジェクトを勉強の場にしようと意気ごんでいる。ホテルのエントランスで話しあった結果、私たちは統一見解に達した――このままでは、参加者は健康を害して離脱するか、そうなる前に離脱するかのどちらかだ。

カルダは大車輪の働きを見せた。学生寮の清掃と修理をひと晩で完了させ、テレビと冷蔵庫と扇風機まで運びこんだのだ。男性の参加者たちは、その夜だけはホテルに泊まった。費用の九〇〇ドルはマジッドと私が立て替えた。ヴァイオリンの講師には経験豊かで優秀な人材を選んだのに、宿泊問題で水の泡になるところだった。あまりの不手際に砂を嚙む思いだ。指導者不在では、参加者が真剣に取りくんでくれるかどうか。とはいえ、彼らは自分を何様だと思ってるんだ？　ヨーロッパのユース・オーケストラでは、学生寮に泊まるなんて当たり前。みんなで学びながら音楽をやって、各地を演奏旅行する喜びがはるかに勝る。だいたい、国を問わず若い音楽家はみんな質素な部屋で暮らしている。彼らはイラクから出たことがないから、知るはずもないのだが。ただ、私は例の学生寮をじっさいに見ておらず、その後のことは予測もつかなかった。

二週間の講習は、空港を出てすぐの豪華なサアド・アブドゥラー・パレスでおこなわれ、どこのユース・オーケストラもうらやむ練習環境が整っていた。最新設備のリハーサル室は空調がきき、警備も万全。施設の運営はスペクトラムという欧米系の企業が請けおっていた。ホールの客席数は一三〇〇。これを埋めるのはかなりたいへんだ。

今回のオケは四二名と大所帯になり、新しい顔も多い。そこでズハルはみんなを盛りあげようと親睦の時間を設けた。ホールに集まった参加者は、青いビロード張りの客席にてんでに座り、どことなく不安そうだ。私は寄贈を受け、自分で運んできた四丁のヴィオラを披露し、グラスゴーから来たズハル、ロンドンから来たアダムを紹介した。ムラドにはフィアから新品同様のファゴットが渡された。自身もファゴット奏者であるフィアは、クワズール・ナタール・フィルハーモニックの仲間のつてで楽器を調達した。それを自分が住むヨハネスブルグに送ってもらい、ここまでもってきたのだ。去年からもちこされていたファゴット問題が、これでとりあえず落ちついた。

学生寮にはずいぶん手を入れたものの、バグダードから来た男性参加者たちはまだ不満な様子だった。オーケストラ内の立場が変わって、傷ついている者もいた。二〇〇九年にヴィオラトップだったムハンマド・サラムは、今回はろくに譜面を読んできていない。胸にくすぶる不満の表れだろう。新しいヴィオラ講師のイローナから、きちんと準備をしているクルド人の女の子レズワンにトップをさせたいと相談され、私は了承した。音楽のことで妥協したら、ここにいる意味がない。

参加者たちの気持ちは少しずつばらけはじめた。食事会場は、新しいオーボエ講師のグウェンリアンに容赦なく「チキン・シャック」とあだ名をつけられたレストランだ。昼食のとき、焼けつく外の舗道でバグダードからの連中がズハルを取りかこんだ。ズハルは彼らにやめないでほしいと泣きながら頼み、自分も学生寮に泊まると約束した。威勢のいいホルンのラニアまで、涙ながらに訴えている。この講習は、ふだん指導を受けられない彼女にとって一年に一回のオアシスなのだ。それをぶち壊されたらたまらない。

午後、初合わせの全奏を控えてマジッドがやってきた。いろいろがんばってみたが、バグダードから来た一四名中八名（全員ヴァイオリン）は全奏が終わったら帰るそうだ。私は涼しい顔で合わせを始めた。ベートーヴェンの交響曲第一番と、皮肉にもイラク人作曲家ランス・コンウェイの《バグダードの鼓動》を通しながら、頭の片隅でスピーチの原稿を練った。

午後五時三〇分、予定どおり練習を終えた私は指揮棒を置き、通訳のサマンとシュワンに手伝ってもらいながら、最後の抵抗に出た。

NYOIはズハルとか私のものではなく、きみたちのオーケストラだ。未来はきみたちの手にかかっている。いま離脱者が出たら、NYOIは中止になり、再開は難しいだろう。中断したあとも同じようにやれる力は私には残っていないし、バグダードのスタッフだけで運営するのは荷が重すぎる。私はNYOIだけがどうというより、イラクのなかでNYOIが果たす役割を考え、広い視野で案じている。私の言葉が理解できなくても、それだけは感じてほしい。

前回コンサートマスターを務めたムハンマド・アドナンは、今回はメンデルスゾーンのヴァイオリン協奏曲でソロを弾くことになっていたが、まだアルビルには来ていない。バグダード組からの報待ちらしい。

私は舞台をおり、講師たちがいる客席に移った。マジッドがあとを受けて、もう一度だけ話しあうと呼びかける。クラリネットパートのうしろに立っていたヘルゲが発言した。自分たち講師はみんなを応援したくて、休暇をつぶしてここに来た。ここで離脱するなんて許されない。マジッドとアラブ人参加者の議論が白熱し、ファゴットのムラドはひときわ激昂していた。激しいアラビア語の応酬に通訳も追いつかない。

大騒ぎの舞台上で、クルド人参加者は困惑した表情を浮かべていた。トルコ・ナショナル・ユース・

オーケストラから来た二番ファゴットのブルジュや、イタリアのナショナル・ユース・オーケストラから参加していた二番オーボエのステファノも同様だ。言葉の弾幕の前になすすべもないが、声の調子から怒りが噴出し、感情がむきだしになっていることはわかる。ニュー・ハンプシャーから来たコントラバス講師のドブズは、騒ぎをじっと眺めていたが、腹の底から響く声で「こうやって学んでいくんだ」と発した。

たしかにそのとおりだ。

愛と熱意と献身を分かちあった去年の仲間の期待を、私は裏切ってしまった。経費を節約したいあまり、学生寮を使う案を採用したせいだ。NYOIの運命はいまや風前の灯火。支援してきたブリティッシュ・カウンシルは面目を失い、私の一年間の準備は水の泡になる。バグダードから来たカウンシルの報道官（安全に配慮して名は伏せる）は、携帯電話で詳細を報告していた。恵まれない状況の若い音楽家たちに、音楽文化を楽しく吸収してもらいたいという夢は砕けてしまうのか。生きのこれるかどうかの瀬戸際に立たされたNYOIは、いろんな意味でイラク的だった。

その夜、動揺する心を何とか落ちつかせようと、たっぷり湯を張ったバスタブにつかっていた。そのとき部屋のドアをノックしたのは、クラリネット講師のヘルゲだった。

「いい知らせよ。バグダード組は残ってくれるって」。彼女は扉ごしに教えてくれた。

「オーケー。それはよかった。ありがとう」。私はプロらしく平然と答えた。そしてしばらく待ったあと、湯に首までつかって涙を流した。

ところが二日目の朝、サアド・アブドゥラー・パレスに向かうタクシーの車内で、バグダード組の八名が離脱してホテルを出発したとフィアから告げられた。それでもファゴットのムラド、コントラバストップのサミル、チェロのフッサム、トランペットのフランドとアルムジタバは、すぐに代わりは見つからないということで残ってくれたという。さあ、どうする？　アルビルの目抜き通りを走りながら、私はＮＹＯＩを救い、今日の練習を成立させるために頭を高速回転させた。鍵を握るのはクルド人の弦楽器奏者たち、それに二〇〇九年の講習でクルドのメス虎の名をほしいままにしたピアニストのボランだ。彼らのネットワークがあれば、八つの空席を埋められるだろう。でもいつまでに？　来るのはどんな奏者？

サアド・アブドゥラー・パレスに着くやいなや、ボランとスレイマニヤから来たヴァイオリンのザナ、それにラニアから来たヴィオラのフィルマンを招集した。彼らは驚くほど冷静で、すぐに人集めを開始する。オーディションで楽員を厳選した私にとって、素性も知らない奏者を受けいれるのは不本意だが、ここは彼らを信じてイラク式のやりかたで行くしかない。午前中は予定どおりセクション練習をおこない、午後の練習の途中から、クルディスタン地域のあちこちからやってきた新しい顔が加わりはじめる。三日目が終了するころには、ヴァイオリンの空席はすべて埋まっていた。彼らは力量がずばぬけているわけではないが、きちんと演奏してくれるし、ヴァイオリン講師のアンジーとジョアンの指導を受けられて喜んでいた。

ホテルの外で、アンジーと緊急ミーティングを開く。メンデルスゾーンのヴァイオリン協奏曲をどうするか。独奏に予定していたムハンマド・アドナンは、他の八名の奏者とともに離脱していた。選択肢は三つ。コンサートマスターのザナ・ジャラルを鍛える。協奏曲をやめて、ベートーヴェンのバレエ音楽《プロメテウスの創造物》に差しかえる。二〇〇九年に序曲だけ演奏した作品だ。三つめは、アンジーが弾く。メンデルスゾーンはジュリアード音楽院時代に勉強したことがあるという。私が全部いいおわらないうちに、アンジーは三番目を選んだ。それがいちばん安全かつ最善だ。私は胸をなでおろす。アンジーは絶対の自信と、寛大さと、才能があると評判の奏者だ。順風満帆しか知らない人間が、そんな評価をされることはない。アンジーは、危機的状況を乗りきるためにやってきたようなものだ。

この一件でＮＹＯＩの性格が定まった。予想外の価値観や事態に打ちのめされても、みんなでいっしょに深淵をのぞきこみ、自らの力で傷をいやし、立ちあがる。何とか危機を脱したあと、怒れるズハルとマジッドがこの八名を二度と呼ばないと決めたのもその表れだろう。気にいらないことがあるからといって、途中で逃げだすような人間は願いさげだ。今後予定されている海外演奏は、重要度も費用も格段に上がり、責任も大きい。これをきっかけに、オーケストラを支える屋台骨はクルド人になり、アラブ人が主導権を握ることはなくなった。

三日目の夜、ズハルとフィアの三人でマジディ・モール・アルビルの地下にある巨大スーパーマーケットに買い物に出かけたときのこと。会計をすませたところで、中途離脱の八人のヴァイオリン奏者に出くわした。向こうが気づいた瞬間、ロンドン周辺のアッパーミドルクラスの英語を身につけたズハルが、怒りの三日月刀をぎらりと抜いた。

「あなたたち、せいぜいバグダードで楽しくやりなさい」

ズハルは一瞥《いちべつ》もくれずにモールをあとにした。その後彼らを見かけることは二度となかった。

セクション練、全奏、個人レッスン、室内楽、指揮レッスンと、予定どおりの練習をやっとこなせるようになった。優れた資質をもち、意欲満々の講師が一堂に会して、熱く指導してくれる。参加者にとっては生まれて初めての経験だ。

さらに今年は、重要な協力者もたくさん駆けつけた。ケルンに新しく発足した「ＮＹＯＩを応援するドイツの友人たち」のカール゠ヴァルター会長は、オーケストラの状況を確かめるために自費でやってきたのだ。会長に就任したばかりで、ここまで熱心になってくれるとは予想外だった。向かいの「チキン・シャック」で昼食と夕食をとる時間は、私にとって政治活動の舞台だ。通訳のサマンとシュワンを引きつれてテーブルをまわり、摩擦の火種を消したり、士気が落ちていないか確かめて、みんなが安心して続けられるように気を配る。前年にくらべると、疑念をくすぶらせる参加者はほとんどいない。音楽をやることが目的なのだと理解しているので、練習予定も素直にこなしてくれる。そんな私の姿を見て、カール゠ヴァルターは「超人的な努力」だと感じたらしく、このオーケストラの未来に深くかかわる気持ちを固めた。

第二の協力者であるブリティッシュ・カウンシルの報道官は、バグダードのいわゆるグリーン・ゾーンで働く日常を教えてくれた。グリーン・ゾーンとは元アメリカ軍管轄区域で、西側諸国の機関が集まっている。彼は毎朝五時に自宅を出て、タクシーを拾う。追跡される危険があるので途中でタクシーを乗りかえ、三カ所ある検問所にできた長い行列に三時間並ぶ。職場に着くのは午前一〇時。彼が暮らすアパートからは、鉄道の線路が見える。そこでは民兵がしょっちゅう処刑をおこなっていた。頭に銃弾を撃ちこまれた死体は放置され、列車に轢かせるのだ。死体を動かそうとした者も処刑された。

ギャングがのさばっていた一九二〇年代のシカゴのようだ。マフィアが暗躍し、暴力がはびこり、妄想が支配する。バグダード市民は、日々戦っていないと最低限の尊厳さえ守れない。八名のヴァイオリン奏者が戻っていったのは、そんなところだった。

第三の協力者は、エディンバラから来たジル・パリー。撮影担当だ。イラクのドキュメンタリーと、音楽にかんする作品を手がけたことがあり、まさにうってつけだ。彼女の到着がバグダード組の反乱のあとでよかった。ジルはさっそく仕事にかかる。クルドの伝説的歌姫で、独学のハープで弾きがたりをするタラ・ジャフが、ちょうどロンドンからアルビル入りしたところだった。私は彼女のために、《カフレチ》《チャング》という二曲を編曲していた。オーケストラとの共演は初めてで、緊張しきっているタラと彼女の部屋で話をすることになり、ジルがその様子を撮影する。ＮＹＯＩの意識を明確にするためにも、イラクの言葉で歌うことはたいせつだと私は考えていた。大歌手を励ますのもおこがましいが、彼女はまちがいなく私が求めるものをもっていた。賢明で感受性が鋭く、オーケストラの楽員の心情やイラクに寄りそいながら、私の理解が足りないところを埋めてくれた。だがタラはそれだけの人ではなかった。

コントラバスのチアとサミルは、講師であるドブズの熱烈な信奉者になった。ドブズもその熱意にほだされ、個人レッスンにたっぷり時間をかけた。練習室から出てきたドブズと顔を合わせたとき、チアほど才能のある生徒は初めてだと小声で教えてくれた。アメリカの学生がものにするのに半年かかるテクニックを、わずか三〇分で習得したという。

練習室では、黒い瞳のチアが真剣なまなざしでさらっている。共通の言語をもたない二人なのに、おたがいを深く理解する様子はもはや愛に近い。ドブズはこんなふうに説明してくれた。「ポール、音楽の学生にたいせつなのは、いい学校と継続的なレッスンだと思ってたけど、そうじゃない。うまくなりたいと思ってひたむきに学ぶ姿勢なんだ」

講習が始まって数日たったころ、サミルが私の部屋を訪ねてきた。瞑想を教えてほしいというのだ。たしかに瞑想用のクッションと敷物は持参していたけれど、まさかイラクのユース・オーケストラで、心の平安を得る手助けをするとは。足を組む姿勢を教えたら、サミルは喜んでやってみた。ヨーロッパではうだつの上がらない自分が、リーダー然としてイラクの若者にライフスタイルのお手本を見せている。若いころの私より、彼らのほうがよっぽどしっかりしているのに。

二七歳のサミルはずんぐりした体格で、穏やかな気性だ。昼間は医療機関で設備の保守管理をやっているが、毎月一回、イラク国立交響楽団でコントラバスを弾く。文化省からけっこうな額の報酬が出るのだ。あふれんばかりの才能をもつ若者は指導されるのを好まなかったりするが、ドブズを師と仰ぐサミルは素直に耳を傾け、彼の素養や洞察を取りこんでいく。自分の楽器とのつきあいかたも変わってきた。全奏のときの彼の存在感は、「生きている」としか表現できない。指揮のクラスでも、サミルは自らの感性でマーラーの響きを瞬時に鳴らしてみせた。才能の芽を摘み、生命まで奪われかねない環境で、ろくな支援もないのに生まれながらの音楽性をはぐくんできた若者もいるのだ。

練習の合間に、飲料水のボトルが積まれた横でひと息ついていたら、ホールのスタッフである初老のクルド人男性が隣に腰をおろした。いまの仕事が誇らしいと話す口調は熱を帯びている。だけどこういう音楽はなじみがないし、クルド人の音楽とも結びつかないという。たしかにクラシック音楽は限られた人の趣味だ。ユース・オーケストラの参加者がクラシック音楽への愛に目覚めたのも、めったにない支援や条件が重なったおかげだろう。学ぶべき先人がいない世界では、消耗も激しいにちがいない。

手弁当で一年間準備してきた私は、波乱の第一週が終盤に入ると脳みそがすっかり干上がっていた。だが欧米からやってきた新顔の講師たちは、それに気づく様子もない。体力がもったいなくて、私が愚痴をこぼさなかったせいだ。しかし、強気のヘルゲが別のスタイルの指揮者を試すべきだといいだして、名乗りをあげたときはさすがに頭に来た。楽員たち、とくに弦楽器は指揮の基本図形さえまだ読みとれない。おたがいの動きを観察し、音に耳を傾けるためにも、指揮のスタイルなんて高度な話は抜きなのだ。私は気力を振りしぼり、ヘルゲを絞めころしたい衝動を抑えて丁重にお断りした。

練習が休みの金曜日がやってきた。元気を充電し、緊張した空気をほどくオアシスだ。ブリティッシュ・カウンシル・アルビル事務所のカルダが、山あいの町シャクラワへのバスツアーを企画してくれた。ほとんどの参加者にとって、ここに来て初めての観光だ。丘を散策して、キリスト教の隠者が修業する有名な洞窟を見にいくという触れこみだったが、不健康なイギリス人には楽しいけれどけっこうな運動だった。駐車場から山道に入ったとたん、靴の選択、クルディスタンの〝丘〟のイメージ、暑さを避けるための時間設定、すべてがまちがいだったと気づく。みんな岩場を見つけては、「ちょっと座ろう」とか「ここで自撮りする」と言い訳して休もうとする。軟弱な若者たちの視線を一身に集めながら、曲がりくねる山道をがんがん登り、遠ざかっていく白髪の男性がいた。それが七〇代のドブズだ。いまだにフルマラソンを走るドブズには、この程度の登りは朝飯前なのだ。

やっと洞窟に着いたが、隠者はいなくてちょっとがっかりだった。私たちはへとへとになって町におりる。イラクではどこもそうだが、シャクラワの町も活気が出るのは気温が下がる夜だ。人であふれかえる騒々しい通りを歩いていると、川をさかのぼるリケになった気分だ。ネオンサインが四方から襲いかかってくる。舗道に置かれたラックにはショッキングピンクやきらきらしたグリーン、どぎついイエローの服がぶらさがり、カフェでは肉汁したたるケバブやフルーツカクテルが並ぶ。電気製品や雑貨屋は水タバコの道具で客を惹きつける。

デイヴ、アンディ、ニックの講師三人は、水タバコが吸える屋上の店を見つけて落ちついた。二〇〇九年のスレイマニヤでもアムステルダム・カフェという店に入り、リンゴとパイナップルのフレーバーの水タバコを体験していた。リンゴひとつで緑になり、二つで赤になる、いや逆だったか？　フィアとアンジー、そして私は菓子店をひやかした。セロファンに包まれたヌガーが壁にうずたかく積まれ、ターキッシュ・ディライト〔砂糖にでんぷんとナッツ類を加えたトルコの菓子。「ロクム」とも〕もピンク、緑、白と色あざやかで、私たちは子どもみたいに目を丸くする。気になったのはカウンターに置かれたロープのような色とりどりの砂糖菓子だ。注文のたびにまな板に移され、はさみで一口大に切って袋づめする。私が構えるビデオカメラに、フィアは乾燥いちじくの袋を得意げに振ってみせた。私たちはアルビルに戻り、第一週はどうにか乗りきった。

8 ドイツへの扉が開く

第二週は不思議な達成感で幕を開けた。ドブズは講習が始まったときから、自作の短い物語をクルド語に翻訳して、みんなに聞かせたいと私をせっついていた。これとアラビア語の別の物語をいっしょにやるという。コントラバスでいろんな効果音を出しながら演じる物語は、アフガニスタン各地の演奏会で披露してきたものだ。サマンとボランが翻訳を引きうけて、ドブズの練習用に朗読を録音してやった。話には「ビーバー」が登場するが、クルディスタンにビーバーはいないので、それだけアラビア語になった。

私たちはサアド・アブドゥラー・パレスの小ホールに集まり、列ごとに色がちがう座席に座った。ドブズがコントラバスをもって舞台に上がり、ふだんとちがう調弦で、バッハの《無伴奏チェロ組曲》を演奏する。客席は静まりかえった——愉悦の音空間がドブズのまわりに出現し、客席にまで広がってくる。私たちは射抜かれたように身じろぎひとつせず、バッハに聴きいった。最後の音が消えたあと、ドブズはひと呼吸おいてから「何か感じるものはあったかな？」とさりげなく問いかけた。続いて始まったアラビア語の物語はアラブ人参加者に受けまくり、終わると同時に歓声が湧いた。なかでもサミルは大興奮で、彼の心はドブズと知りあえた喜びを高らかに歌いあげていた。

最後にクルド語の物語が始まると、今度はクルド人参加者の顔が輝きはじめた。自分たちが話すソラニー・クルド語を、外国人が語っていることに感激している。ここでもドブズは拍手喝采だった。サンタクロースみたいなドブズは若い音楽家たちを夢中にさせ、彼らの可能性を開く小さなきっかけをつくったのだった。

オーケストラは士気が高まり、演奏は力強くなってきた。その夜一〇時ごろ、チェロ講師デイヴ・エドモンズの部屋にチェロトップのフッサムがやってきて、びっくりさせることがあるといった。フッサムの案内で別の部屋に行くと、六名のチェロが笑顔でずらりと並んでいる。パート練を見てほしいというのだ。そこまでやる気を見せられて、誰が断れる?

二〇〇九年より良好な練習環境で講師の指導を受けたおかげで、室内楽のワークショップも発展して、モーツァルトのディヴェルティメントやハイドンの木管三重奏までやれるようになった。さらに、フィアがちょっとした講堂のある学校を見つけてきた。そこを借りて地元の生徒を招き、室内楽の発表を兼ねた子ども向け演奏会を開くことも決まった。こういう機会がほしかったのだ。地元の学校に貢献できるというのもあるが、講習が終わったあとも、地域に根ざした活動の場を見つけてがんばれることを参加者にわかってもらいたい。

午前のリハーサルが終了したあと、困ったことになった。ひとつの学校は時間どおりに到着したものの、もう一校は一時間遅れるというのだ。半分ほど埋まった客席では、一〇歳の男子児童たちがお楽しみを待ちかねている。開演までのつなぎに、みんなで手をたたくクラッピング・ゲームをやろう。

打楽器講師のアダムが舞台に登場し、ゆっくりとわかりやすい英語でゲームの説明を始めると、すぐに子どもたちから英語で生意気な返事が返ってきた。みんないい子で、元気があって、反応がいい。持ちネタを使いはたしたアダムのあとを受けて、私がアフリカの歌遊びをやった。さらにクルド人奏者三人が、ダフとヴァイオリンとクラリネットで民謡を演奏する。ジルは講堂の隅に三脚を立てて、その様子をカメラで記録した。マジッドも床に座りこんでカメラを回していたが、その背中は寂しげだ。バグダードで同じことができないのが悲しいのだろう。イラク各地でこういうコンサートができればどんなにいいか――マジッドはざらついた声で私に打ちあけた。文化が失われていた年月が重くのしかかる。

あとから到着した生徒たちが着席したところで、司会役のボランがクルド語でプログラムを案内した。モーツァルト、ハイドン、ビゼーと続き、タラ・ジャフはオーケストラの弦楽器を伴奏に歌を二曲披露した。ドブズによるクルド語のおとぎ話はもちろん大受けだ。ヴィオラ講師のイローナは、ポーランドの女性作曲家による小品を独奏し、チェロのアウデルはクルドの伝統的な歌をチェロで演奏した。

一〇歳の男の子たちを前に、二人の女性が舞台で演奏する。このことは、イラクではとてつもなく大きな意味があった。ホルン講師のサラと一番ホルンのラニアの二重奏は、とりわけ思いきった挑戦だった。サラの応援を受けながら、ラニアは初めて人前でソロを演奏したのだ。ラニアはこの経験で、自分の未来を大胆に選んでいいのだと自信を深めた。バグダードで女性ホルン奏者の団体をつくりたいとサラにいったそうだ。

演奏会ではボランの司会も光っていた。まるで毎週会っているような、淡々とした口調で子どもたちに語りかける。ただズハルにいわせれば、子どもたちから見た出演者は、よその星から来た宇宙人のようだったらしい。

ラニアの服装はアメリカの若者そのままだが、外でそういう格好ができるのは、弟フランドの許可があるからだ。それほど制約の多い社会で、よりによってオーケストラでもっとも難しいホルンを選び、独学でやってきたのは謎だ。本人が語る理由も漠然としている。イラク国立交響楽団に所属しているが、パート仲間はみんな男性で年長なので、助けにはならない。そんなラニアだが、ここでサラという良き先輩にめぐりあった。性格が合うことも、ラニアには心強いにちがいない。

講習が始まる前のラニアは偏見が露骨で、クルド人はみんなバカだと思っていた。しかし講習が終わるころには評価が一変していた。ほんものの指導を受けられる貴重な機会は、クルド人が与えてくれたようなものだ。でも、それは全員にいえること。イラク全土に有能な奏者がこれだけいたからこそ、NYOIは成立したのだ。

NYOIの女性参加者は、いろんなかたちでオケのまとめ役を果たしていた。打楽器講師のアダムと私は、ボランをイラク初の女性ティンパニ奏者にすることで意見が一致した。二〇〇九年の初講習はピアニストで参加したボランだが、音楽家としての姿勢と完璧な英語力で強烈な印象を残していた。ズハルはというと、今年はフィアと運営をおもに担当し、彼女からいろいろ教わっていた。しかしピアニストとしては、プログラムの関係でオーケストラと共演できずにがっかりしている。二〇一一年はぜひ機会をつくってあげよう。アニー・メルコニアンは、アンジーと私がウィスコンシン大学マディソン校への推薦状を書く手はずになっていて、バグダード側の代表としてヴァイオリンを率いる役目を引きうけてくれた。勇気ある行動だが、イラク国立交響楽団に戻ったとき、男性楽員たちからいやがらせを受けるのはまちがいない。それでも彼女は愚痴ひとつこぼさず、ヴァイオリンパートをひっぱった。クルド人ヴァイオリニストのザナも同様の立場だが、芯の強さと自制心ではアニーにとうてい及ばない。

ＢＢＣのヒュー・サイクスのインタビューで、アニーは《バグダードの鼓動》について熱心に語った。「曲の前半は、昔を思いだしてほろ苦い気持ちになります。やがて、すべての楽器が大きく鳴りだします。まるでイラクが抱える痛みや苦しみのようです。イラクがくぐりぬけてきたあらゆることが、この音楽に入っています。ただそれでも平和はあります。希望もあります。そうなんです」

去年に続いて参加したアニーのことを知るにつけて、彼女の存在感はますます際だっていた。完璧な英語を話し、しっかりした教育を受け、一本筋の通った打たれづよいアルメニア系イラク人の彼女は、私たちの先導者として適役だ。イラク国立交響楽団から参加したほかの奏者たちは何かと反抗的だが、アニーだけはヴァイオリン講師のジョアンとアンジーから新しいことを学ぼうと真剣だった。チェロパートの女性たち、バグダードから来たトゥカ、スレイマニヤから来たアウデル、アルビルのサバトは、どこまでも前向きだし、協力的だ。サバトの妹サウィーンは、ヴァイオリンの腕はそこそこだが、歌声がすばらしい。西洋音楽のようなヴィブラートではなく、声門で細かいこぶしをかけながらクルド人の深い悲しみを歌いあげる。チョウの羽ばたきのような繊細な節回しは、聴く者の心をわしづかみにするのだ。初参加のヴィオラトップ、レズワンは講習開始前に譜読みを全部すませており、講師であるイローナと名コンビを組みながら、パートの男の子たちを完全に手下にしていた。一番オーボエでマジッドの娘であるドゥアは、ロイヤル・オーヴァーシーズ・リーグの機関誌『オーヴァーシーズ』のインタビューで、バグダードでの生活をこう話している。

女の子が音楽なんてとんでもないと考える人もいます。私も音楽をやっていることを人にいえなかった。いまでも、偏見がなさそうな相手にしか「オーケストラをやってる」とはいいません。

NYOIはドゥアにとって天国だ。グウェンリアンという専属教師がいるのもそうだが、イタリアのナショナル・ユース・オーケストラから来たステファノと並んで演奏できるからだ。ステファノは専門教育を受けた若きプロフェッショナルで、イラクに来る一週間前にはミラノにいて、リッカルド・ムーティの指揮で演奏していた。このステファノと、トルコ人のブルジュを見つけてくれたのはヨーロッパ・ナショナル・ユース・オーケストラ連合だ。ブルジュはイスタンブールからイラク入りして、ムラドの隣で二番ファゴットを担当することになった。バグダード組だったムラドがなぜ仲間と離脱しなかったのか、その理由がだんだんわかってきた。よい楽器が手に入ったことに加えて、彼とブルジュは恋に落ちていたのだ。

子ども向け演奏会で勢いづいた私たちは、さらに新しい試みに挑戦した。アルビルのキリスト教徒が多く住むアンカワ地区に科学研究所がある。そこにコネがあるマジッドを通じて、サアド・アブドゥラー・パレスでの本番前夜、敷地内の広い庭園で演奏することになったのだ。

午後五時、会場に全員が集合した。コンクリートの屋外ステージがその夜の舞台となる。周囲の鉄製フレームに照明担当がフラッドライトをかけていくが、明るさがまったく足りない。手まわしのよいフィアが、自転車用のライトを箱いっぱいにもってきていて、それを譜面台に取りつけたら譜面が読めるようになった。

タラの声とハープを増幅させる必要があるため、音響担当は調整卓をオーケストラのすぐ脇に配置した。だがそれではマイクケーブルがタラまで届かない。調整卓をもう少し歌手に近づけたらどうかと遠慮がちに提案すると、音響担当は気を悪くしたようで、どこかへ行ったきり戻ってこなかった。今夜はもうハープをしまって、のんびり聴いててくれと私はタラにいった。

リハーサル中、オーケストラを囲むフラッドライトはときおり火花を散らした。ひとつは私の頭上にある。電気の容量を誰も計算していなかったようだ。譜面台にしがみついた自転車用ライトだけは、リハーサルが終わるまでもちこたえた。

午後七時を回るころ、三五〇名ほどの招待客が芝生にプラスチックの椅子を並べた客席に腰をおろした。そのなかには、ドイツから着いたばかりのカタリーナ・フォン・ホーデンベルクもいた。NYOIがベートーヴェン音楽祭に行けるかどうかは、彼女しだいだ。応援する会のカール＝ヴァルター会長も、この機を逃がすまいとぴったりくっついていた。いつも協力的なグウェンリアンは、ジル・パリーがもっていた夜間撮影ライトの予備で指揮者を照らし、指揮棒が見えるようにすると申しでてくれた。グウェンリアンが私のそばに陣どってライトを掲げたおかげで、ジルはこの風変わりな演奏会を心置きなく撮影することができた。

演奏会は午後八時に始まった。舞台はまにあわせ、夜になっても暑さは引かず、風が吹きあれていたが、楽員たちはびくともしない。みんなイラク国内での野外コンサートは何度も経験があり、今回は条件が整っているほうなのだ。洗濯ばさみで留めた譜面が風にあおられても、演奏は続く。アンジェリア・チョウは気温四七度の乾燥しきった屋外でメンデルスゾーンを弾くために、もてる能力を総動員した。ベートーヴェンの交響曲は、合わせづらい冒頭部分をうまく乗りきって最後の楽章まで雄々しく前進し、熱狂的なフィナーレを迎えた。

イラクの聴衆にはすばらしい演奏でも、講師陣からすると納得いかない出来だったようだ。そういえばフィアは？　彼女はいなかった。まあいいだろう。疲労と高揚感に浮かされた楽員たちは、研究所の駐車場に集まってお祝いを始めた。暗闇のなかでｉＰｈｏｎｅが点滅し、太鼓とクラリネットが鳴りひびくと、荒々しい歓声とともに熱狂的な踊りの夜が幕を開けた。イスラム神秘主義の回転舞踏のようにくるくる回る楽員たちを、レンジローバーのヘッドライトが照らす。強烈な光がみんなの影をつくり、笑いが起きた。イラク人は地獄の手前に来てもお祭り騒ぎをやりそうだ。

カタリーナ・フォン・ホーデンベルクは、この乱痴気騒ぎに動じるふうもなく、静かに、思慮ぶかく眺めていた。いっぽう私は指導者代表として、率先して身を投じる。「ポルポルポルポル！」楽員たちは歌いながら輪になり、男性どうしで男くさいダンスに興じる。トゥカは超音波のような高い声で叫んでいた。カタリーナと視線が合ったので、私は彼女に近づき、今夜はひとつの試練を乗りこえたのだと伝えた。彼女も表向きは同意してくれた。

どこからともなくやってきたバスに、押しあいへしあいしながら何とか全員乗りこむ。フィアが裏でいろいろ手配していたのだ。バカ騒ぎは車内でも続き、一五分後にレストランに到着した。研究所が夕食を用意してくれたのだ。ところが、講師陣にしかビールが出ないと知って、楽員たちは店を出てしまった。無理もない。カタリーナ、カール＝ヴァルターと私もあとを追うことにして、料理をもちかえり用に包んでもらう。何人かは、近くのウォーターパークにある別のレストランめざして歩きだした。

科学研究所の責任者とレストラン店主は、自分たちのせいではないと言い訳しきりだ。いったい誰が誰の顔を立てようとしているのか。考えるのもめんどくさかった私は、にこやかに彼らの主張を受けいれ、店をあとにした。二四時間後には仕上げの演奏会だというのに、オーケストラはまとまりを失いかけている。乗りこんだバスには講師のほとんどがいたので、もう一度みんなを発奮させてほしいと頼みこむ。ああだこうだと話しているうちにもバスは走り、ウォーターパークに着いたと思ったら閉園になった。

もう真夜中だ。駐車場に入ると、先発組が腹をすかせてわびしく座りこんでいた。もってきた料理を芝生に広げて、みんなで食べはじめる。照明がついているのが救いだが、楽員と講師陣、それにカタリーナ・フォン・ホーデンベルクは真夜中のアルビルの駐車場で身動きがとれない。フィアもおらず、完全にお手あげだ。フィアはこの二週間、オーケストラの運営をするかたわら二万五〇〇〇ドルをかき集めていた。ちょっとやそっとではできない芸当だ。集まって立ちつくす一行にいらいらが募ってきた。

私の携帯は電波が入らないので、ラニアのを借りてフィアに連絡をとり、バスを手配してほしいと頼む。フィアはすぐに対応してくれた。このまま駐車場で立ってるだけなの？　とジョアンは二度問いかけ、バスが向かってるからと私も二度答える。デイヴとイローナは、よどんだ空気を吹きとばそうと追いかけっこを始めた。カタリーナはひとり離れたところで、「エッケルハフト」と吐きすてた——いやになるわ。ようやくバスが到着したとき、ジョアンの夫に非難された。「あなたのせいじゃないことはわかってる。でもこういうのはよくない。ぜったいによくない」。疲れはてた私は気絶しそうだ。マジッドは大きな身体でバスに向かって地団太を踏み、不満をあらわにしていた。

やろうとしていることと、やっている場所を考えれば、これ以上どうしようもない。二年目は講師の顔ぶれが充実したし、練習環境が格段によくなり、立派な演奏会場で本番ができる。作曲家ランス・コンウェイ、歌手のタラ・ジャフ、独奏のアンジェリア・チョウと音楽面の後ろ盾も心強い。二〇〇九年から大いに前進している。だが、あらゆる面に気を配らねばならないフィアと私には、大きな重圧がのしかかる。アルビルでの講習も最終局面に入り、二人の判断に多少の狂いが生じたかもしれない。この先燃えつきてしまわないように、自衛が必要だと痛感した。

ホテルに戻り、全員が部屋にさがったところで、ズハルとフィアと私はロビーの隅に集まった。二人は豪華な革張りの椅子に細い身体を沈める。私は彼女たちの腕を握り、ささくれた心は奥にしまって、「あと二四時間、何とか乗りきろう」と穏やかに呼びかけた。二年目をようやく生きのびたいま、決まったパターンも生まれつつある。二〇〇九年のときは、組織の怒りや不満はアレグラが標的になっていたが、今年はそれがフィアになった。二人とも、予測のつかない現地の状況も知らないまま、素地も基盤もないところにユース・オーケストラをつくる責任をまかされたのだ。どれだけ準備をしたって意味はない。

講師たちの指揮者・音楽監督評は例外なくよいものだった。私は雇う側だし、今後の仕事を考えれば当然だろう。不満が出てきたとき、身代わりで標的になるのはボスの直属の人間だ。その気配を無意識に感じて、カール・ユングのいう「影」、つまりボスの悪い部分をあえてかぶることもある。周囲の不満や鬱憤を磁石のように吸いよせるのだ。有名人の配偶者はそうなることが多い。NYOIの場合、ストレスは半端でないし、無茶なことを期待されるので、フィアも私も神経はすりきれるし、同じようにまちがいを犯す。ただそれでも、講師たちはガス抜きをしたくてフィアをねらい撃ちにした。

私は講師を集めて、明日を無事に終えるためにできることは何でもやってほしいと頼んだ。バグダード組の蜂起、崩壊の危機、気温四七度の野外コンサートをくぐりぬけ、残すはサアド・アブドゥラー・パレスでの演奏会だけだ。

翌朝、朝食会場にマジッドがいた。私はひざまずいて彼のテーブルの端に両腕を置き、あごをのせて「ごめん」とだけいった。マジッドも「私のほうこそごめん」と答えた。私たちは疲れ、うんざりしていた。彼の返事もうわっつらだけだ。でも正直、おたがいさまだった。私は立ちあがり、別のテーブルに行った。マジッドの丸々とした身体つき、彼の役割、人間性、すべてが受けいれられない。イラクの若い音楽家にとってこのオケは重要だ――そんな漠然とした理想だけで、私たちはつながっていた。マジッドの娘のドゥアはオーボエのレッスンをしてもらえて歓喜しているし、ほかの参加者たちも苦労を重ねて音楽を続けてきた。NYOIを維持することは絶対条件なのだ。

最悪の時は過ぎたのか、楽員たちは粛々とサアド・アブドゥラー・パレスの入口に集まった。セキュリティチェックの手順はもうすっかり慣れっこだ。金属探知機のゲートに入る私の憔悴ぶりに警備員のひとりが吹きだし、「マイケル・ジャクソン！」と叫んだ。気分はまったく晴れないが、悪くないつっこみだ。ホール客席の最後列には、今日も二人の私服警備員が座っている。万が一襲撃があればただちに銃を構えるだろう。

ジル・パリーがドキュメンタリー撮影で使う地元の制作会社は、ロックコンサートの経験しかないようだった。マイクを使うのはタラ・ジャフの歌とハープだけで、オーケストラはそのままの音を鳴らす。そのことを二名の音響技術者にわかってもらうのに少々手こずった。そもそも調整卓は舞台裏に置かれている。生演奏中に、そこで何をミキシングするつもりだったのか。

ステリハが何事もなく進行するうちに、オーケストラもすっかり落ちついた。舞台袖で出番を待ちながら、すべてのユース・オーケストラに共通する本番前のあの高揚感が湧いてくる。男の子たちは黒の蝶ネクタイにディナージャケットでぴしっと決め、女の子は黒ドレスで優雅に変身している。困難を乗りこえ、優れた指導と強い意志の力で、私たちは個性あふれる楽員と、とんでもないスコットランド人指揮者でつくるオーケストラにふたたびなることができた。

ブリティッシュ・カウンシル・イラクのトニー・ライリー代表と、クルディスタン地域政府首相で二万五〇〇〇ドルをぽんと出してくれたバルハム・サーレハ博士のあいさつのあと、演奏会はランス・コンウェイ作曲《バグダードの鼓動》で幕を開けた。マジッドもレックという楽器で演奏に加わる。見た目も音もタンバリンだと思ったが、あとで打楽器講師のアダムに「それはヴィオラをヴァイオリンと呼ぶようなもの」だと叱られ、おのれの不明を恥じた。

続いて登場したのはタラ・ジャフだ。ケルティック・ハープの弾き語りで、《カフレチ》《チャング》

の二曲を歌う。響きに温かみを出そうと、私はかんたんな弦楽器伴奏を編曲した。伴奏とずれないように、タラはヴィオラに混じってシャーワンを座らせ、ダフでリズムを刻んでもらった。純度の高いやわらかな声でハウラミ・クルド語の歌詞が響きわたると、彼女の精神性が民族の苦悩を昇華させていくように感じた。

前半の締めくくりは、鮮烈な青いドレス姿のアンジェリア・チョウが独奏するメンデルスゾーンのヴァイオリン協奏曲だ。オーケストラにとってもやっかいな作品だが、楽員たちは二週間の特訓で正しいバランスとスタイルをものにした。舞台上のアンジェリアは、最前列のバーラム博士の口がぽかんと開いたままなのに気づいた。堂々たる演奏にあっけにとられていたのだ。アルビルでは、いまだかつてお目にかかったことのない光景だ。

後半はベートーヴェンの交響曲第一番。冒頭はプロのオーケストラでもよく崩壊する難所だ。夏季講習それ自体が危うかったというのに、ベートーヴェンは音楽でも綱わたりを要求する。客席にいたズハルは、私たちが体当たりする様子を「小さな火の玉の集まり」にたとえた。私はここにきて初めて、思いきった指揮でオーケストラをあおることができた。ひとつ階段をのぼったのだ。

ブリティッシュ・カウンシル主催のレセプションでは、流れにまかせてぼんやり座っているだけだった。出席したイギリス大使と総領事は、この演奏会は政治的、文化的にとても有意義だったとご満悦だ。バグダードから来たアレグラ・クラインは楽屋にちょっと顔を出して、弱々しく「おめでとう」とだけいった。

首相のはからいでアルビル滞在が一泊延長され、翌晩首相官邸でガーデンパーティーが開かれることになった。翌日は楽員も講師もようやく羽を伸ばし、八月の暑い一日をともにのんびり過ごした。カタリーナ・フォン・ホーデンベルクはベートーヴェン音楽祭の事務局に報告するためドイツに戻った。

夕方、忠実なるミニバスで押しあいへしあいしながらアルビル郊外の首相官邸に向かう。到着したら、先導車の指示で道路わきに停車させられた。まわりはすっかり暗くなっている。そのまま一五分待たされ、ようやく許可が出て敷地内の駐車場に入ることができた。大きな庭とプールのある豪勢な建物だ。去年から引きつづき政府との連絡役をしているムハンマド・カラダギが出むかえてくれた。庭に向かうアーチの下には政府高官がずらりと並び、私たちはクルド語でこんばんはと挨拶しながら、ひとりひとりと握手した。

真っ白なベンチが並ぶ庭園で、肉料理にサラダ、トランシルヴァニア産ワインのおいしいビュッフェをいただく。苦労続きの二週間のごほうびだ。イラク各地の若い音楽家が、こんなふうに顔を合わせられる機会はそう多くない。バーラム博士は英語、アラビア語、クルド語を駆使して、楽員や講師と陽気に会話をしていたが、微妙に私を避けている。オーケストラの要である人間に、どう接していいか測りかねているのだろう。おたがいすぐ近くに来たとき、まるで海が割れるように楽員たちが場所を開け、ついに私たちは視線を合わせた。博士は一瞬言葉に詰まったが、すぐに「クルディスタンはいかがですかな？」と問いかけた。

ごく当たり前の質問だが、この二年間のことが走馬灯のように目の前をよぎり、私は固まってしまった。あらゆる困難や障壁にぶつかり、ヨーロッパ中を駆けまわって算段をつけ、二週間の講習を無我夢中でやりとおしたいま、当たり障りのない答えは出てこない。観光客なら名所見物の話ができるのだろうが、同性愛が毛嫌いされる国では、その気も起こらなかった。思わず口ばしったのが、二〇〇九年に初めてイラク入りしたとき、砂漠で見かけた毛の長い黒ヤギのことだ。博士はほかにないのかという表情だった。もう少しまともな会話をしようと二人とも努力したが、時すでに遅し。私は脳が干上がってもう無理だった。それでもわかりやすい話題をと思い、翌年のドイツ行きの計画を話したところ、博士は顔色を失った。イラクでの唯一の支援者をなくしたようだ。お義理の笑顔を合図に割れた海がふたたびつながり、二人の会話も、私のわずかに残った自意識も飲みこんでいった。

ホテルに戻ると、最後のひと騒ぎになった。フランドはホテル前の階段に立って、「ぼくの恋人」と呼ぶトランペットでお気にいりのフレーズを繰りかえし、クルドの打楽器もにぎやかに鳴りひびく。フランドという名前は、古いアラビア語で剣に反射する太陽のきらめきを意味している。真鍮のトランペットにときおり街頭の明かりが映りこむのを見ながら、まさしく彼にふさわしい楽器だと思った。チェロ講師のデイヴは、フランドやワリードと回転の踊りを続けていたが、そのうち楽員たちに胴上げされた。イラクで誰もやろうとしなかったことを、ここにいる若き音楽家たちはやってのけた。それは本人たちがいちばんわかっている。

アニー・メルコニアンはインタビューでこんなふうに話している。「イラクの国民や政治家のみなさんには、音楽家のような考えをもってほしい。舞台には、クルド人、アラブ人、アルメニア人、アッシリア人がいます。それぞれ背景も言葉も異なるし、ときには口論にもなります。それでも舞台の上でめざすことはひとつ。それは美しい音楽を奏で、聴く人に音楽を好きになってもらうこと。外の世界のことを忘れて、音楽だけに集中し、音楽を感じてもらうことです」

イラク国内で活動するだけなら、NYOIはアニーの理想の象徴となるが、いずれ尻すぼみになるだろう。だがひとたび海外に出たら、私たちは民間の外交官となる。過去に多くの例があるように、祖国に戻らないことを選択するかもしれない。クルディスタン地域政府は、歩みよろうとしない連邦政府に業を煮やして、イラク全土ではなく、地域支援に専念することにした。NYOIは、どんなかたちであれこの路線からはずれることになる。そうでなくしも、楽員たちの置かれた状況は悲惨なものだ。サアド・アブドゥラー・パレスで私はひそかに約束した。「きみたちをイラク国外に連れだしてみせる」

そして二〇一一年、私たちはイラク五〇〇〇年の歴史のなかで最高の文化使節となった。

9 友だちってそういうもの

カタリーナ・フォン・ホーデンベルクは、二〇一一年ボン・ベートーヴェン音楽祭への参加に青信号をともしてくれた。それに向けてやることは山ほどある。イラクから戻った私とカール＝ヴァルターは、結成されたばかりの「ＮＹＯＩを応援するドイツの友人たち」協会《フェライン》に合流した。

ドイツにおける協会とは、慈善団体として資金集めのできる非課税のクラブのこと。宗教・政治とは無関係の活動をおこない、具体的なプロジェクトの実現をめざすものも多い。要するに何かを支援するということだ。ドイツにはこうした協会が数えきれないほどある。テニスクラブ、合唱団、社会団体、地域貢献など、七人集まって会長を決めればつくれるのだ。「ドイツの友人たち」の場合、会長は元教師のカール＝ヴァルター・ケップラー、副会長は元弁護士のウィル・フランク、会計は発起人でもあるゲオルク・ヴィッテラー。協会はドイツ人の活力源だ。それだけに個人と協会のあいだで裁判ざたになることも多い。協会はドイツ人の大きな楽しみでもある。この国は、大義名分のもと好き勝手に政治のまねごとがやれて、神経症的なふるまいも堂々とできる楽園なのだ。

私たちの協会はまともなほうだった。会合が開かれるのはゲオルク・ヴィッテラー宅の居間。デジタル・コラージュをガラスに印刷するという金のかかった美術作品に囲まれて、陽気な雰囲気で始まる。食堂でブランチや手づくりスープとパンが出されることもあり、ケルンマフィアといった雑談に花を咲かせ、お腹がいっぱいになったところで居間に移動する。ほかにやることがたくさんある私は、ときおり遠慮がちに話の流れをさえぎった。コーヒーとケーキを前に、議論が深まって団結したと思えば、ちょっとしたわだかまりで気持ちが離れるのを見ていると、いつまで続くのかと途方に暮れる。たしかにベートーヴェン音楽祭も「ドイツの友人たち」も、海図もないまま出航したも同然だった。何をなすべきかはわかっているが、初めてのことだらけなのだ。三五万ユーロの資金を調達し、オーケストラの楽員全員にヨーロッパのシェンゲン・ヴィザ〔短期滞在用ヴィザ〕を用意する。この二つは密接にからみあっていた。

コーヒーとケーキを囲む会員のうち、じっさいにイラクに行ったカール＝ヴァルターは、最年長だが明らかに意気ごみがちがっていた。セイウチが白髪男になったような風貌で、高校で歴史と英語を教えていた彼は、アメリカの高校との交換留学を何度もおぜん立てしたことがある。アルビル滞在中、私たちがぶつかったさまざまな困難が彼のやる気に火をつけたようだ。ＮＹＯＩの楽員たちはとにかく素直で、情熱があり、オーケストラをやれて幸せそうだ。その姿を見れば、誰だって彼らの大ファンになるはず。ただし紛争まっただなかの国では音楽家の経験を積むこともままならず、カール＝ヴァルターはそれがしのびなかった。彼は会長として指導力を発揮し、会員からの疑問や不安に答えながら議論を誘導していった。

過去二回のような夏季講習をイラク人だけで開くのはまだ無理がある。二〇一一年度は、ドイツが金銭面を負担する必要がありそうだ——この二つははっきりしていた。それでも「ドイツの友人たち」は、さっそくゲーテ・インスティトゥートから一万五〇〇〇ユーロを調達していた。その一部は、向こう八カ月の私の報酬になる。ないよりましだ。私のほうも、英国イラク文化研究所とガルフサンズ石油から寄付を取りつけた。

二〇一一年のベートーヴェン音楽祭に参加し、二〇一二年にはイギリス訪問を実現させる。そのための準備は、ボウリングのボール二個でお手玉するようなものだ。イギリス訪問のほうは、イギリス＝イラク友好協会が鍵を握るだろう。私は金の鉱脈を掘りあてるため、ケンジントンのロイヤル・ガーデン・ホテルで開かれるクリスマスディナーに出席することになった。ロンドンまでの飛行機はドイツの友人たちが予約してくれた。

二〇一〇年一二月一七日。ディナーにはまだ時間がある。太陽はどこまでも遠く、凍える寒さだ。ロンドンで成果がほしい私は、イラク＝イギリス経済協議会を突撃訪問することにした。会長はバロネス・ニコルソン・オヴ・ウィンターボーンだ。以前に何度か電子メールを送ったがなしのつぶてだったので、直接行ってみるしかない。ロンドンの事務所は、ウェストミンスター宮殿から少し歩いたホワイトホールにある。一九世紀ロンドンの面影が残り、公務員が肩で風を切ってせかせかと歩いている界隈だ。

建物入口の近代的なガラス扉は暗証番号方式で、私の行く手をはばむ。ちょうど昼食に出てきた人がいたので、にっこり笑って入れちがいにすべりこんだ。イラク＝イギリス経済協議会は静まりかえり、簡素な内装でショールームのように空疎な雰囲気だ。応対したのはマーク・ダフィという若いアイルランド人だった。約束もなくやってきて、「こんにちは。私はポール・マカランダンといって、イラク・ナショナル・ユース・オーケストラの音楽監督をやってます」と自己紹介するものだから、彼は驚き、恐れをなして、さっさと奥に通してくれた。

会議室に案内されたあと、ひとりになった私はイラク、クルディスタン、メソポタミアの古地図コレクションを眺める。帝国主義時代に作成された羊皮紙の地図は、地勢を把握しようという不朽の努力から生まれたもの。詳細に書きこまれた部分もあれば、空白のところもある。地図の縮尺や割合が妙なのは、知識不足と用途が混ざりあった結果だろう。イラクの地理だけでなく、そこに生きる人間まで解きあかそうとする探究心を感じた。奇妙にゆがんだ地図は情報としての価値はなく、私の内面に形成されつつある心象風景そのものだ。戦争の血煙がまだ立ちのぼる異国の地に分け入ろうとする、愚直で直情径行な一九世紀のイギリス人——それが私だ。マーク・ダフィが戻ってきたので、私たちはテーブルについた。

マークは私の話を書きとめながら、ときおり手元のノートからテーブルにわざと視線を飛ばす。私のほうも、彼が何を考えているのか探った。説明が終わると、マークは椅子の背もたれに身体を預けて、会議で報告するといった。あなたのお話に感銘を受けましたよ。私は礼を述べて、その場を辞した。

その夜、ロイヤル・ガーデン・ホテルで開かれたイギリス＝イラク友好協会のクリスマスディナーに出席した。海外で大きな成功をおさめ、影響力も強いイラク人が顔をそろえている。私のテーブルにはイラクとゆかりのあるアーティストや財団関係者が着席していた。友好的かつ開放的な雰囲気で、出席者はさかんに名刺を交換し、おしゃべりに花を咲かせている。あなたはどういったご関係で？　と直接私にたずねる人もいた。オーケストラ会議とはまるで別世界だ。

作家のジェフリー・アーチャー卿が登場したが、老いてくたびれた様子だ。若くてハンサムな助手がそばで世話を焼いている。イラク系で保守党下院議員のナディム・ザハウィのあいさつは明快で力強かった。白い民族衣装を着てターバンを巻いた中東系の男性は、隅に置かれた一二人用テーブルにひとりで座っている。警備会社の代表がいたり、エネルギー企業が見本市用のディスプレイを置いたり、クルディスタン地域政府の外交官、友好協会の理事もいて、二〇〇人以上が収容できる宴会場は大にぎわいだ。ディナーの締めくくりには、司会者が全員を起立させて、「女王陛下ばんざい」を三唱した。私は協会理事のひとりで、マーチャントブリッジ・インヴェストメンツのエリック・ル・ブランをつかまえて、NYOIをイギリスに呼びたいという話をした。この件では、協会に重要な役割を果たしてもらわなくてはならない。背に腹は代えられなかった

ヴィザの問題もある。二〇一〇年当時、シェンゲン・ヴィザを取得したいイラク人はまずヨルダンのアンマンに移動し、ホテルに一週間ほど滞在して審査面接の呼びだしを待つ手はずだった。それから申請書を提出して、二一日後にようやく回答が出るのだ。バグダード—アンマン間の航空便はロイヤル・ヨルダン航空しかなく、申請だけで莫大な金額がかかってしまう。クルディスタン地域の場合は、同じ大金を使うにしても、シリアのダマスカスにある領事館に行くという手があった。ところがイギリスの外務・英連邦省は、ヴィザ発給はアンマンに一本化すると決めた。手続きを簡素化して費用を軽減する名目だが、イラクでは貧しい人間の入国を拒み、不法滞在やテロ活動を防ぎたいのだと

いうもっぱらの噂だった。

ケルンに戻ると、「ドイツの友人たち」が結果を知りたがった。あいにくスポンサーの確保とまではいかなかったから、彼らの信頼を得るにはまだ時間がかかりそうだ。それにこちらができるのはお願いだけ。じっさいにどうするかは、向こうの人間が協議して決める。忍耐づよく待たねばならない。

それからまもなく、イラク＝イギリス経済協議会からメールが届いた。「二〇一一年一月一九日（水）に貴族院で開かれるレセプションにご出席いただきたい」

考えてくれていたのだ。

新しい年が明け、次の夏季講習に向けてまたも手探りの活動が始まった。「ドイツの友人たち」は資金集めを続けていたが、運営面の準備は私ひとりが背負っていた。航空券を手配してもらい、シャツと赤ワイン色のネクタイを新調した私は、ふたたびロンドンに飛ぶ。宿泊は当然、アランとマークが暮らすレイトンのフラットだ。二人は私の衣装にアイロンをかけながら、コーディネートを口すっぱく指導した。

一月一九日、イラク＝イギリス経済協議会の冬のレセプションの招待状をもって、ウェストミンスター宮殿を訪ねる。教育予算の削減に抗議して学生がデモをやっており、周辺は警官だらけだ。入口をたずねたら、愛想のない答えが返ってきた。怪しまれているのか。貴族院は夜の審議の最中で、合間にひと息入れる高齢の議員たちの影が権力の回廊に長く伸びていた。バロネス・ニコルソンもそこにいて、ひとりひとりにあいさつしている。私が招待された理由を聞くと、できるだけ力になるからといってくれた。小柄ながら強烈な個性を発する彼女は、とび色の髪をふくらませたヘアスタイルが快活な表情をいっそう引きたて、いかにも貴族のご婦人だ。二〇〇九年のＤＶＤを何枚もポケットにしのばせた私は、戦場におもむく心境だった。ここはひとつ、無情でよこしまなイギリス人になりきってコネをつくろうではないか。

レセプションはテムズ川を見わたせる屋根つきテラスが会場だ。参加者はワイングラスを傾けながら陽気に談笑している。おつまみはシーフードで、小さな植木鉢に盛られたお上品すぎるフィッシュ・アンド・チップスもあった。「ドイツの友人たち」がつくってくれた、ＮＹＯＩの新しい青いロゴが入った名刺を使いきる勢いで交換していく。サッチャー政権で財務大臣を務めたローソン卿が、ヘナで染めた怪しい髪型でふらりと現れ、ワイングラスを取ってじっと耳を傾けている。暖かな話しぶりで定評のあるバロネス・ニコルソンが、バグダードのグリーン・ゾーン内でけっこうな広さの土地を寄贈されたと報告した。バロネスは洞察力の人だ。イギリスに親イラク派がほとんどいなかった一九九〇年代から、イラクの人びとに心を寄せて支援してきた。二〇年たった現在は、対イラク貿易の牽引役になっている。長きにわたって純粋に手を差しのべてきた人だけに、私利私欲があるとは思えない。

レセプションの会場に、ひとりたたずんで様子を眺めていたのがアンディ・エドワーズだった。たくましい身体をした元海兵隊員で、コンシリアム・リスク・ストラテジーズという会社を立ちあげてイラクのセキュリティ市場に進出している。髪はダスティブロンドでハンサムな顔だち、いきなり自分はキリスト教徒だと紹介する彼は、ビジネス関係者のなかで私と話を続けてくれた数少ないひとりだった。英国教会バグダード主教アンドルー・ホワイトの活動にかかわっていたこともあり、支援ニーズの多様さをよく理解していた。

その夜わかったのは、新聞の政治風刺漫画は誇張でも何でもないということだった。イラク大使館の職員だという若くて魅力的な男性と握手をかわし、自分がここに来た理由を説明したときだ。それはいいことですねみたいな外交辞令を返そうと彼が視線を落とした瞬間、二人の老人が割りこんでからかいはじめた。背中の丸まった身体をグレーのスーツで包んだ彼らは、男性がオーケストラのことを何も知らないと決めつけ、適切な返答を用意していないとからかった。人の弱みを嗅ぎつけて、自尊心をずたずたにしたのだ。急に気まずくなった状況に、私は適切な言葉も態度も見つからず、その場を離れた。

イラク＝イギリス経済協議会を訪ねたときに対応したマーク・ダフィも、いろんな人と話すのに忙しそうだった。そのあいだに私のセールストークも全開になり、ダフィがちょっとたじろぐほどだった。DVDを手あたりしだいに渡し、渡されたほうも浮かれ気分で話を合わせてくれる。ただし最後に戻っていったのは、まじめな検討の場で的確に訴えないと腰を上げてくれない人たちのところだった。

お開きも近くなったころ、上品な制服姿の二人のボーイが貴族院ジョークを教えてくれた。ウェストミンスターを動かしているのはイングランドの威厳あるホモたちだというのだ。スタンダップ・コメディで出てきそうな話だ。DVDも笑顔もすっからかんになった私は、レイトンの威厳あるホモであるアランとマークの家に戻り、ジョークの話をした。だがバグダードでは、若い音楽家たちは楽器が見えないよう大きなバッグに隠し、こそこそと道を歩いている。テロリストは毎日のようにまっとうな市民を殺害している。私のようなゲイの男は民兵に誘拐され、拷問を受けたあげくに殺される。死体は道端に捨てられ、犬に食われるのだ。

ズハルは行きづまっていた。たまの連絡からつらさが伝わってくる。バグダードにくらべれば、グラスゴーは比較にならないほど安全だが、大学入学のためのAレベル試験に合格するためには五教科を猛勉強しなくてはならない。しかも通信教育だから現地の学校には通っておらず、まるで世捨て人のような生活だった。私はスコットランドにいる友人たちに、ズハルに声をかけてほしいと頼んでいた。そのひとり、キャロル・メインがNYOIのイギリス演奏旅行を前進させるきっかけを偶然つくってくれた。

グラスゴーの一月、お昼どき。曇り空だ。その場にいたわけではないが、容易に想像がつく。キャロルはレンフルー・ストリートにある王立スコットランド音楽演劇アカデミーのロビーで、ズハルと待ちあわせをしていた。ザ・スコッツマン紙を買って読んでいたら、ある記事が目に留まる。彼女はすぐケルンにいる私に電話をかけてきた。

スコットランドの建設会社ウィアー・グループが、イラクへの経済制裁破りで三〇〇万ポンドの罰金を科されたうえに、不当に得た利益一三九〇万ポンドを最高裁に没収された。この金は「地域キャッシュバック」プログラムが管理して、市民貢献に使われることになった。だがほんとうの被害者はイラク国民ではないだろうか。キャロルの電話のあと、私はすぐスコットランド政府に連絡をとった。五つの部署をたらいまわしにされたあげく、ようやく担当のトレヴァーにつながる。「あの金はイラク市民への貢献にも使うべきじゃないですか?」開口一番にまくしたてたものだから、さぞや驚いたにちがいない。

トレヴァーは笑いながら、まだ発表されたばかりで、どうするか検討中だと答えた。私はフィオナ・ヒズロップ文化・観光・対外関係大臣に手紙を書いて、二〇一〇年にかかった費用を返してほしいと頼んだが、答えはノーだった。しかしスコットランド政府は二〇〇九年に、ズハルとNYOIを支援する動議を採択している。動議があって、出せる金があるのだ。トレヴァーと私は、演奏旅行の計画をくわしく見なおすことにした。ベートーヴェン音楽祭の参加計画が進んでいることも、心強い材料のひとつだ。

トレヴァーと私はそれから四、五回ほど電話で情報交換しただろうか。六週間後、ヒズロップ大臣はキャッシュバックプログラムの受益者にNYOIを加え、一〇万ポンド出すことを決定した。ついにスコットランドへの道が大きく開けたのだ。

二〇一一年度のオーディションは、前年の講習が終わってからさっそく取りかかり、一二月には応募動画が続々届いていた。今回は、オーバリン大学で音楽を専攻したリーナ・パッパジアニスの助けを借りることにした。さらにオーケストラの講師たち、通訳のシュワンとサマン、イラク国内の地域ごとに置いた代理人も総動員したネットワークで、オーディションを期日までに終わらせ、合格者リストを作成しなくてはならない。作戦遂行にはスピードと正確さが不可欠だ。ヴィザ取得という政治がらみの仕事に向けて、できるだけ時間を稼いでおく必要があった。

今回のオーディションは応募者一五〇名。二五〇本の動画がイラク全土からYouTube経由や電子メール、DVDでケルンに届いた。二〇〇九年にくらべると画質は鮮明で、音質もよく、演奏が正確になっている。演奏も楽しげで、より音楽的になっていた。それだけでも、イラクでがんばってきたかいがある。応募者は競争を勝ちぬきたいと願い、公正な判断をしてもらえると信じている。合格者はアルビルで四週間の夏季講習を受けたあと、ベートーヴェン音楽祭にも参加できる。自己負担はいっさいなしで、テロの恐怖、偏見、腐敗の日々から解放されるのだ。オーディションは音楽家としての技量をはかる手段だが、イラクのよりよい未来を実感する機会も与えてくれる。

ベートーヴェン音楽祭への参加を強力に後押ししてくれるのは、ディレクターのイローナ・シュミールだった。この音楽祭を、当代きっての演奏家を惹きつける強力な磁石へと発展させた人物だ。海外の優秀なユース・オーケストラをボンに招待する「オルケスターカンプス」も彼女の企画だった。NYOIを音楽祭に呼ぶことは、イローナにとってもっとも野心的でリスクの大きい試みだろう。このオーケストラに、そんな大舞台で演奏できる実力は正直まだない。だが誰かが可能性を信じて、いちだん高い場所に引きあげてやらなければ、永遠に力はつかない。

イローナはボンの町と人間を知りつくしており、えらそうな小金持ち連中にも、地に足のついた対応で接する。そんなイローナに惹かれて、音楽祭には世界中の人が集まってくる。だが、NYOIを呼ぶためには、揺るぎない信念と高い政治力が必要だ。カール＝ヴァルターもまじえてイローナのオフィスであれこれ検討しているときから、彼女の応援の姿勢、事務局関係者の活気あふれるプロ精神が私には大きな支えだった。「ドイツの友人たち」とコーヒーとケーキを囲んでの話しあいは犬がいがみあうようで、心がすりへる。

一月中旬、イローナ・シュミールから急ぎの電話がかかってきた。二四時間以内に楽員の名前と居住地の一覧がほしいという。政治的な整合性を確保し、ヴィザを発給するためには、イラクのクルディスタン地域以外の出身者が入っていなくてはならない。その証拠を提出せよとのドイツ外務省の要請だった。私はすぐファイルを送った。イローナは、ギド・ヴェスターヴェレ外相から個人的な支援をとりつけていたものの、省内にNYOIの来訪を阻止しようとする動きがあったのだ。

ベートーヴェン音楽祭のメディアパートナー、ドイチェ・ヴェレからは、新作を委嘱するためにアラブ人とクルド人の作曲家リストがほしいといわれていた。音楽祭のオルケスターカンプスは、通常であればユース・オーケストラが一週間ボンに滞在し、オーケストラの演奏会を一回開いて、そこで新作一曲を演奏する。しかし今回のNYOIは、二週間の滞在中にベルリンとボンで演奏会を開き、クルド人とアラブ人の作品を世界初演する。民族の融和をより強く印象づけるために、演奏会はドイツ統一の日の直前、一〇月一日になった。

私のノートパソコンにはイラク人作曲家の作品が大量に保存されていたが、ドイチェ・ヴェレに紹介できるような人はいない。そこでオランダ在住のクルド系イラク人作曲家、アリ・アウスマンと、イラク国立交響楽団の新しい指揮者でバグダード在住のムハンマド・アミン・エザットに白羽の矢を立てた。ドイチェ・ヴェレは、クルドの民族的な響きと現代的な表現の綱わたりができるアウスマンがこの企画にぴったりだと判断した。いっぽう私はエザットを強く推した。彼の音楽は、イラクではまぎれもなくイラク的に響くはずだが、耳の肥えたドイツの聴衆にはキッチュに聴こえると思ったのだ。

独奏者の候補も見つくろって、動画を音楽祭事務局に送った。そのなかにはイラク国立交響楽団のコンサートマスター、ジャナイドもいた。だが当然のことながら、イローナ・シュミールは全員却下して、世界的なアーティストを探しはじめた。これにいきどおったのがマジッドだ。イラク人では独奏は務まらないというのか？　本音をいえば、彼らには無理だ。

イローナが最初に出した名前はダニエル・バレンボイムの息子マイケルだが、マジッドは即座に拒否権を行使した。ＮＹＯＩがユダヤ人と共演したことがイラクのメディアで報じられたら、帰国後楽員たちの生命が危険にさらされるというのだ。マジッドの意趣返しのようだが、イラクの実情からすれば大いにありうる。同じイラク人でも、出身地のちがう楽員を束ねるのはひと苦労なのだ。これ以上複雑な事情をもちこむ必要はないだろう。ほかの候補者にもあたったが、イラクのユース・オーケストラとはやりたくないと断られた。最終的に事務局が見つけたのは、二八歳の若手ヴァイオリン奏者で、アンネ＝ゾフィー・ムターの秘蔵っ子であるアラベラ・シュタインバッハーだった。彼女は技術的にも表現的にも難しいベートーヴェンの協奏曲を、私たちと演奏することを喜んで引きうけた。さらにオーケストラの「お楽しみ」として、ハイドンの交響曲第一〇四番も加える。プログラムはこれで決まった。

三月一日、ケルン商工会議所がイラクでのビジネス展開にかんするセミナーを開くというので、カール＝ヴァルターと私で行ってみた。警備や建設から化学製造まで、さまざまな業種の出席者を見ていると、ドイツがイラク進出に出遅れた理由がよくわかる。ドイツ人はリスク嫌いなのだ。音楽祭の準備でも、スポンサー探しやヴィザ関係で痛感することだ。ただそれでも、ＮＹＯＩの来訪を応援しようという人は大勢集まっていた。

三月中旬、ＮＹＯＩの名誉コンポーザー・イン・レジデンスであるサー・ピーター・マクスウェル・デイヴィスから、新作《一巻の波しぶき、空》が届いた。彼が暮らすオークニー諸島の自然に触発された七分の小品で、私たちにちょうどいい小編成だ。彼はＮＹＯＩの楽員をひとりも知らないのに、オーケストラの能力を鋭く見きわめ、すべてのパートがおもしろく、なおかつ勉強になる曲を仕上げてくれた。

そのころチェロ講師のデイヴ・エドモンズは、チェルトナムでハーフマラソンを走り、七五〇ポンドを集めてくれた。ボンのルートヴィヒ・ヴァン・ベートーヴェン財団は、あいにく土砂降りとなった大道芸フェスティヴァルで、陰口をたたかれながらも七五〇ユーロの寄付を得た。カール＝ヴァルターも政治的な駆けひきに精を出して、ロータリー・クラブから五〇〇〇ユーロを引きだすことに成功する。私の友人たちも応援プロジェクトを企画したが、残念ながら資金集めはうまくいかず、代わりにできのいいプロモーションビデオをつくってくれた。

四月一三日には、ＮＹＯＩの存在が国際的に認められるできごとがあった。ユネスコ（国連教育科学文化機関）が選んだ「西洋とアラブ世界の異文化対話を進める二〇名の若きアーティスト」に、ズハルが入っていたのだ。表彰式はパリで開かれるが、ズハルがシェンゲン・ヴィザを申請してもまにあわない。そこで私が代理として出席した。

パリのユネスコ本部、最上階の表彰式会場は、中東とヨーロッパの若手芸術家が大勢集まり、音楽演奏、映画上映、ネットワークづくりとそれはにぎやかだ。三年近い苦労が実って、高く評価してくれるところがようやく現れた。若い才能の熱気のなか、ズハルの名が呼ばれた。壇上に上がったのが中流っぽいスーツ姿の白人指揮者だったから、イリナ・ボコヴァ事務局長と在仏スペイン大使は驚いた様子だった。でもズハルを推薦したのはこの私だ。当日の紹介文は誰かが書いたものだったが。

ズハル・スルタンは一七歳でイラク・ナショナル・ユース・オーケストラを創設し、運営を続けている。オーケストラは西側世界と協調する場面もあり、ソーシャルメディアの活用も画期的だ。国際音楽評議会が、会員であるヨーロッパ・ナショナル・ユース・オーケストラ連合の代理としてズハルを推薦した。

だが私やブリティッシュ・カウンシルは、ズハルを必要以上に飾りたてるつもりはなかった。ヒロインを求めるメディアは、私たちの陰の犠牲やリスクに目もくれない。

そのころ、別のところで面倒が起きていた。楽員のひとり、ヘルグルド・スルタンが日程に問題があると教えてくれた。クルディスタン地域の公立学校で教師をしている楽員たちは、ベートーヴェン音楽祭でボンに滞在する二週間が学期はじめにちょうど重なっているのだ。ドイツ渡航の特別許可がないと、彼らは職を失ってしまう。

二〇一〇年から参加しているヘルグルドのことは、最初あまり印象になかった。ラニアという小さな町から来たヴィオラ奏者で、おずおずとして存在感が薄い。指揮のレッスンでオーケストラの前に立っても、自信がなさそうで、あえていうなら男らしさに欠けていた。けれども内面では、知的な美意識をじっくり醸成させていたのだ。ほかの者がいじけて匙《さじ》を投げるようなことでも、ヘルグルドは本質を見ぬいて創造的な解決策を見つけだす。独学で身につけた英語で、彼はイラク国内の地域代表のひとりになってくれた。ボランティアとしてオーディションやヴィザ取得、譜面調達といった仕事を手助けしてくれる彼とは、フェイスブックを通じて、よくやりとりしていた。ＮＹＯＩの内部にも、このヘルグルドやズハルのように、複雑な問題で頼りになる人材が少数ながら存在する。イラク側から、一二時間以上先のことを考え、予想される問題を提起する意見があったことに私は歓喜した。

ヘルグルドと私は、ベルリンにあるクルディスタン地域政府事務所に楽員の情報を送り、アルビルの教育省に伝えるよう依頼したが、なしのつぶてだ。楽員たちはドイツに行っても失職せずにすむだろうか。ベルリンの事務所は、この問題は省内の最高レベルまで上がっているが、どうなるかわからないという。イラクでは何をやるにもぎりぎりまで待たされるので、さほど心配はしていない。だがすべては地域政府の意向ひとつだ。私たちの頭上で、ダモクレスの剣が馬のたてがみの毛一本で吊されている。もし剣が落ちれば、今年の夏季講習もおじゃんだ。クルド人楽員たちはやきもきしつつも、私たちが解決してくれると信じていた。

ドイツ訪問だけでなく、イラク国内での二週間の夏季講習のほうも資金集めは難航していた。イラク側から資金提供がないことが明らかになると、「ドイツの友人たち」とベートーヴェン音楽祭の関係も雲行きが怪しくなってきた。なかでもカール＝ヴァルターは、音楽祭事務局の資金調達能力をこきおろす。私はあくまで中立を保ち、イラク国内での移動や、講師との打ちあわせに専念した。

だがイローナ・シュミールにはとっておきの切り札があった。ドイツ連邦大統領クリスティアン・ヴルフが、イスラム教もドイツの一部だという考えを示したのだ。ドイツ社会において、イスラム教徒とそれ以外の市民との溝は深まるばかりで、政治的な対応が必要との判断からだった。その意味でイラクのユース・オーケストラ、ＮＹＯＩのドイツ訪問は大統領にとって絶好の機会だ。イラクは戦争で破壊され、悲惨な現状ばかり報道されている。そんな国の若者たちがドイツ音楽、なかでもベートーヴェンを演奏しようというのだから。大統領府は、クリスティアン・ヴルフがＮＹＯＩ訪問の正式な後援者となり、一〇月一日の演奏会にも出席すると確約してくれた。

イローナのみごとな一撃だ。

複雑なジグソーパズルもいよいよ最後のピースがはまり、私たちは宣伝戦略も立てた。アルビルでの二週間の夏季講習を経て、サアド・アブドゥラー・パレスで演奏会。ベルリンに移動してワークショップコンサート、ボンに二週間滞在してベートーヴェン・ハレで仕上げの演奏会。費用の大半は音楽祭事務局と、「ドイツの友人たち」の惜しみない支援でまかなうことになる。駐独イラク大使とクルディスタン地域政府代表がベルリンの演奏会に出席するのは、私たちの活動を容認するということだ。

だがアルビル行きの準備が始まっても、クルド人教師の欠勤問題はくすぶったままだった。

10
ありえないミッション2011

ベートーヴェン音楽祭で私と〝共犯関係〟にあるカタリーナ・フォン・ホーデンベルクとは、九月一日木曜日午前七時にケルン中央駅の案内所で待ちあわせをした。案内所前は、老人や若者、めだつ人や地味な人が大勢行きかっている。ケルンの一日が今日も始まる。

眠たそうな目をしたカタリーナが契約書を渡してくれる。私は中身にざっと目を通し、スーツケースの上で署名した。カタリーナはプラットフォームまで見送ってくれる。二人で私の荷物を客車に運びこんだ。私たちはもう何カ月もともにがんばってきた。まわりはみんな仕事に出かけるが、私はイラクに行って、オーケストラが到着する前の地ならしをする。今年もまた始まるのだ。

アルビルの空港に着いてからもいつもどおり。入国審査官が、端末の壊れていないブースを探して移動するのに合わせて、私も行ったり来たりする。審査官はようやく端末にログインして仕事を始めた。私のパスポートが新しいことに気づき、イラクへようこそといった。ホテルでは温かい出迎えを受け、部屋に案内される――何だこりゃ。ピンクの壁、ピンクのカーテン、ピンクのシーツ、空気清浄機が吐きだすむせかえるようなバラの香り。私はすっかり調子が狂い、目を丸くして息を止める。「いい部屋だね、ありがとう」。ボーイは笑顔で部屋を出ていった。私は硬直したまましばらく動けなかった。

窓から外の道路を眺めていると、クルディスタン地域政府ベルリン事務所から電話がかかってきた。困ったことはないかとたずねられたので、無事着きました、ありがとうと答えた。ブリティッシュ・カウンシルのカルダに電話をしたら、私が自力でここまで来たことにやはり驚いていた。もうすっかりベテランだ。腹が減ってきたし、人工的なバラの香りもうんざりだが、胃腸をやられずにひとりで食事ができるか？　さいわい、去年ブリティッシュ・カウンシルがフィアと私を連れていってくれたレストランが向かいにある。そこはピッツァが絶品で、フルーツカクテルはカルメン・ミランダ〔ポルトガル生まれのブラジル人のサンバ歌手。一九四〇～五〇年代に人気を博した〕の頭飾りかと思うぐらい巨大だった。

去年の夏季講習は八月で、気温四七度のなか野外演奏会を開いたことを思えば、九月の気候は暑さもやわらいで心地よい。私は舗道に置かれたテーブルに座る。外国人らしい選択にたちまち注目が集まった。目が合って笑顔を送ると、相手はうさんくさげに視線をそらす。この笑顔を見れば、怪しい者でないことはわかるはずなのに。ケバブプラッターを注文するのに苦労していたら、高校生が優雅な英語で手助けしてくれた。水タバコ店や高級ホテルのバーはともかく、こういう実質本位の店は家族連れが圧倒的に多い。

クルディスタン地域では家族が基本単位であり、家族の絆をたいせつにすることにかけては、クルド人は中東のホビット族と呼ぶにふさわしい。家族は老いも若きも助けあって生活している。NYOIの楽員は、結婚して二〇代後半になっても親元で暮らしている者が多い。身内びいきが激しい社会では、姓で将来が決まるのだ。ドイツとちがって、おふくろの味がそのままふるさとになる。イラクのクルド人は故郷を遠く離れることを好まないが、現実はそうはいかない。異郷にあってもおたがいの連携を強めることで、少数派として生きてこられたのだ。私はアルビル到着を祝して、カルメン・ミランダ風フルーツカクテルを注文した。ウェイターは大きいよと両手で示したが、私はわかっているとばかりにウィンクで応じた。

これから二日間は貴重な自由時間。初めて自分の足でアルビルを歩きまわり、いろんなものを見たり感じたりできる。車が激しく行きかう道路沿いの検問所では、交通警察官が私に笑顔を返してきた。石油産業がさかんなこの町では、徒歩の人間なんていない。殺伐とした風景に、スコットランド人の白い顔はさぞかし目だつだろう。道の行きどまりは小高い丘になっていて、石づくりのものものしい円形の城塞が姿を現した。

四〇〇〇年前の商人たちと同じように、城塞の入口をめざして坂道をのぼる。金曜日とあって、市民は城塞のモスクで礼拝していた。黒塗りの車がずらりと駐車しているが、通りに人の気配はない。城塞がユネスコの世界遺産に登録され、本格的な修復が始まってから住民の退出が進んだ。手を入れる者がいないので、空き家は荒れほうだいだ。入口近くにある絨毯《じゅうたん》博物館は、今年三月にイローナ・シュミールがNYOIのドイツ演奏旅行のために資金集めのパーティを開いたところだ。アルビル市長のみならず、ボン前市長まで出席したパーティだが、イローナをもってしてもイラクの腐敗に満ちた量子宇宙に分けいることはできなかった。

遠くにいた警備員が私の姿を見つけ、あわてた様子で城塞から出ろと指示した。私は悠久の歴史ではなく、石と織物の亡霊だけ感じて坂をおりていく。昼間の焼けつく暑さのなか、ホテルへの道をだらだら歩いていたら一台のタクシーが脇に止まり、ただでホテルまで乗せてくれた。危険なことだらけのこの国にあっても、クルド人はもてなしの心を失っていないようだ。

翌朝、ホテルをチェックアウトして夏季講習用のホテルに移動する。今年はどんな危機が私たちの存在を揺るがすのやら。

二日間のんびり観光して平静さを取りもどした私は、笑顔で参加者を迎えることができた。ホテルのロビーは壮観で、コーヒーテーブルを囲むように黒い革張りのソファがいくつも配置され、三台の液晶大画面テレビが公開オーディション番組「クルディスタンズ・ゴット・タレント」とニュース、字幕つきのハリウッド映画を流している。造花の鉢植えには、クリスマスツリー用の電球が優雅にかかっていた。支配人室の横には噴水までしつらえてある。陶製の岩山を造花が埋めつくし、機械じかけの小鳥がときおり身体をふるわせてデジタルにさえずるのだ。西洋では誰も思いつかないキワモノだが、イラク人の心はがっちりつかんで離さない。

この日は、バグダード、スレイマニヤ、アルビル、モスル、キルクーク、ラニアからの参加者たちが、ロビーで抱きあったりキスをして再会を喜び、民族ごとに分かれてソファでくつろぐ光景が見られた。今年の運営はマジッドとハッサンにまかせることになっている。ハッサンはずっと一番フルートだったが、今年は年齢制限で演奏できないのだ。NYOIの存続は、二人が主体的に運営できるかどうかにかかっている。アルビルのドイツ領事館およびゲーテ・インスティトゥートとうまくやっているか確かめるために、カール＝ヴァルターも到着した。三年目に入って、ようやくコツをつかめてきた。問題なんて起こりようがない。

だが初日の午後、ロビーでさっそくひと悶着あった。一部のクルド人参加者の表情が妙に曇っている。マジッドが参加者の部屋割りをするとき、アラブ人はみんな二、三人に一室なのに、クルド人だけ六名一室の部屋があったのだ。部屋が足りないというのがマジッドの言い分だった。私はすぐにカール゠ヴァルターに知らせ、彼がフロントで交渉して部屋を増やした。これで一件落着——とはいかない。もともと予算は不足していて、楽員四四名、講師一二名、私、運営三名が二週間滞在する宿泊費、しめて二万ドルの穴が開いているのだ。ここでもカール゠ヴァルターがひと肌脱ぎ、「ドイツの友人たち」が何とかして返すという約束でブリティッシュ・カウンシルから借金してくれた。食事にかんしてはマジッドが万全の手配をしていた。昼食はホワイトモスク近くのファミリーレストラン、夕食はフードコートだ。ピッツァ、サラダバー、ハンバーガー、ケバブ、フライドチキンなどの店があるから、ハッサンからひとり一〇ディナール、約一〇ドルをもらって好きなものを食べられる。

フードコートの上階には男子専用の大きなカフェがあり、私とハッサンはそこでＮＹＯＩの将来を話しあった。マジッドも意見を述べたいということで同席する。マジッドはいきなり、オーケストラは全員イラク人なのだから、みんなアラビア語で話すべきだといいだした。ハッサンと私は黙殺する。だがマジッドは、音楽監督である私がアラビア語を学べば通訳はいらないとだめ押しした。これには驚いた。年に一度の演奏会のために、アラビア語を覚えろと？「いい考えがある。あなたが私の仕事を全部引きうけてくれるなら、私はアラビア語を勉強しよう」。私の冷静な提案は、今度は彼らに黙殺された。

講師陣にかんしては、二年間の試行錯誤を経てドリームチームが完成しつつあった。コントラバスはサンタおじさんのドブズ、ヴァイオリンは熱意あふれるアンジェリア・チョウ、チェロは忠誠心篤《あつ》いデイヴ、トランペットは二〇〇九年以来のジョナサン、ホルンはスコットランド人のサラ。ケルンから来たダニエルは、ワリードにアラビア語で指導したいとはりきっていた。イローナは指導者の立場をわきまえた頼れるヴィオラ講師で、パートの楽員たちと良好な関係を築いている。ファゴットはいちばん若いニック・マコリソンで、楽員と友だちみたいに接しながらも、彼らに不足している基礎練習をきっちりさせる。くわえて二〇一一年は、ロイヤル・フィルハーモニック・オーケストラのクラリネット奏者、ダギー・ミッチェルが木管セクションをまとめてくれることになった。夢のようだ。NYOIを一人前のオーケストラに育てる仕事は、安心して彼らにまかせることができる。

今回から加わったのが、年配のヴァイオリニスト、デイヴィッド・ジュリッツだ。ドブズの場合と同様、二〇〇九年のときから連絡はもらっていた。ロンドンでフリーの奏者として活躍する彼自身、ミュージクオリティと名づけた活動でアフリカ各地の学校を訪れたこともある。一年間、世界中の路上でバッハを演奏して資金を捻出したのだ。アフガニスタンをひとりでめぐったドブズもそうだが、とても謙虚で崇高なおこないだと思う。この講習では、若い人たちに囲まれて最初は身の置き場がなさそうだった。でも対等な立場で指導するのがこのオーケストラのやりかただと説明すると、すぐに理解してくれた。

NYOIファミリーにもうひとり新しく加わったのが、オーボエ講師のクリスティアン・ケンパーだ。オーボエは、そもそも楽器をイラクにもっていくのが難題だった。私はボンで一本、アメリカの教授から一本借りてもちこもうとしたが、後者はイラクに出発もしないうちから金食い虫だった。教授がドイツに発送した楽器が税関で没収されたのだ。私は急いで特別輸入許可証を購入し、ぜったいに戻ってこない保証金を支払って、ようやく受けとることができた。一番オーボエのドゥアが使っていた楽器は暑さでひび割れ、二番として新加入したムスリの楽器は、ベートーヴェン音楽祭の舞台にはあげたくない代物だった。講師のクリスティアンは、私の苦労の結晶である二本の楽器を吟味していたが、アメリカのほうは必要ないと笑いながら宣言した。私は落胆を隠してふらふらと自室に戻り、扉を閉めた。ホラー映画で最初にゾンビ化する登場人物の気分だった。

一日目の練習場所は文化省内にあるペシャワ・ホールだ。イローナ・シュミールが三月にアルビルを訪れたときに使用許可をもらっていたが、マジッドが確認を怠っていた。私たちを乗せたバスが予告もなく文化省前に現れたから、警備員は困りはてていた。さいわい数カ所に電話をかけただけで、無事に入れてもらうことができた。舞台上に全員がそろったところで、恒例のアイスブレイキングタイムだ。全員が自己紹介をしたあと、マジッドが感謝のしるしと称して大きなイラク国旗をカール＝ヴァルターと私にかける。私は笑顔が凍りついたが、通訳のサマンとシュワンが、これぐらいでは面倒は起こらないといってくれた。

ペシャワ・ホールはオーケストラが充分入る大きさだが、分奏できる部屋がないし、おまけに空調も二月以来故障したままだという。セクションごとに練習場所を割りあてていたら、事前に指示していたにもかかわらず、誰ひとり譜面台をもってきていない事実が発覚した。しかたないのでホールの隅に積んであったイーゼルで代用する。気温三七度の部屋で、イーゼルに譜面を置いて楽器を演奏するなんて茶番でしかない。くたびれてうんざりしてきたところに、文化相から運営責任者の呼びだしがかかった。必要な書類がないというのだ。

マジッドが出ていったあと、私は講師を集めて緊急ミーティングを開いた。こうなったら、宿泊しているホテルの会議室を借りるしかない。費用はよけいにかかるが、マジッドの責任だ。とはいえ手ごたえだけでも感じておきたいので、ハイドンの第一楽章を全奏でやってみる。大雑把ではあったが、何とか通った。客席を振りかえると、デイヴィッド・ジュリッツが拍手してくれた。私たちの試みが無謀でないことを、彼は初めて悟ったにちがいない。とはいえ楽員の三分の二がクルド人で、ドイツ演奏旅行のための休暇がまだ承認されていない状況では、あまりに幸先の悪い始まりだ。ホテルに戻ると、マジッドは女性支配人と練習場確保の交渉を開始した。小柄で威勢のいい支配人とマジッドの対決は、今日の悲喜劇の締めくくりか。よけいなことはもういわないでおこう。私は自分の部屋に戻った。

それからは朝食から準備体操、全奏、レッスン、室内楽、睡眠とすべての予定をホテル内でこなすことになった。口を開けばつばがかかりそうなくらい、おたがいの距離が近い。マジッドの部屋は事務局になって、持参したプリンターは延々と譜面を吐きだしている。二一〇号室のジョナサンの部屋は講師たちのバーだ。アンカワ地区のもぐり酒屋で調達したビールは、みんなで手分けして冷蔵庫で冷やした。二一〇号室は愚痴をこぼし、笑い、議論し、ビールを飲める避難所だ。クローゼットには空き缶が積みあがり、第一週が終わるころには、半分がアルミで埋まっているありさまだった。

ドイチェ・ヴェレから取材にやってきたベッティーナ・コルブが、ブログで書いた内容を紹介しよう。

関係者は全員アルビルのはずれにあるホテルに滞在します。外の気温は摂氏三八度で、屋内も大差なし。ホテルのロビーに足を踏みいれると、音楽がそこかしこに漂っていました。二一〇号室からクラリネット、二一六号室からトランペットが聞こえ、練習室ではホルンが個人練習しています。

一六歳から二八歳までの若い音楽家たちは、ドイツ、スコットランド、アメリカから来た講師から一対一で教えを受けます。楽員四三名、講師一一名、それに音楽監督で指揮者のポール・マカランダンは、一週間前から練習を開始しました。みんなで演奏をするのは、参加者にとって初めての経験です。彼らはイラク全土から集まっていて、クルド人もいれば、スンニ派やシーア派のアラブ人もいます。

でも、彼らは政治や宗教のことは家に置いてきたようです。この国の希望と未来を背負う若者たちは、優秀な外交使節でもあります――なかなかたいへんな役割ですが。

イラクで西洋音楽の指導を受けるのは容易なことではありません。バグダードでは楽器をもちあるくのも危険です。クラシック音楽は西洋の退廃の象徴であるとして、保守派から毛嫌いされているのです。それでも、ここアルビルでオーケストラの一員として演奏し、共通言語を見つければ、戦いや紛争に満ちた国内にいくつも橋を架けることができるでしょう。

私が取材を開始したのは、練習開始から七日目でした。最初はベートーヴェンではなく、アフリカの民謡から始めます。これはウォームアップで、みんなで輪になって歌い、手をたたき、足を踏みならしてぐるぐる回ります。それから音合わせをして、指揮者のポール・マカランダンの指示でハイドンの交響曲第一〇四番が始まりました。

練習が始まってからわずか二週間で、アルビルでの最初の演奏会を迎えます。演奏会には大きな期待が集まっています。時間は矢のように過ぎ、楽員たちは最終調整に余念がありません。みんな真剣な目で譜面を見つめ、どの小節から始めるのか小声で隣に確認しています。この時点で音はひととおりはまっていますが、パッセージをつなげるうちにリズムがあやふやになってきます。指揮者が汗だくなのは暑さのせいだけではないでしょう。

その晩は、誰かがクルドの伝統楽器をもちだして、おなじみの曲を演奏しました――彼らの身体に息づいている音楽です。いっぽうクラシック音楽はＹｏｕＴｕｂｅやｉＰｈｏｎｅで聴くもの。日常に浸透しているわけではありません。

その日、指揮者のポールは眠い目をこすりながらこうぼやきました。「美しく歌うときもあれば、ばらばらのところもある。立派で力強い演奏ができていても、オーケストラがそれをわかっているのかな」

完璧ではないけれど、全員やる気は充分です。自室に戻っても練習をしています。真夜中過ぎても、ホテルにはベートーヴェンが流れていました。

第一週には、ベートーヴェン音楽祭の広報担当ジルケ・ノイバルト率いるドイツのジャーナリスト軍団が来襲した。ディー・ツァイト紙、南ドイツ新聞、ドイツ通信社など一流どころが、ベートーーヴェン音楽祭に向けた私たちの準備を取材する。去年に続いてエディンバラのジル・パリー、それにメルボルンからカム・マシソンもドキュメンタリー制作のためにやってきた。NYOIの宣伝に必要なので、何をどんなふうに撮影してもいいし、編集も好きにやっていい。だが異文化への配慮についてては疑問符が残る。イラク国内で反発を買うようなことがあれば、オーケストラは危機にさらされる。じっさいにコンゴの首都キンシャサで、そういうことが起きたのだ。

その話は、オーケストラの楽員と親しい支援団体の関係者から聞いた。ドキュメンタリーの主人公は、フルート奏者である極貧のシングルマザーだ。ドイツの制作チームが彼女に日々密着するものだから、他の楽員は恥さらしだと思ったのか、それとも嫉妬したのか、彼女をオーケストラから追放してしまった。それでも映画は完成し、魅力的な音楽物語が受けてヒットしたという。私自身は、練習の様子を撮影されるのは落ちつかない。NYOIのレベルに合わせるため、振りかたもふだんとまったくちがうし、音楽性の追求もないに等しい。ともかく風変わりな連中ぞろいのオーケストラと接するうちに、ホテルの短気な支配人と若いポーターたち、名づけて「ピンクシャツ隊」も少しずつ狂気に染まっていった。

ズハルはスコットランドでの新生活で体調を崩し、夏期講習に参加できずにいた。アリ・アウスマンは自作の《祈り》に、ズハルを想定したピアノパートを書いている。私たちは彼女がドイツに来る希望をもちつづけた。

「ドイツの友人たち」のカール＝ヴァルター・ケップラーは、狩人のように精力的に動いていた。通訳のひとりを連れてタクシーであちこちの役所をまわり、ドイツ演奏旅行のためにクルド人楽員の休暇を認めてほしいと訴えたのだ。数日にわたる努力が実って、ようやくこの問題が総理府にまで上がった。ここまで来れば大丈夫だろうが、まだ確約はない。ドイツ外務省が五万ユーロ拠出している関係から、領事館としても、楽員たちが帰国後失職しないという保証をほしがっていた。

私はオーケストラに対して、ヘルグルドと自分で万事うまくやるからといって安心させてきたし、許可がもらえるよう全力を尽くすと重ねて約束した。アルビルの演奏会は、楽員の半数以上がクルド人で、クルド人作曲家の作品を世界初演するし、クルド人のザナ・ジャラルを独奏に立ててベートーヴェンのヴァイオリン協奏曲を演奏する。すべてが悪い方向に転がりかねない不安定な地域で、文化的には最大限正しい選択をしているはずだ。

ふたたびベッティーナのブログから――

昼下がり、白い小さなバスが四車線道路のカーブを曲がるたびに、クルドの音楽が強烈に鳴りひびきます。二〇歳のフルート奏者ワリードとその仲間たちが踊るクルド風のダンスで、バス全体が小刻みに揺れるほどです。踊らない者も手拍子やかけ声ではやしたて、五人の男の子はどんな急カーブでもバランスをくずしません。

カメラを構えた私は、左のチェロ奏者、右のヴァイオリン奏者に何度もぶつかります。でも二人はちっとも気にしない様子。

こんなお祭り騒ぎが、自然発生で始まるのです。それがこのオーケストラのおもしろいところでしょう。練習中は多くのことを学ぼうと真剣そのものですが、ひとたび楽器を置いたら、笑ったりおしゃべりしたり、人生を大いに楽しんでいます。態度が大きいわけではなく、ひたすら陽気なのです。

オランダ在住の作曲家で、ドイチェ・ヴェレの委嘱で《祈り》を書いたアリ・アウスマンが練習を見にきました。「人と人との平和を育てる祈り」だとアウスマンは説明します。彼はヴァイオリンパートに少し手を加えて、リズムを変えました。長時間の練習が何日も続き、疲労の色は明らかでした。短い休憩のとき、ヴィオラ奏者は床に寝そべって眠りこみ、チェロ奏者は楽器を脚にはさんだままうたた寝をして、危うく椅子から落ちるところでした。

お昼休憩で、ヴァイオリンのアヤ、ファゴットのムラド、フルートのワリードが町に出るというので同行しました。パンクなヘアスタイルにオレンジのネイルをしたアラブ人の女の子に、ジャーナリスト、バグダードから来たオーケストラ団員、キルクークから来た音楽教師という組みあわせです……。

向かったのは市場。道端ではオレンジやザクロ色の日よけの下で、ジュースや果物を売っています。両替商のぐらつくテーブルには、札束がうずたかく積まれていました。商人たちの呼び声が四方八方から聞こえてきます。パステルカラーのお菓子が山を築いていました。

私たちの話はイラクの安全のことになりました。いっしょにいた三人は、生活は正常になったと口をそろえます。「危険かって？　もうそんなことはないわ。この何年かでずいぶん変わったもの」とアヤがいいました。

信じられない私が自動車爆弾や過激派勢力の例を出しても、彼らは肩をすくめるだけ。イラク、とくにバグダードで生活する危険について、ジャーナリストからお決まりの質問をされるのにうんざりしているのでしょう。ムラドは婚約者の話を始めました。二〇一〇年の夏季講習で出会ったトルコ人のファゴット吹きです。「彼女はこの講習で最高の贈り物だ」といいました。

ムラドの最大の関心事は、彼女と結婚して、いっしょに暮らせる場所を見つけること。苦労するのが目に見えているから、バグダードには連れていかないつもりです。

ワリードがあんずのキャンディをみんなに買ってくれました。ここで友だちをつくることが彼の最大の目的です。「もしバグダードに音楽好きがいても、どうやって知りあえばいい？」

通りを歩いている人たちは、ベートーヴェンを知ってるかな？　私の問いに、アヤはいきなり交響曲第五番の冒頭を歌いました。「ダダダダーン……誰にたずねてもこれが返ってくるわよ」。なるほど。ドイツでイラクの作曲家のことをたずねても、こうはいかないでしょう。とりあえずキャンディの味を決めなくては。甘いもので神経をなだめてから、午後の練習に戻ります。

その夜、アランとダルウン兄弟の自宅に招待されました。二人はヴァイオリンとヴィオラの担当で、地元アルビルの出身です。二階建ての家では、家族がお待ちかねでした。お母さんのナジャトと妹、それにお兄さん二人は、みんな抱きあって、キスが飛びかいます。兄弟はほかの楽員といっしょにホテルに泊まっているので、一週間ぶりの帰宅です。

にぎやかに近況報告が始まりました。アーティストだったお父さんは、二人の息子に楽器を習うよう勧め、ずっと応援していたそうです。お母さんは意志が強く、温かく壁には二年前に亡くなったお父さんの写真が飾ってあります。生のナツメヤシ、イチジク、ペストリーをつまみながら、率直な女性で、濃い茶色の瞳がいつも笑っていて、兄弟のことが心底誇らしそうでした。

「うちの息子たちがドイツで演奏するのよ。すてきじゃないこと？　神さまに感謝します」。兄弟は八年間勉強を続けてきたという。ケースから楽器を出したら、いちばん上のお兄さんが「クラシックはかんべんだよ」と冗談を飛ばします。笑いが渦巻き、お菓子のお代わりも出て、暑い夜に満月が輝いていました。

休日はみんな観光に出かけたが、私はホテルに残って静寂を満喫した。きつい一週間だった。楽員たちの基本的なまちがいを正し、ようやくまとまってきたと思ったら、別のところでおかしな音がする。そんなことの繰りかえしに、指揮者も楽員もへとへとだった。

11 ダモクレスの剣

ドキュメンタリー制作のカム・マシソンが連れてきた大学時代の友人、マーク・エドワーズはサウンドエンジニアをしていて、録音を担当してくれることになった。マーク自身もヴァイオリンを弾くので、オーケストラのことは知りつくしている。私はどれほど安堵したことか。いくら指導してまあまあ聴ける音になっても、テレビの撮影隊はオーケストラを録音する機材も知識もないので、ひどい音質で録音されてしまう。その繰りかえしにすっかりうんざりして、撮影は必要悪としか思えなくなっていた。短期間でオケの実力を引きあげるには、そうした問題も解決していかねばならない。できるだけ多くのことを急いで学びたいという参加者の強烈な動機があればこそ、NYOIは飛躍的に成長してきたのだ。

そんな私たちの気概をマークも感じとっていた。彼のブログから引用しよう。

今日は全体練習はお休み。でも自分たちで練習しようという熱い意欲は変わらない。今日の午後は、アルビル中心部にある二つの公園に行った。昔モスクがあった場所だが、いまは大きな尖塔しか残っていない。連絡ケーブルカーの乗り場は、公園を横切った先だ。カムと私は「バス・パーティー」を外から撮影するため、別の車で来ていた。夕闇のなか、都会の広大な公園を大勢で——老いも若きも——ぞろぞろと歩く。おたがい遠慮もないけれど、気まずいわけでもない。そんな散歩はとても新鮮だった。

帰り道、通訳のひとりと話をした。二〇〇三年の軍事侵攻から、アルビルはどう変貌したのだろう。数年前から海外投資がさかんになり、インフラの整備が進んでいる。この流れは今後も続きそうだ。アルビルは長い歴史をもつが、町の大部分はまだ新しく、急速に拡大している。市民はそんな状況を悠然と受けとめているのだという。

バス・パーティーは、けっこうなどんちゃん騒ぎを見てきた私からしても、経験のない強烈さだった。ダンス音楽のCDが鳴りはじめるやいなや、みんな立ちあがって踊りだす。バスの車体までときおりきしんで合いの手を入れるのだ。

ホテルに戻ったら即興演奏が始まった。ツィター〈アラブの伝統楽器である26コース78弦の撥弦楽器「カーヌーン」のことと想定される〉に似たアラブとクルドの民族楽器に、弦楽器と管楽器がみごとな伴奏をつける。そのあとは踊りと太鼓の饗宴となり、ベッドに入ったのはまた午前二時だった。

オーケストラの指導者をやっていると、どれだけ楽員たちと接するよう心がけても、なかなか本音を聞くことはできない。だからインタビューやメディアの取材は、客観的に状況を眺め、参加者の胸の内を知る貴重な機会だ。NYOIの宣伝方針はベートーヴェン音楽祭の事務局とも細かく詰めているし、最悪の状況でおべんちゃらをたれ流すことだってできる。それでもたまには真情を吐きだしたい。放りだしたいと思ったことはないかと質問されたときは、「はい、毎日ですね」と冷ややかに即答した。

ベッティーナはブログにこう書いている。

午前九時から深夜まで練習、練習、ひたすら練習。でも今日は指揮者のポール・マカランダンが明らかにいらだっていました。第一ヴァイオリンがテンポに乗りおくれ、打楽器のムハンマドがまたもや入る場所をまちがったのです。

楽員たちは表情をこわばらせ、楽器をひざに置きました。作曲家アリ・アウスマンがせわしなくオーケストラのなかを歩きまわって、アランのヴァイオリンをつかむとリズムのお手本を見せ、がんばれと肩をたたきます。サアド・アブドゥラー・パレスでの演奏会は明日です。「まあ、ベートーヴェン音楽祭まではもっと上手になってるよ。あと二週間もあるんだから」。アウスマンはそういいました。

ただドイツ行きにかんしてはみんな神経をピリピリさせています。クルド人楽員はほぼ全員が公立学校の音楽教師なのですが、クルディスタン地域の文化省が、二週間のドイツ旅行をなかなか承認してくれないのです。

「明日までに承認がいる」。ポール・マカランダンは白いものが混じる髪をかきあげながらいいました。「土曜には飛行機で出発する。ここでは金曜は誰も仕事をしない。どうなることやら……」。

でもひとつだけ希望があります。文化相が演奏会に来る予定なのです。音楽で大臣を説得できるかも。

短い休憩のとき、スレイマニヤから来たチェロ奏者のアウデルと話をしました。

「前の先生はヴァイオリン奏者で、チェロのことは何も知らなかった。インターネットでほかの人の演奏を見て、ほとんど独習したんです。二〇〇八年から、アメリカの先生に習っています（アメリカン・ヴォイシズから派遣されたブルース・ウォーカーだ）。夏季講習の参加は二回目ですが、私には願ってもない機会です。講師もすばらしい人ばかりで、長い時間をかけてしんぼうづよく教えてくれます」

昼食のとき、アウデルはハレムというフルート奏者をいとおしげに見つめています。二人は一〇カ月前に結婚しました。ハレムは音楽教師をしています。

オーケストラで出会って恋に落ちたの？ 私の問いにアウデルは「いいえ、そのときはよく知らなかったの」と笑いました。

ホテル内を歩いてみましょう。二〇八号室からはヴァイオリン、二〇八号室からはヴィオラが聞こえてきます。二一〇号室では、スコットランドから来たトランペット講師のジョナサンが、ムルタダのレッスンをしています。ムルタダは英語がまったくできないので、同じパートのフランドが、ジョナサンの教えることをていねいに通訳してやります。でも、通訳なんて必要ないのです。ジョナサンはボディランゲージを駆使して説明し、出してほしい音を口まねで歌います。ホルン奏者のアリは、ロンドンから来た講師のサラをひとりじめです。サラは、アリを広い会議室の反対側に行かせ、同じパッセージを強さを変えて二回吹かせました。

「ちがいはわかる？　強調することが大事なの。本番では、客席の最後列にいるおばあちゃんに聴かせるつもりで吹くのよ」。サラの指導にアリはうなずき、楽器を構えて、習ったことすべてを音に込めました。彼は音楽への情熱のために多くの危険を冒しています。彼が暮らすのは、バグダード市内でも宗教色が濃い区域です。保守的な住民は音楽をかたくなに否定するのです。そのためアリは、即席の消音材として部屋にタオルをかけて吹くこともあります。近所の人に、音楽をやっていると知られてはいけないからです。

外を歩くときは、楽器ケースをごみ袋に入れて隠す楽員もいます。この一、二年で安全になったといわれるイラクですが、ほんとうの意味での安心はまだないのです。


マジッドが相談にやってきた。一番トランペットのフランドが運営のハッサンに反抗的で、フードコートでの食事代を突きかえした。こらしめるために、ベートーヴェン音楽祭に行かせないことにしたらどうか……。私は心のなかでため息をついた。それは無理だ。飛行機のチケットもヴィザもすでに彼の名前でとって、金も払っている。ドイツ人の代奏を呼ぶ費用もかかる。第一、罰を与えるにしてもあまりに重すぎないか？

だがこれはメンツの問題でもある。このままだとフランドはやる気をなくしてアルビルを離れかねない。演奏会が一番トランペットなしになる。代わりが務まる若手の人材がいないことが、このオーケストラの弱点だ。

マジッドはハッサンとフランド、それに通訳のダーラを私の部屋に集めた。二台あるベッドに向かいあって腰かけ、マジッドが話の水を向ける。全員英語が使えるし、通訳を介したらおだやかに話が進められるという思惑は完全に裏切られ、ハッサンとフランドはアラビア語で激しい非難の応酬になった。私はまたも心でため息をつく。どういう話になっているのかとダラにたずねても、「個人的なことだよ」と首を振って答えてくれない。

ガス抜きが終わったところで、私は道理を説くことにした。このオーケストラは法的な後ろ盾があるわけではないので、誰かに何かをさせる権限などない。みんなはおたがいを信頼してここに来ているし、オーケストラを維持させる責任がある。フランドが夕食代を自分で払いたいのなら、ハッサンから一万ディナールを差しだされたとき「けっこうです」とていねいに断ればいいだけだ……。それでもハッサンの立場と、フランドの自主性が傷ついたことに変わりはない。

最後になってダラがやっと、二人の家は長く反目しているのだと打ちあけてくれた。マジッドと私の前で怒りをぶつけて気がすんだのか、二人はおとなしく部屋を出ていった。それからしばらくフランドは夕食に姿を見せず、一件落着となった。

カムとマークはドキュメンタリー制作のためのインタビューを続けている。二人はイラクの食文化に魅了されるいっぽう、一番ホルンのアリも引きつづき追いかけていた。

マークはこんなふうに書いている。

アルビルの食べ物は例外なくうまい。朝食はホテル、昼食は「三ツ星」という名のホテル、夕食はアブ・シャハブというフードコートだ。アブ・シャハブには、イタリアン、ケバブ、それにクランチー・フライド・チキン、略してKFCがある。クルディスタンは、ケンタッキー・フライド・チキンのサンダース大佐に強烈なライバル意識を燃やしているのだ。

アブ・シャハブでは、ウェイター（ここはフードコートだけどウェイターがサービスしてくれる）のひとりが端のほうにマットを敷いて礼拝していた。今夜はフレンチホルン奏者のアリにも話を聞くことができた。ドキュメンタリーのお楽しみを奪わないために、ここでは彼について少しだけ紹介しよう。アリの父親は、フセイン政権時代に軍楽隊でトランペットを担当していた。当時は音楽が奨励されていたこともあり、アリもずっと音楽に親しんでいた。ただし軍楽は厳密さが求められ、クラシック音楽のように自由に解釈して演奏することはない。バグダードにいた指導者たちも、ほとんどが軍楽隊出身だった。

フセイン政権が倒れたあと、アリはサドル・シティに住んだ。この町はイスラム原理主義者の監視が厳しく、音楽演奏は禁じられていた。ホルンをさらっていることがバレたらたいへんなことになる。アリは音が外に漏れないよう楽器にミュートを装着し、部屋に何枚もタオルをかけて練習した。

NYOIへの参加で、音質と音楽表現の両方で新しい世界が開けた。ここアルビルでは、ミュートをつけて練習しなくてもいいし、外に聞こえる心配もしなくていい。それどころか、講師のサラはもっと聞こえるように吹けと指導する。

アリは海外に出たことはないが、ベートーヴェンの生地を訪ね、ドイツのオーケストラといっしょに演奏すると考えたときの表情は、とても言葉にできない。アリはフセイン政権の終わりを残念がってはいない――イラクではそんな人にまだお目にかかっていない。でもホルンをふつうに演奏し、練習できたことは懐かしく思う。そんな自由はいまのバグダードにはない。

それぞれの参加者の物語を深く掘りさげているわけではないけれど、それでも彼らのやる気が尋常でない理由はよくわかる。練習ぎらいの困った生徒には、ぜひアリの話を読ませよう。

アルビルでの夏季講習も終わりに近づき、ジョナサンの部屋のクローゼットがビールの空き缶であふれそうになったころ、二〇一〇年に子ども向け演奏会をやった学校を再訪した。今回はゲームや室内楽を組みあわせて、進行も工夫した。リゲティの木管五重奏のための《六つのバガテル》や、モーツァルトのクラリネット五重奏曲から第二楽章も演奏した。客席は女子生徒でぎっしり埋まる。おそろいの白いスカーフ姿がとてもかわいい。

引率の先生たちは、ジョナサンのクラッピング・ゲームや、ダギーのシンギング・ゲームに子どもたちが加わるのを心配そうに見守っていた。ところがドブズが舞台に登場し、コントラバスを弾きながらクルド語のおとぎ話を語りはじめると、先生たちまで夢中になった。イラクでは、音楽は男のやるものとされ、女の子はかやの外に置かれている。そんな少女たちの魂に音楽を届けることができてよかった。終演後は、映画スター並みにかっこいいジョノサンが圧倒的な人気を集め、生徒たちがサインを求めて殺到した。

講習で室内楽の指導を受けるうちに、参加者たちに少しずつ自信が生まれ、音楽家としての自覚が芽ばえてきた。ほんとうに少しずつだけど。いま必要なのは、イラク国内で音楽家が自由に行き来できるようになること。それには民族や宗派の垣根を越えねばならない、危険な旅だ。それでも室内楽を練習し、発表することは、この国を新しくつくりあげる材料になるはずだ。室内楽は低予算でやれるし、編成も柔軟性が高い。新しい聴衆層も開拓できる。言葉の壁を乗りこえ、宗教や政治から離れた感動を共有できる。NYOIの参加者たちには、それぞれの地域に戻ってぜひ室内楽活動を始めてもらいたい。想像するだけで胸が躍《おど》る。

そして夏季講習の最終日。その様子をベッティーナの文章で紹介しよう。

朝食会場はいつになく静かです。これまで笑い声や陽気なあいさつが飛びかっていたのに。今夜はサアド・アブドゥラー・パレスで本番です。前日の練習はうまくいきましたが、楽員たちは緊張した面持ちで、チーズとオリーブと平たいパンを黙々と口に運ぶだけ。やがてマネージャーのマジッドから「バスに乗って！」と号令がかかります。食事は半分以上残っていました。マジッドはバスでも容赦ありません。指揮者、講師一二名、楽員四三名を詰めこんだうえに、さらに大太鼓を二台乗せるのです。楽器を積みかさね、みんな身体を縮めて、やっと入りました。いままではクルドの音楽や歌と踊りでバスを揺らしていましたが、今朝はそれもなし。最終リハーサルの時間が近づいていますが、セキュリティーチェックは省略できません。赤いベレー帽に防弾チョッキを着て、マシンガンを肩にかけた警備員の背後に、金属探知ゲートがものものしく立っています。ヴァイオリンのケースを開けて調べる警備員は慎重そのもの。中身が楽器だとわかっていないのです。

指揮者のポール・マカランダンは、曲を始める前に舞台に出る練習をさせました。楽員が途中でぶつかったりするので、指揮者は振付師になって動きを決めていきます。こういうウォームアップも必要なのです。

オーケストラの集中力が求められるのは、ベートーヴェンのヴァイオリン協奏曲だけではありません。この夜は、ドイチェ・ヴェレが委嘱した二曲が初演されます——バグダードの作曲家ムハンマド・アミン・エザットの《砂漠のらくだ》と、アリ・アウスマンの《祈り》です。アウスマンはステリハに立ちあっていますが、今日はずいぶん落ちついた様子です。せわしなく歩いたりせず、前から七列目の席に座って、ときおり顔を上げながらメモをとっています。

いっぽうファゴットのムラドは動揺しています。「夕べからのどが痛いんだ。どうなるかわからないけど、それでも吹きたい」。ステージ後列の自分の席で、懸命に演奏を続けます。

三時間後、オーケストラは変身しました。女性たちは髪を結いあげ、優雅な黒の衣装に身を包み、口紅をさしました。唯一ヒジャブを着ているチェロのトゥカは、この日のために銀のパールを縫いつけてきました。男性陣は白シャツに蝶ネクタイ。ホテルのロビーでは、新しくできた仲良しグループで写真を撮り、家族に送ったり、フェイスブックに投稿していました。笑いと冗談がようやく戻ってきました。

ここから三キロ離れたサアド・アブドゥラー・パレスは、太陽が傾くにつれて赤みがかった深いオレンジ色に包まれます。警備兵もいつもの配置にいますが、今夜は増員されています。首相が来場予定だからです。

舞台裏の広い通路には楽員たちが待機しています。ヴァイオリンやクラリネットがウォームアップを始めました。通路の行きどまりではフルートのワリードが目を閉じ、楽器を吹きながら三歩ゆっくりと前進しては向きを変えます。その姿は完全に音楽に没頭しています。

演奏会の開演は午後七時でしたが、VIPの招待客がようやく到着したのは七時三〇分。最前列の特等席は小さいテーブルがあって、冷たい飲み物が用意されています。これでまだ到着していないのは首相だけになりました。それでも演奏会の幕はまだ上がりません。まずスピーチが続きます。舞台上の演壇には、イラクとクルディスタンの旗が置かれています。楽員たちはいらいらした表情ですが、ポール・マカランダンは微動だにしません。「こういうことはよくある。でも音楽家は、舞台で演奏できればそれでいい」

ドイツでは舞台に出るとき、がんばってという意味で「トイ、トイ、トイ！」と声をかけます。それを知ったヴァイオリンのアランは、「アイム・ソー・ハッピー！」と顔を輝かせました。

いよいよ出番だ。最前列には、外相のファラー・ムスタファ・バキルをはじめ、クルディスタン地域政府の閣僚がずらりと顔をそろえている。でもNYOIのクルド人奏者について、公式に言及されたことはない。在アルビルのイギリス総領事であるクリス・バウアーズがNYOIを聴衆に紹介する。ドイツはこのオーケストラを積極的に支援しており、スコットランド政府も一〇万ポンドの提供を決めたとあって、イギリスも大いに関心をもっている。二〇一二年のイギリス演奏旅行も可能性が高まってきたと総領事は述べた。

楽員たちがサアド・アブドゥラー・パレスの舞台に登場する。音符をひとつひとつ勉強し、音楽的な課題をがんばってこなしてきた確信が表情からうかがえる。指揮棒の合図で、アリ・アウスマン作曲《祈り》がドラマティックに始まった。ズハルが弾くはずだったピアノパートは、デイヴ・エドモンズが電子ピアノで代奏だ。私が特別気をつかったのは一番フルートのワリードだったが、危ない箇所は多々あったものの、最後まで崩壊はまぬがれた。アリが舞台に上がって聴衆の拍手にこたえる。経験のない聴衆には、アリのモダニズムは衝撃だったにちがいない。

続いてムハンマド・アミン・エザット《砂漠のらくだ》を演奏する。砂漠で悪党に恋人をさらわれたらくだが活躍するアラブらしい幻想曲だ。ヘビ使いの旋律、激しい戦いの場面、そこかしこにたちのぼる遊牧民の雰囲気はとてもおもしろいし、イラク的だ。作曲者は、六年間の戦争から復興をめざし、テロリストの攻撃に日々さらされるバグダードで指揮者として活動している。そんな彼の音楽を私も意気に感じた。

今回、新作を委嘱したのには指導面のねらいもあった。楽器の制約があるので、私は作曲者にあらかじめ細かく指示することができた。そこでホルン、トランペット、打楽器はやりがいのあるパートにしてほしいと頼んだのだ。おかげで夏季講習のあいだ、彼らはさらう課題がたくさんできた。

次はハイドンの交響曲第一〇四番。過去二年に取りあげたハイドンの九九番やベートーヴェンの一番と同じく、おたがいを聴きあい、反応していくオーケストラの基本を徹底的に教えてくれる曲だ。こういう精緻な作品で生きてくるのが、室内楽の経験だ。金管と打楽器が出す音は、全曲を通して二種類ないしは三種類だけ。それでも作品全体の構成や流れを考慮して演奏することは、「でかく」と「やめ」しか知らずに育ってきた若い演奏家たちには大きな課題だった。

休憩のあいだも、舞台袖の雰囲気は高く舞いあがったままだった。クルディスタン地域政府からは、ドイツ演奏旅行の休暇を認める回答はまだ来ていない。でも「ダメ」ともいわれてないのだ。クルド人の楽員たちはそこに希望をつないで、ぎりぎりに許可が出るだろうと踏んでいた。ドイツ、アメリカ、イギリスの外交官も動向を注視している。NYOIは公平で開放的な方針で、イラクの現状を揺さぶっているのだ。バグダードと差別化を図りたいクルディスタン地域のやりかたには、何度も煮え湯を飲まされてきた。ただしバグダードよりはるかに安全な環境で活動できるのは、皮肉なことにその政策のおかげだ。

後半が始まる。ベッティーナはブログにこう書いている。

さあ、時間です。若い音楽家たちは誇らしげに、落ちつきはらって舞台へと歩みでます――今度は衝突はありませんでした。マエストロが腕を上げ、楽員たちが楽器を構えて、ピーター・マクスウェル・デイヴィスの《一巻の波しぶき、空》が流れます。

マックスが住むオークニー諸島の海の塩と水しぶき、ウイスキーのグラスがある暖かな室内。暖炉では流木と未開封の手紙が陽気な音を立てて燃え、それをみんなで見つめている。サスペンデッド・シンバルの響きが聴衆に降りそそぎ、クラリネットの陰鬱な持続音の上で弦楽器が愛の歌を奏でていく。終盤のスコットランド人の行進で、この曲がウィリアム王子とケイト・ミドルトンの結婚を祝して書かれたものだと思いだす。指揮台からちらりと最前列を見ると、休憩で帰った閣僚たちはひとりもいないようだ。ありがたい。NYOIの名誉コンポーザー・イン・レジデンスであり、女王の音楽師範であるマックスが初めて書きおろした作品の初演が無事に終わった。
最後はベートーヴェンのヴァイオリン協奏曲だ。ザナ・ジャラルが独奏のために前に出た。ザナは無報酬で、誰からもレッスンを受けずに独奏の勉強をしてくれた。二週間の講習で毎日合わせていたので、彼の鳴らす音はオーケストラに叩きこまれている。ベートーヴェン音楽祭でアラベラ・シュタインバッハーとやるときは、合わせの時間があまりとれないはず。それを考えると、この経験は貴重だった。
ふたたびベッティーナのブログより。

オーケストラは聴衆の心にまっすぐ飛びこんでいきます。アランとダルウン兄弟のお母さんは、客席で目に涙を浮かべていました。演奏後は聴衆がいっせいに立ちあがり、拍手と歓呼が湧きおこりました。

ベートーヴェンの最後の和音が力づよく鳴りおわると、大喝采になった。私は振りかえり、真下にいる閣僚たちに視線を走らせる。誰かがよくやったと親指を立てていた。別の閣僚の妻が立ちあがり、ザナに力いっぱい拍手を贈っている。二年間、何千ユーロもの費用と地を這うような準備を重ねた結果、クルディスタン地域政府はようやく青信号を出してくれた。クルド人楽員は、失職せずにドイツに行けることになったのだ。
ベッティーナは数日間の取材を終えるにあたって、次のように記している。

帰りのバスはかつてないほど揺れまくりました。踊りと祝いの長い長い一夜の始まりです。トランペットのフランドはＤＪに変身。髪をジェルで固めてアラブのサウンドを炸裂させ、コントラバスの弦のように身体を震わせます。そんな彼にダンス決戦を挑むのがムルタダです。ドゥブケと呼ばれるアラブの伝統的な踊りにクルド音楽がリズムを刻み、みんな輪になって踊りだしました。手に手をとって、左足を出したらその場でジャンプ、次は右足をうしろに蹴って……と続きます。ときおり男女関係なく輪から中央に飛びだす者がいて、猛スピードの旋回を披露して歓声を浴びます。
午前二時半、私はくたびれたし、翌日は出発ですが、パーティーはまだ続いていました。

ブリティッシュ・カウンシルがサアド・アブドゥラー・パレスでレセプションを開いてくれたが、アルコールなしで講師たちはがっかりしていた。ＮＹＯＩ三年目はようやく半分まで来た。これから生きのこりをかけた外交戦略が始まる。意欲的なプログラムを二週間練習してきてすでにへとへとだが、まだボンでの二週間が待っている。今夜の演奏会で、クルディスタン地域政府の善意を引きだすことができた。さらに在アルビルのイギリス総領事のクリス・バウアーズと、バグダード総領事館の関係者が、二〇一二年のヴィザ発給も確約してくれた。

クリスはクルド語ニュースサイト「ルダウ」にこんな文章を寄せている。

先週、イラク・ナショナル・ユース・オーケストラの演奏会があり、才能ある若い音楽家たちの演奏に耳を傾けた。このオーケストラを聴いた人は、彼らの努力と、作品を適切に演奏するために費やした練習時間に感服するにちがいない。

イラク・ナショナル・ユース・オーケストラは、意志と霊感と想像力の勝利でもある。もちろん演奏はすばらしかった。指揮者は楽員の出身地や宗派をいっさい問わない。よい演奏ができるかどうか。参加基準はそれだけだ。

交響曲で弦と木管が「対話」するのを聴きながら、イラクの政治事情に思いを馳せた。オーケストラの各セクションが、イラク国内の利益集団を代表していたなら、いったいどんな音楽になるだろう？　異なる楽器どうしで音は合うのか。オーケストラが出す響きは調和した音色、それとも不協和音？　大衆はその演奏を評価するだろうか。

オーケストラをイラクの政治にたとえるのは、いかにも観念的であり、必然でもある。かつてプラトンはいった。「音楽の進歩は国家にとって危険をはらんでいる。音楽の様式が変われば、国家の基本的な法も変わるからだ」。イラクの分断状態を保ちたい者からすれば、外交使節としてＮＹＯＩが奏でる音楽は最大の脅威にちがいない。

12
イラクの外交使節

アルビルでの演奏会を終えた翌日の午後、私たちはアルビル国際空港の待合室にぞろぞろと入り、ルフトハンザ航空フランクフルト行きに乗りこんだ。楽員たちの多くはこれが生まれて初めての海外だ。座席に着いてシートベルトを締めたあと、まわりを見まわした。ナショナル・ユース・オーケストラのために、私自らひとりずつ選んだ若者たちが、いまドイツに向かう飛行機に乗っている。自己満足にひたるなんてめったにない私だが、彼らのことは心底誇りに思う。通路をはさんだ席にいるダニエル・アギから、高まる期待が伝わってきた。飛行機がほんとうに地上から浮くのか、みんな息を殺して待ちかまえている。そしてほんとうに車輪がイラクの地から離れた瞬間、全員が大歓声をあげた。ダニエルと私は笑顔をかわす。争いだらけの世界をあとにして、ベートーヴェンの生まれた世界へと向かうのだ。とりあえずはひと安心。

ほかの乗客にとっては、さぞかし騒々しいフライトだったはずだ。バスのときみたいに跳んだり跳ねたりはさすがになかったけれど、機内は興奮が充満していた。楽員どうしのおしゃべりはやむ気配もなく、フルートのワリードはドイツの新聞に載った自分の写真を見せびらかす。デイヴ・エドモンズは通路で騒いで怒られた。マジッドは二席占領して熟睡している。見るもの聞くものすべてが記憶に刻まれる。ほかの乗客も、私たちのことを記憶に刻んだにちがいない。

九月一七日、ドイツ時間の午後八時にLH697便はフランクフルトに到着した。出口から姿を現した私たちを、ドイチェ・ヴェレが派遣したクルド人による撮影チームがさっそくカメラにおさめる。「ドイツの友人たち」も待ちかまえていて、背中にNYOIのロゴが入ったスウェットシャツをひとりひとりに手わたした。ドイツの冷えこむ秋と、メディアの取材攻勢に備えるためだ。一行を乗せた豪華なバスは、すべるようにアウトバーンを疾走してボンへと向かう。まずは二週間お世話になるホストファミリーにご対面だ。車内でのバカ騒ぎは禁止、静かにしてなさい。ここまで来ても、まだ遊び気分の者がいるのはおめでたい。クルド人コンサートマスターのアラン・ラシードは最前列の座席から身を乗りだして、目の前に伸びる高速道路を見つめている。こんな単純なことでもめずらしいし、刺激的なのだ。

ボンのベートーヴェン・ハレ前にバスが到着した。室内楽ホールには私たちの荷物が山と積まれ、ホストファミリーも集まっていた。ベートーヴェン音楽祭で外国のユース・オーケストラが来るたびに、若者を迎えいれてきた人たちだ。ここで誰もが経験するカルチャーショックもよく理解している。文化のちがいについては、ドイチェ・ヴェレと私が事前によく説明しておいた。

シリア系ドイツ人の家族は、クルド語の主要方言のうち二つを話せるというので、アルビルのサウィーンとサバト姉妹をまかせることにした。兄弟姉妹や友人どうしはできるだけいっしょにする。英語が話せる者は、アラビア語かクルド語しか話せない者と組みあわせて、通訳をやってもらうことにした。二週間という長丁場では、ホストファミリーの善意だけに頼るのも限界がある。気持ちの行きちがいも起こるだろう。そのあたりを考慮しておかなくては。二人一組になった楽員たちは、どこか心もとない表情でホストファミリーの車に乗りこみ、ドイツ最初の夜を過ごす家に向かった。この手際の良さは、アルビルの夏季講習とじつに対照的だ。

ドイツは時間に正確だと警告しておいたおかげか、翌朝は全員が時間ぴったりにベートーヴェン・ハレに集合した。ドイツ・ナショナル・ユース・オーケストラによるグループレッスンが始まる。二週間の練習予定表を見たひとりの楽員が冗談半分にいった。

「ぼくたちのこと、嫌いなんですか?」

「まさか」と私は答えた。「だけどまだ準備ができてない。ドイツの舞台で演奏するのなら、とにかく時間を惜しんで練習しないと」

NYOIの実力は、他のナショナル・ユース・オーケストラにくらべて何光年も開きがある。この現実にどこかで直面しないと、彼らは永遠に井の中の蛙《かわず》だ。

これから二週間、NYOIは荒療治を受けることになる。ドイツ連邦青少年管弦楽団(ブンデスユーゲントオルケスター)の奏者一六名が、トップクラスのユース・オーケストラの何たるかを見せつけるだろう。音楽祭では、世界の一流オーケストラの演奏にも触れるはずだ。必要なのは目標をもつこと。厳しい指導にプライドも傷つくだろうが、成長するにはそれしかない。それに今回の演奏旅行では、イラクからの援助は皆無で、すべて海外のスポンサーに頼っている。彼らの期待を裏切るわけにはいかない。

通訳がシュワンとサマンの二人しかいないので、楽器セクションがベートーヴェン・ハレのあちこちに散らばって練習するのは調整がたいへんだ。それから数日間、ドイツ・ユースの講師たちは、話すことの二割しか伝わらないとわかっていながら、あれもこれも詰めこもうとした。ありがちな失敗だ。「英語はわかるんだけど、それが音楽としてどういうことなのかわからない」とドゥアは教えてくれた。

そんな心配を残しつつ、私はテレビ出演のためベルリンに移動しなくてはならない。翌朝、イラク系のテレビキャスター、ドゥニャ・ハヤリによる生放送のインタビューがあるのだ。コンサートマスターのザナ、チェロのトゥカ、それに歌を披露するサウィーンもいっしょだが、彼らはひと足早く出発していた。私は「ドイツの友人たち」とパブで打ちあわせがあって、飛行機の最終便を逃してしまった。ボン駅に直行して、ドルトムントからワルシャワ行き夜行列車に乗ることにする。音楽祭のカタリーナ・フォン・ホーデンベルクが、「スコットランド人指揮者用サバイバルキット」と書かれた箱をくれた。中身はチョコレートとウイスキーの小瓶。寝台車でむさぼるように食べつくす。列車は二時間遅れでベルリン東駅に到着した。よろめく足でタクシーに乗りこみ、ホテルに向かう。

チェックインは午前六時。シャワーを浴びて、ベートーヴェン音楽祭のTシャツに着がえ、見苦しくない程度に身なりを整えて階下におりる。チェックアウトが四五分後で驚かれた。他の三人とようやく合流できたのは朝食のテーブルだ。ザナと私がアルビルでの夏季講習を振りかえり、カール＝ヴァルターががんばってくれた話をするあいだ、アラビア語しか話さないトゥカと、クルド語しか話さないサウィーンは黙ってこちらを眺めていた。三年間、こんな綱わたりばかりやってきたが、それでもやっとドイツに来ることができた。

テレビ局のスタジオに入り、メイクをしてもらいながらあれこれおしゃべりしているあいだに、本番になった。ザナがヴァイオリンでバッハを演奏する。続いてキャスターのドゥニャ・ハヤリが私にはドイツ語で、トゥカにはアラビア語でインタビューをした。トゥカは借りてきた猫のようにおとなしく、二言三言話してはにっこりほほえむだけ。私の知っている威勢のいいチェロ奏者はどこへ行ったのか。最後はきらびやかなドレスに身を包んだサウィーンが登場だ。純度の高いノン・ヴィブラートでクルドの民謡を歌いあげ、トゥカのチェロとザナのヴァイオリンが伴奏する。朝のまじめなニュース番組としては異色の素材だが、場違いなところに入りこめて私たちは楽しかった。

空港に戻る車のなかで、きみの演奏を二六〇万人のドイツ人が聴いたとザナに教えた。ドイチェ・ヴェレは、ボンのホストファミリー宅で朝食をとりながら、私たちのインタビューをテレビで見ている楽員たちを撮影していた。メディアの本領発揮だ。

こうした露出は可能なかぎり増やすつもりだった。メディア対応を学ぼうにも、一カ月弱では時間が短すぎるからだ。生きのこりのためにはメディアで扱ってもらわなくてはならないが、ＮＹＯＩとしてＰＲ戦略を固めることも必要だ。それはベートーヴェン音楽祭を経験していくうちに見えてくるだろう。楽員たちはこの課題をみごとにこなしてくれた。音楽祭の広報担当ジルケ・ノイバルトは「ひとりひとりがみんなメディアスター」だといったが、ほんとうにそのとおりだ。インタビューのたびに彼らは踊りや演奏を披露し、笑顔を振りまいて、ドイツとイラクのことを雄弁に語った。全員の個性がきわだっていたのだ。ベートーヴェン音楽祭に参加したユース・オーケストラで、これほど明確な〝顔〟をもったところはほかにないだろう。政府の任を受けたかどうかはともかく、NYOIは最強のイラク親善大使だった。

いちばんカメラの前に立ちたがったのはヘルグルドだ。出身はクルディスタン地域のラニア。一九九一年、フセイン政権への反乱の口火を切った小さな町だ。ヘルグルドは温和で洗練されたイギリス的なユーモアのセンスをもっている。設備のお粗末な芸術学校でヴィオラを独習した彼は、黒くて太い眉にクルド人が静かに語る悲しみをたたえ、それを音楽で表現する。取材のために練習を抜けることは禁止していたが、ヘルグルドとドイチェ・ヴェレはどうにか時間をやりくりして、ボンの名所をめぐる様子を撮影した。ドイツとのつながりが、彼の人生を変えようとしていた。

九月一九日、月曜日。この日はケルン・ギュルツェニヒ管弦楽団のメンバーと一対一のレッスンだ。ギュルツェニヒ管弦楽団とケルン歌劇場は三月にスレイマニヤを訪れて、イラク初のオペラ公演としてモーツァルトの歌劇《後宮からの誘拐》を上演していた。場所はわれらが生誕の地であるテラリー・フネルだ。そのとき私は楽団に働きかけて、市内にいる若者たちが無料でレッスンを受けられる即席のワークショップを開いていた。今回は彼らの熱心な指導にすべてをおまかせして、私は自由時間をもらうことにする。

NYOIの楽員たちは、ボンの公共交通機関をあっというまに使いこなすようになった。ボンは戦後長らく西ドイツの首都だったが、いまは経済的に恵まれた学生や高齢者の町だ。静かで清潔な街並み、軍の検問なしに移動できる自由、過ごしやすい秋の気候は、音楽づくりの支えにもなっている。楽器を膨張させ、たわませるイラクの酷暑ときかない空調から離れて、彼らは「調音ができている」状態と、さらには「調音ができた状態で演奏する」ことを初めて経験した。ふつうの音楽家がどういうものか、ほんの少しわかったことだろう。

最初の数日間は、コミュニケーションの問題があったとはいえ順調だった。講師たちは、アルビルで固めた基礎に磨きをかけることに専念してくれた。第一週の火曜日、ドイツ全土から一六名の若い奏者たちが強化部隊として加わった。恒例のアイスブレイキング・ゲームで始めたいところだが、今回は外国人どうしだ。それでも私たちは、ちょうどベートーヴェンの生家を見学してきたばかりとあって、ドイツ人奏者を迎える態勢は整っていた。

私は自分で考案したゲームをやることにした。全員を集めて、輪になってもらう。第二ヴァイオリンで歌手でもあるサウィーンといっしょに真ん中に立って、やりかたを説明した。私は英語で、相手の名前と出身地と楽器を質問する。サウィーンは英語で答えなくてはならないので、私が手助けする。次にサウィーンが同じことをソラニー・クルド語で質問し、私が彼女の助けを借りて答える。言葉が壁なのだから、言葉を教えあうことで距離を縮めようという算段だ。じっさいにやってみると少々ハードルが高かったようで、口ごもったり、吹きだしたりしてちっとも進まない。とうとう各自が英語、ドイツ語、アラビア語、クルド語で勝手に自己紹介をやりだした。ゴーカートをぶつけあう遊園地のアトラクション状態だ。

騒ぎが落ちついたところで、ワリードがいきなり前に出てきた。そしてドイツ人奏者たちの目をまっすぐ見すえ、一言も発さずにキレのあるダンスを踊りだした。事前に打ちあわせていたようで、すかさずシャーワンがダフを叩いてリズムを刻みはじめる。スイッチが入ったみたいに、ＮＹＯＩの楽員がいっせいに参加した。ドイツ人たちは壁にもたれたまま唖然としている。ドイツ連邦青少年管弦楽団の音楽監督ゼンケ・レンツが、私といっしょに若者たちをうながすと、ひとり、またひとりと加わり、ついには大きな踊りの輪が完成した。オーケストラをやりに来たのに、この展開は想定外だったにちがいない！

ようやく全員が配置について練習が始まる。するとおもしろい変化が次々と起きた。オーケストラの楽員数が六一名になったことで、ベートーヴェン・ハレの大きな舞台にふさわしい規模になり、安定感が出た。隣にいるドイツ人のまじめな態度や、音楽に取りくむ姿勢に触れて、イラク人も楽員としてのふるまいかたを見習うようになった。ドイツとイラクの若者たちがボディランゲージとアイコンタクト、それに音楽で意思を伝えあう様子は離れわざを見ているようだ。彼らは文化のちがいを脇に押しやり、新しい友人どうしとして、演奏会という目的に向けて歩きだしていた。

九月二二日、木曜日。合同オーケストラが試される最初の機会がやってきた。ベートーヴェン・ハレの室内楽ホールで、子どものためのコンサートを二回開くのだ。客席を埋めたボン市内の小学生は多文化を象徴していて、トゥカのようなヒジャブ姿の女の子もいた。アルビルでの子ども向け演奏会を思いだす。舞台にオーケストラが勢ぞろいしたが、一番ファゴットのムラドだけいない。五分後、彼は何もいわずにホールに入ってきて、私たちを待たせたまま楽器をケースから出し、着席した。私は怒りで煮えくりかえった。

アルビルのときのように、まずは子どもと楽員がいっしょにできる音楽ゲームで雰囲気をほぐし、それから室内楽を演奏する。サウィーンがテレビの生放送で披露したクルドの歌を歌い、次は木管五重奏だ。

この五人は貴重な存在だった。イラク人だけでフルート、クラリネット、オーボエ、ファゴット、ホルンの編成が組めるなんてほかではありえない。管楽器奏者はみんな離れて暮らしているし、そもそも室内楽をやりたがらない。ほかの奏者のやっていることを感じて、理解しなければならず、自尊心が脅かされるのだ。

なかでもオーボエ、ファゴット、ホルンとなると、そこそこの実力がある人間は国内で五人いるかどうか。ファゴットのムラドは、リゲティの《六つのバガテル》を力まかせに吹きたおした。コントラバストップのサミルと私はやれやれと顔を見あわせる。ムラドはNYOIで出会ったブルジュと結婚し、ベートーヴェン音楽祭の費用負担でよい楽器を入手できたうえに、さらにもう一台貸与を受けている。私は遅刻の謝罪を期待したが、それはなかった。

続いてクルド人トリオで舞踊音楽を演奏したあと、ワリードがモーツァルトのフルート協奏曲第一楽章を演奏した。伴奏はドイツとイラク混成の弦楽器セクションだ。

私は子どもたちに、「ワリードはアラビア語とクルド語とトルクメン語を話しますが、今日話すのはモーツァルト語です」と紹介した。NYOIでいちばん積極性のあるワリードの独奏は天真爛漫で表現力があり、ホール全体を喜びで満たしていく。背が高く、細身の彼が身体を縮めたり、広げたりする姿は、猫が至福を感じて伸びをしているようだ。ドイツ人の木管楽器講師ヨアヒムとあとで話したら、「完璧じゃないけど、いい演奏だ。がむしゃらにやっていけばいい」と激励してくれた。リスク嫌いのドイツでは、クラシック音楽の学生はなかなか「がむしゃら」になれないのだ。

演奏会の締めくくりには、ムハンマド・アミン・エザットの《砂漠のらくだ》を演奏した。ドイツに来て初めてのオーケストラ全奏だ。聴きやすく、想像をかきたてるアラブふうの旋律は反応も上々で、アラブ人の楽員たちも誇らしく感じていたはずだ。《砂漠のらくだ》はイラクらしさが伝わるだけでなく、子どもにぴったりの作品だった。物語をドイツ語で説明するのは私の役目だったが、作曲者自身はプログラムにこう書いている。

《砂漠のらくだ》は、一頭のらくだとその恋人をめぐるドラマティックな物語である。このらくだは忍耐づよく勇敢で、照りつける太陽と夜の暗闇、脅威と恐怖、静寂と安全が交錯する砂漠で、孤独に耐える強さをもっています。生きるための戦いにおいて、彼は周囲の世界と完全にひとつになっている。冒頭に流れるオーボエとファゴットの主題は、砂漠にある平穏と静寂の美、そして人生の恐怖と警告を表している。そこから音楽は展開して、らくだの隊商が登場する。

とつぜんすべてが消えて、残されたらくだと恋人の姿がオーボエのソロで表現される。悪党どもが現れて争いが始まり、恋人がさらわれる。らくだは傷つき、倒れて意識を失う。場面の転換とともに、音楽のリズムも和声も変わっていき、恋人を失った悲しみがあふれる。

らくだは急いで恋人を探しはじめる。少しずつ舞踏のリズムが強くなり、遠くで祝宴が開かれているとわかる。近づいてみると、群衆が恋人をあざ笑い、からかっていた。らくだは彼女を救出に向かう。それを悪党たちが追い、戦いとなる。らくだは勝利し、恋人が悪党たちのよこしまな目にさらされることはなくなった。

九月二三日、金曜日。イラクの習慣に合わせてこの日は休日だ。ＮＹＯＩはケルン中心部まで日帰り遠足に出かけた。私もケルンに戻ったが、彼らからできるだけ離れるために近くの公園に行き、土手の草むらで甲羅干しをした。ナオミ・コンラートとリム・ナジミは、ドイチェ・ヴェレの依頼で遠足のレポートをブログに載せた。

晴れた暖かい金曜日、ケルン中心部の歩行者専用区域。騒々しい表通りから一歩入った道で、ヴィヴァルディを演奏しているグループがありました。ショッピングバッグをたくさんさげた買い物客や、自転車を押して歩く学生たちが集まってきます。

「バグダードでは、ストリートミュージシャンなんて見たことない」。アヤ・イシャムは肩をすくめます。それでも上手下手はわかるはず。だって彼女はイラク・ナショナル・ユース・オーケストラの一員として、一〇月一日にはボンのベートーヴェン・ハレで演奏するのだから。

アヤたちが暮らすイラクは、暴力がまだ尾を引いていて、女性にも音楽家にも制約が多い国。それでも彼女たちは、現代的で当たり前の生活を送ろうとがんばっています。二〇〇八年、イギリスに移住したイラク人が設立したこのオーケストラは、アラブ人、クルド人、シーア派、スンニ派の若い音楽家四五人で構成されており、複雑で多様なイラク社会の縮図になっています。今回のドイツ旅行で、生まれて初めてイラクを出た者が大半でした。

イラクから遠く離れたここドイツで、アヤはフセイン政権時代を振りかえります。戦争も暴力も、爆弾も自爆テロもなく、バグダードの通りを安心して歩けたあのころでさえ、カフェや商店の外で演奏する音楽家はひとりもいなかった――。

ケルンのストリートミュージシャンにすっかり魅せられた彼女は、派手なライムグリーンのスマートフォンで撮影します。「彼はすばらしい」。アヤの目はヴァイオリンの男性に釘づけです。彼女がレンズを向けるスマホの画面には、あざやかな弓使いでヴィヴァルディのクレッシェンドをかける姿が小さく映っています。「バグダードに連れてかえりたい」とアヤはつぶやきました。

アヤたちＮＹＯＩのメンバーは、二週間のドイツ滞在中はほぼ毎日夜まで練習をして、演奏会に備えます。

イラクにいたときは、インターネット経由、つまりフェイスブックやスカイプを活用してひとりで学ぶのが中心でした。それも比較的安全で、半自治状態の北部クルディスタン地域だからできたことです。しかしいま、アヤは友人のオーボエ奏者ドゥア・アザウィと、練習の合間の休日を楽しんでいます。二人が向かったのはケルン中心部にある楽器店。オーボエのリードとヴァイオリンの弦を買うためです。バグダードに楽器店はありません。ユース・オーケストラの楽員たちは、友人や親族から譲りうけたり、外国から寄付された古い楽器をだましだまし使っています。

二〇〇三年、フセイン政権を倒すための軍事侵攻が始まると、ドゥアは母方の親戚が住む別の町に避難しました。その後バグダードに戻ったら、彼女が通っていた学校の楽器がひとつ残らず破壊されていたのです。戦争の廃墟のなかで学校は再開しましたが、内部抗争による暴力はいまも続いています。ドゥアのオーボエ教師は、ほかの知識人と同様に開戦後すぐ国を出ました。だからドゥアは独学で楽器を続けるしかなかったのです。ユース・オーケストラの多くの楽員も同じでした。

しかし時間がたつにつれて、暴力はおさまらないまでも、いろんなことが変化してきました。イラク社会に西洋文化が浸透してきたこともそのひとつ。アヤも髪をショートにして、オレンジ色に染めています。服装も黒のミニスカートにベージュのレザーブーツで、アラビア語で話すときもアメリカン・イングリッシュがよく混じります。「バグダードでショートヘアにしている女性は私ぐらい」と話す彼女は誇らしげであり、挑戦的でもあります。彼女はヴァイオリンのストリートミュージシャンといっしょに写真を撮りました。練習の合間に町に出て、新しいブーツとスカートも買いました。

アヤはバグダードにいるときも、ミニスカートとブーツで町を歩いているそうです。嫌がらせをされるんじゃない？「だいじょうぶよ。問題はほかにも山ほどあるから。私は気にしない。人生を楽しみたいだけ」。だから彼女は、ショートヘアも、片耳に四つずつはめたピアスもスカーフで隠したりしません。

アヤの家族は理解があって、彼女が男性たちに混じって旅行したり、音楽をやることを認めています。それでもバグダードでは、「ひとりで外出することは許されない」そうです。家を出てタクシーに乗ったり、買い物に行くときは、かならず父親など男性の親族や、男の友人がつきそうのです。それにバグダード市内には、まだ安全ではない場所もあります。

つい昨日のこと、アヤは唇の下に慎重に穴を開けて、銀の小さなスタッドを通しました。でもイラクに戻ったらはずします。つけていいのは自宅か友人の家だけで、人前ではだめ。バグダードでは、許されることとそうでないことの線引きがいろいろあるのです。

「私はモダンな生活がしたい」とアヤはいいます。モダンとは「ふつうの」という意味です。にぎやかな通りをひとりで、あるいは友人たちとぶらぶら歩き、ストリートミュージシャンの演奏を聴いて、ヴァイオリンの弦やスコアを買うふつうの生活。

つまりバグダードの生活はふつうではないということ。以前よりよくなったとはいえ、自爆テロや爆弾テロの不安は消えない。「それでも最悪のころにくらべたらなんでもない」とアヤはいいます。二〇〇六年から二〇〇七年にかけて、彼女が学校に復帰したころは道ばたに死体が転がっていました。恐ろしくて泣きながら帰宅することもしょっちゅうでした。当時は黒い楽器ケースをもっていると、爆弾にまちがわれる危険もありました。いまのバグダードは、ゆっくりと再建が進んでいます。

いっぽうドゥアは、音楽で収入を得ていることに誇りをもっています。西洋音楽への反感がいまだ根強い国では、お金を稼げる音楽家、ましてや女性の音楽家はそう多くありません。それでも、「バグダードで開いた三回の演奏会は、立ち見が出るほど人が詰めかけた」そうです。それは西洋音楽とその演奏者が、広く受けいれられてきた証拠だとドゥアは考えます。もっと稼げる仕事をやればいいのにと嘆くのは、ひとりの叔母さんだけだとドゥアは苦笑いします。収入が安定して、福利厚生のしっかりした仕事をしてほしいと家族に懇願されるのは、西洋の音楽家もいっしょです。

でも、いまドゥアは困っています――ケルンの横道にあった楽器店が別の場所に移転していたのです。こうなったら急いで昼食をすませて、もっと洋服を買うしかない？

「ショッピングは大好き」とアヤはいいます。フセイン政権下では、グッチやルイ・ヴィトンといった高級ブランドを買うことは不可能でした。最近になって、イラクでも最新流行を取りいれた高価な服を買う人が増えてきたそうです。

アヤとドゥアは、どぎつい色のドーナツが並ぶ店に入っていきます。バグダードにドーナツ店はありません。マクドナルドなどのファストフードもなし。若者がつきそいなしで、あるいは爆弾テロの恐怖なしで店をひやかせる歩行者専用区域もありません。

アイスコーヒーのカップと、食べかけのシナモンドーナツを手にもって、アヤはケルンの目抜き通りを歩きます。トラがプリントされたシャツには粉砂糖がついたままです。ユース・オーケストラのほかのメンバーもいっしょで、みんなで笑ったりしゃべったりにぎやかです。クルド人のうち四人は民族衣装を着ています。グレーやダークブルーのゆったりしたつなぎに、幅広で色あざやかな布のベルトを締め、頭はターバンを巻くか、ニット帽をかぶります。靴は真っ白な運動靴です。アラブ人とクルド人が混在する集団が、ビーチ向けのアクセサリーやネックレスを眺めていると、道行く人びとがちらちらと視線を向けていきます。アヤとドゥアは店内に入っていきました。明るく晴れた朝、二人は女の子らしくショッピングを楽しんでいます。

つかのまの休息を終えれば、立ちあがってふたたび前進だ。

練習があった土曜日、サミルと私は、二〇一〇年夏季講習での離脱組の話になった。

「バグダードの連中は、みんなここに来たがってたよ」。サミルが教えてくれた。

「そりゃそうだろうね。でも、このオーケストラは人を育てるのが目的だ。旅行代理店じゃない」

彼らもドイツに来たかっただろう。だがマジッドとズハルが承知するはずがない。仲間を見捨て、オーケストラの存続を危うくした者を参加させるわけにいかないのだ。

NYOIの楽員たちがうんざりしていることは二つあった。ひとつはドイツの食べ物。もうひとつは終わりのない練習だ。全体の響きにいかに溶けこむか——私はその指導に時間の大半を費やした。ベートーヴェンとハイドンの骨太の音楽はそれを学ぶのに最適だ。しかしじっさいには、あやつり人形や、交通整理みたいな動きで棒を振らないと進まないことが多い。ベートーヴェン・ハレの舞台で、そんなぶざまな指揮はしたくない。ふつうのやりかたでうまくいくこともあれば、だめなこともある。楽員たちは指示を丸のみするばかりで応用がきかないので、二歩進んでは一歩後退することを繰りかえしていた。それでも、ドイツ人楽員が縁の下の力持ちとなってひっぱってくれるのはありがたい。彼らのおかげで、オーケストラは着実に正しい方向に進みつつあった。

いっぽうで覇権をめぐるせめぎあいも起きていた。「ドイツの友人たち」は、NYOIを全面的に支えている自負があり、バグダードでのマジッドの活動を意に介していない。たしかにマジッドは慈善活動のセミナーを受けたり、バグダード在住の奏者のとりまとめをしているとはいえ、NYOIがイラク政府から公式に認められていない以上、やれることはほとんどない。いっぽう「ドイツの友人たち」、とくにカール＝ヴァルターは多くの時間をNYOIに割いて、厄介な問題をいくつも解決してくれたし、今回のドイツ訪問でも中心的な役割を果たしている。だがいかんせん彼らはイラク人ではないので、NYOIの正式な執行部に入ることはできないのだ。

NYOIが長く続くためには、政治的なコネと豊富な資金力をもつパートナーが必要だ。国をとっかえひっかえして頼るだけでは、いずれ息切れする。バグダード文化省が支援の大黒柱になって、初めてイラク・ナショナル・ユース・オーケストラは持続可能になる。ベートーヴェン音楽祭の活動が主流になるにつれて、マジッドとハッサンは蚊帳《かや》の外に置かれるようになり、「ドイツの友人たち」との緊張が高まっていった。

誰にとってもよろしくない状況だが、私は流れに逆らわなかった。どれほど運営経験が豊富でも、異なる文化で機能しているシステムに、準備もなく飛びこむのは得策ではない。

マジッドとハッサンは、やることがないので妨害工作を始めた。ベートーヴェン・ハレのカフェに、私とイラク国内の地域代理人を呼びだして爆弾を投下する――バグダードから来た参加者たちは、報酬を支払ってほしいといっている。私は言葉を失った。なぜいまになって？　ドイツ訪問については参加者の費用負担はゼロであり、そもそも技能向上が最大の目的だ。バグダードからの参加者はたしかにイラク国立交響楽団に所属するプロの奏者だが、私からすれば彼らはまったくの実力不足だ。ほかのどの国を見ても、ユース・オーケストラが報酬を得るなんて話はない。でも彼らはそう思っていないようだ。イラク文化省との契約では、休暇で交響楽団の演奏会に出演できない場合、その月の給料は支払われないことになっていた。

さらにややこしいことに、クルディスタンの音楽教師たちは、同じ休暇でも九月分の給料がもらえるのだ。だから自分たちは、ベートーヴェン音楽祭から報酬を受けとるべきだというのがアラブ人たちの主張だった。もちろん音楽祭にそんな予算はない。この問題は、在イラクのドイツ大使館が文化省に問いあわせる事態にまで発展した。私は頭に来た。夢にも思っていなかった最高の経験をしてもらおうと身を粉にして働いてきたのに、さらにそれ以上を求めるのか。あまりのあつかましさに怒りのやり場がない。

九月二五日、日曜日。この日初めて、ベートーヴェン・ハレの舞台に上がった。オーケストラを底上げしてくれるすばらしい音響のホールに、音楽をやる喜びがあらためて湧きあがる。海のように広がる客席、板張りのフロア、照明に浮かびあがるベートーヴェン音楽祭の巨大なバナーに、いやがうえにも気分が高まる。ドイツを代表するこの音楽祭が、自分たちに寄せる期待がじわじわと伝わってきた。一カ月間、毎日顔を合わせて練習を重ね、あらゆる困難を乗りこえた仲間たちで、望まれた舞台に立つ。音楽家冥利に尽きるというものだ。

本番までの最後の一週間で、オーケストラは新しい個性を獲得していた。二週間の準備期間をもうけたのは正解だった。ドイツ人の奏者たちは世界各地を訪問した経験があり、独自のユーモアセンスと規律をもちこんでくれた。この種の演奏会は二、三日の練習ですぐ本番ということが多い。彼らの忍耐が、私たちを育ててくれたともいえる。

オーケストラで演奏することはセックスに似ているかもしれない。揺れうごく感情がエネルギーとなって呼応しあう。ほんのちょっと何かを変えるだけで、無数の反応が起きる。それが集団のなかでこれほど強烈に、濃密に起きるなんて、ほかではできない経験だ。指揮台に立って拍を刻んでいると、水と油ほど異なる二つの集団がさまざまな局面に直感で対応し、新しいイラク・ナショナル・ユース・オーケストラをかたちづくっていく様子がよくわかる。おたがいを尊重しながら調和していく化学変化を、支援申請書に書いたり、財団の無知な事務局長に説明するのは難しい。でもオーケストラの本質はそこにあるし、NYOIも例外ではなかった。

演奏会前日の金曜日、独奏のアラベラ・シュタインバッハーを迎える準備はすっかり整った。彼女はアメリカからボンに入り、本番後はすぐ出発というあわただしいスケジュールだ。ふつうは当日午後に一回合わせてすぐ本番となるが、音楽祭側がオーケストラの事情を考慮して、前日にも合わせを入れてくれた。

土曜の朝、今回から参加しているヴァイオリンのサラルがやってきた。

「あれが独奏の人?」

「そうだよ」と私は答える。

「うそだろ!」サラルは思わず口ばしり、目玉が飛びでそうになりながら自分の席に戻った。

独奏者は女性で、しかもとびきりの美人なのだ。楽員ひとりひとりに視線を送り、オーケストラとずれないよう注意を払ってくれるのがありがたい。私たちを暖かく受けいれる寛大な精神が、ホール全体に輝きを放っていた。猛練習してきた楽員たちには何よりの支えだ。微妙な陰影をつけた解釈にオーケストラが反応しきれなかったり、私の棒がうまくつけられなかったりすると、彼女のほうが調整してくれた。私は感心し、オーケストラは恐縮した。

一〇月一日、土曜日。苦労だらけの旅がついに終わりを迎える。思えば二〇〇九年、デイリー・テレグラフ紙の批評家、マイケル・ホワイトの自宅のソファから始まった旅は、権威あるベートーヴェン音楽祭でチケット売り切れの演奏会へとたどりついた。午前中三時間のステリハを終えた私は、そのままラジオの生放送のインタビューに応じた。あやふやなドイツ語で受けこたえをしていたら、スタジオで立ちあっている音楽祭ディレクターのイローナ・シュミールが両手を重ねて頬に当て、寝るしぐさをした――場所を見つけて、ひと寝入りしなさい。私は忠告に従った。イラクとドイツで計一カ月、同じ曲を何度も何度も練習してきた。いまとなっては、指揮とうたた寝以外にやることはない。

クリスティアン・ヴルフ大統領がホールに到着した。文化外交という名の精緻なタペストリーが完成だ。ドイチェ・ヴェレのインタビューで、大統領は次のように語った。「アラブ人とクルド人という、イラクの異なる民族集団がたがいに理解しあい、関係を深めていくこのオーケストラは希望の象徴です。彼らが西洋音楽をともに演奏することで、人と人をつなぐ音楽の役割が証明されるのです」

遅い昼食をすませてベートーヴェン・ハレに着き、手荷物検査を受け、セキュリティタグをもらう。VIPの来場に備えて警護要員が並ぶ光景は、まるでイラクに戻ったみたいだった。大統領夫妻は舞台裏でオーケストラの面々と写真におさまり、楽しく言葉を交わした。ドイツとイラクの文化交流は長い歴史があるが、そのなかでもこの演奏会は最大かつ最高のできごとだ。バグダードとアルビルの政府は、何の責任も引きうけることなく、NYOIの成功の恩恵に浴せる……。在ドイツのイラク大使もカメラの前に立っていたが、遠慮がちに私に手を差しだし、祝福の握手を求めた。

開演二時間前、ブリティッシュ・カウンシルのミュージックディレクターであるキャシー・グレアム、イギリス＝イラク友好協会のアル・シャイクリー会長と話をした。二人は翌年のイギリス訪問の参考にしようと、ロンドンからやってきた。その後ホールのすぐ近くにあるホテルに移動して、フランス・ユース・オーケストラのピエール・バロワ、プロヴァンス大劇場のドミニク・ブルゼにも会う。二〇一三年はマルセイユ＝プロヴァンスが欧州文化首都になることから、ＮＹＯＩの招待を検討しているのだ。ピエールはヨーロッパ・ナショナル・ユース・オーケストラ連合でよく知る仲だった。

演奏会用の衣装に身を包み、舞台袖でチューニングをすませた楽員たちは、ひるむ気配もなく舞台に出ていく。そして椅子に座り、静かに時を待った。演壇にイラク大使が上がり、演奏会を英語で紹介する。続いてサマンとシュワンが、用意された翻訳原稿をそれぞれアラビア語とクルド語で読みあげた。なぜそんな手順になったのかわからないが。演奏前のスピーチはそれだけ。あとは全部私が排除した。政治臭いボールは早めに蹴りだしておくにかぎる。

最後に私が登場して、指揮棒を高く振りあげた。一曲目はアリ・アウスマン作曲《祈り》だ。ズハルのために書かれたピアノパートは、ドイツ人打楽器奏者が演奏する。暗い色調の大胆なモダニズムを、楽員たちがもてる力をぎりぎりまで出して表現していく。耳の肥えたボンの聴衆は、ユースオーケストラの研鑽ぶりを感じとったにちがいない。作曲者のアウスマンはスレイマニヤで育ち、バグダードで音楽を勉強したあと、オランダの大学で作曲の修士号を取得した。彼自身がプログラムに書いているように、作品の主題は東と西の調和だ。

最初のビッグバンで、白と黒だけの創造が始まった。それは人類の祈りの声と、無への帰依の始まりでもあった。怒りに満ちていたかと思えば、敗者のようでもあり、そしてまた祈りへと戻る。肌の色、言語、思考、信念のちがいをなくしてほしいという祈りだ。

二曲目はムハンマド・アミン・エザット作曲《砂漠のらくだ》。マイケル・ホワイトがテレグラフ紙に「砂漠の孤独ならくだを描いた標題音楽的な小品で、一九五〇年代のアリババ映画を思わせる」と書いたように、アラブ色が前面に出ている。前半最後のハイドンの交響曲第一〇四番は、軽快な疾走感と力強さを最後まで保ち、ベートーヴェン音楽祭で演奏できる喜びを十二分に表現できた。

後半、演奏会の呼び物であるアラベラ・シュタインバッハーが真っ赤なドレスで登場すると、オーケストラの音もがらりと変わった。マイケルはこう書いている。「アラベラの存在が、音楽の基準線を高く引きあげた。しかも気高く広い心でそれをやってのけた。これほど適応力に優れた独奏者を私は知らない」

そのとおりだ。

忘れられないのは、カデンツァに入ったときだった。その瞬間、アラベラは鷲のようにホールを高く舞いあがった。口をぽかんと開けて見つめる第一ヴァイオリンの男性たちの前で、アラベラは目を閉じ、背筋を伸ばして自分の世界に没入する。指揮台で待つ私は、二番ホルンのラニアにこっそり笑いかけた。彼女は笑顔を返してくれたが、その目は涙で光っていた。イラクの女性音楽家が、初めて世界を知ったのだ。これは女性だって対等にやれるし、ずばぬけた存在になれるという高らかな宣言でもあった。カデンツァが終わってオーケストラがふたたび加わると、アラベラは甘い音色で締めくくりのフレーズへといざなう。最後二つの和音が高らかに鳴りおわり、会場全体が怒号のような歓声がとどろいた。聴衆にとっても、こんな演奏は初めてだったにちがいない。ありえないオーケストラが、またしてもありえないことをやった。もう表現する言葉が見つからない。

マイケル・ホワイトは、テレグラフ紙の批評をこう締めくくった。「ボンでは「イラクの国立管弦楽団」と敬意をこめて仰々しく表現しているが、この名称は誤りだ。というのも、この楽団はまだ国に正式に認められていない。誕生から二年しかたっておらず、組織の実体はないに等しい。ポール・マカランダンのノートパソコンに保存されている電子メールが、かろうじて存在を証明しているだけだ。イラク政府、ブリティッシュ・カウンシル、その他心当たりのあるところは、この点を考えてもらいたい」

キャシー・グレアムとブリティッシュ・カウンシルがやろうとしていたのは、まさにそのことだった。

13

イギリス礼賛

人は離れて暮らすようになると、それまで無理をして折りあいをつけていたことに気づく。善良な人間にも邪悪なことは降りかかる。私が幸運だったのは、父母にとことん愛されたこと。家族に音楽家などいなかったのに、幼い私が音楽好きだとわかると、自由にやらせてくれた。ジャーナリストの父はセント・アンドルーズのお堅い家に育った。祖父はセント・アンドルーズ大学の建物の修繕や維持を長年やっていた。母はそこから遠くないボウ・オヴ・ファイフの農家の生まれで、三人姉妹と弟の長女として育った。ここを車で通ったとき、母が「ここがボウ・オヴ・ファイフ……あ、もう過ぎちゃった」といったぐらい小さな村だ。

私は五歳のとき、ピアノが弾きたいといった。父がピアノを買い、レッスンも受けさせてくれた。海ぞいのアバーダー村にある小さなアパートで、ピアノはいちばんいい場所に置かれた。

七歳のとき、スコットランドの古都ダンファームリンに引っ越した。かつて王国があったファイフ州の町だが、そこでバレエを習う男子は二人しかおらず、そのうちひとりが私だった。ヴィクトリー・スクール・オヴ・ダンスを経営するミリアム・ホルロイドは、生活のためにあらゆる種類のダンスを教えていた。いっぽうピアノ担当で、タバコをひっきりなしに吸う年金生活者のミセス・アスキューは、ロンドンにあるロイヤル・アカデミー・オヴ・ダンスに生徒を合格させるためのバレエのレパートリーを忠実にこなす。それが二人の役割分担だったわけだが、私自身はバレエの魅力に心を奪われた。バレエの世界では、「神は跳躍と床のあいだにいる」というが、私もレッスンのたびにそれを感じていた。ミス・ホルロイドは冷徹なプロ意識の持ち主だが、私に踊りを教えることに深い喜びを感じていた。私は一一年間、彼女のもとでバレエを学んだ。

一一歳でダンファームリン・ハイスクールに入学。一八〇〇名の生徒を加工する工場みたいな学校だ。私はすぐ音楽学科に逃げこんだ。少しでも弱みを見せるとつけこまれるので、教師たちも防備を固める。校内誌に、ジェイブロックのバッグを熱く語る記事「ＪはジャンクのＪ」を書いたとき、私は教師のこんな言葉を引用した――この学校は子どもたちによって計画的に破壊されるために建てられた。

貯水池をまっすぐ下ると、ロサイス造船所とスパム・ヴァレーがある。スパム・ヴァレーは新興住宅地で、若い家族が多い。住宅購入に金を使いはたしたから、スパムしか食べられないといわれていた。学校なんて中退して、早く造船所で働きたいと思っている生徒が大半だったから、バレエをやっていて、妙に語彙《ごい》が豊富で、鼻につくしゃべりかたをする男子は徹底的にいじめられた。そういう生徒は多数派から保護するために、安全な施設に隔離するべきだと思う。

私には舞台芸術の世界が救いだった。カーネギー・ユース・シアターはダンファームリンで活動する劇団で、地域の子どもの才能を多数発掘して高い評価を受けていた。ハイスクールのラテン語教師、コールドウェル先生が顧問をしている演劇クラブ「ドラマティカ」は、ヘンリック・イプセンやジョルジュ・フェドーの渋い戯曲を取りあげていた。もちろんスクールミュージカルもあった。他人の服を着て、他人のせりふをしゃべっていれば、いじめの恐怖を味わうことなく自分らしさを出せるのだ。私は女装役が得意で、パントマイム・デイムと呼ばれるこっけいな中年女性によく扮した。女装して舞台に立てば、教室で私を踏みにじろうとする連中に卑猥《ひわい》なユーモアを遠慮なく浴びせかけ、困らせることができる。常識はずれもとことんやれば、満場の客席は完全にこっちの味方だ。観客の心理を翻弄することで、私はうっぷんを晴らし、溜飲《りゅういん》を下げた。演劇は私の力をはぐくむ子宮だった。

両親は私を心から愛しており、自分が何者なのかを早いうちに選びとったわが子が、そのままでいられるよう見守ってくれた。ただし、あの世代には当たり前のことだったが、愛と結婚はまったく別物だった。男は安定した仕事についていること、女は子どもを産んで家庭を切りもりすること。それが結婚の条件だったのだ。そんな男女のあいだに生まれた子どもは、夫婦のかすがいになれ、さもないと世界が崩壊すると恐喝されているのと同じだ。わが家の場合、カトリックの母親にとっても、社会的に名の通った父親にとっても離婚は不面目だった。そのうえ母は統合失調症を放置しており、悪化する病状が家族全員を負のスパイラルに引きずりこんでいた。

母は学校やカーネギー・ユース・シアターに不快な手紙を送りつけた。青色がきつすぎるジーンズをはいたり、真正面からテレビを見るとガンになるといわれた。決められた時間ぴったりに帰宅するよういわれ、焼けこげた食事を出された。一六歳になっても、パーティーに行かせてもらえない。温かい飲み物には、父に処方された高血圧薬が半分溶けずに残っていた。自室の扉はぜったいに閉めてはならず、母は夜中に忍びこんでは、私が酸素不足にならないよう窓を開けはなった。そのせいで私は喘息《ぜんそく》の発作が出たが、診断されたのはずいぶんあとのことだ。寝ていてふと目を覚ますと、母がベッドの脇に立ち、冷ややかな目で私を見おろしていた。

いやだったのは母が台所にたてこもり、ひとりごとをいったり、泣いたり、頭のなかの声にいらついて叫んだりすることだ。私は隣室の扉に「静寂の部屋」と書いて貼り、作曲やピアノの練習に集中しようと努力した。

一〇代も後半になってからは、父も私もできるだけ家を空けるようになった。父はテニスやバドミントン、ゴルフに出かけ、私はバレエとピアノのレッスン、ユース・シアターの活動に明けくれた。法律では、自分や他人に危害を加える恐れがないかぎり、治療を強制することはできない。それに母の病んだ精神のなかでは、自分は病気でないことになっていた。他人の説得を受けいれるような人でもない。むしろ私たちに精神科に行けというほどだった。

息子への強烈な愛情も、病気のせいで支配欲、妄想、偏執、恥へとゆがんだものになった。家族の生活も少しずつむしばまれていくが、やりすごすしかない。家を一歩出ると、母はまともな人づきあいができず、しだいに誰にも相手にされなくなった。一九八〇年代のスコットランドでは、精神疾患への対応はそんなものだった。家族の精神的な苦痛は高まるいっぽうだが、法律や医療や社会には見過ごされてきたのだ。私がハイスクール五年生になるまでは。

五年生のときはいじめがとくにひどく、私はへとへとで成績も下がるいっぽうだった。母の病状もさらに深刻になった。母にとって、私がおとなになることは世界の崩壊に等しく、私を成長させまいとあの手この手でじゃまをするのだ。あるときうちのハイスクールが、クイーン・アン・ハイスクールと、近くのカーコーディという町でオーケストラ対決をやることになった。練習は三日間で、そのあいだは授業を休んでもいい。私は打楽器担当で、四重唱にも参加する予定だった。母にその話をしておいたにもかかわらず、練習初日に妨害をされた。支離滅裂なやりとりでわかってきたのは、母の強烈な思いこみだった。カーコーディはエイズが蔓延《まんえん》していて、私がそこに行けば、路上のつばが靴について、ＨＩＶに感染するというのだ。

そのころ父は仕事でエディンバラに住んでいた。母はすべての扉に鍵をかけ、私を居間に閉じこめた。私は窓の錆《さ》びついたねじを壊し、庭に飛びおりて全速力で学校に向かった。息を切らしながら、音楽科主任のグリーナウェイ先生に事情を説明する。ふだんの私は時間に正確で、授業態度も熱心だったので、先生は何もいわずに練習に参加させてくれた。

二日目は台所に閉じこめられた。私は母が侵入できないよう扉を洗濯機でふさぎ、窓を押しやぶって裏庭から逃げた。またしても遅刻だ。不信の目で見られたものの、練習には参加できた。初日も二日目も、夜になって父に訴えたが、父は黙りこくったままだった。信じられなかったのだろう。打つ手なしだ。

三日目の朝は、居間で壮絶ないいあいになった。母は部屋を飛びだし、外から鍵をかけた。私はまたもや窓をこじあけ、庭におりた。死にものぐるいで走りつづけたこのとき、私は思春期の子どもから、自由な精神をもつ若き戦士へと変わっていった。学校に着いたら、生徒たちがビッグイベントに向けて二階建てバスに乗りこんでいるところだった。そのとき、母が姿を現した。私は急いで二階に駆けあがり、最後尾の席にもぐりこむ。そこに母がやってきていった。

「さあポール、帰るのよ」

「いやだ」。私は母の目をまっすぐ見て、決然といいはなった。

そこからすべてが変わった。行き場を失った母は、二台のバスが生徒を満載して出発を待っているにもかかわらず、教区の副主任牧師三人と音楽科のグリーナウェイ先生を四五分間引きとめた。その様子をバスの車内から全員が見ている。いつも黒いケープ姿で誇りたかく廊下を歩いているマクパークラン先生が、とうとう母にこういうのが聞こえた——このままだと、ポールは家を出てしまいますよ。それでいいんですか。不毛ないいあいのなかで、私を擁護するありがたい発言だったが、狂気の前には無力だった。それでも母が病気であることは明白だったので、バスは私を乗せたまま出発した。

母はタクシーでカーコーディまでやってきた。会場のアダム・スミス・センターで、空調をつぶさに調べている様子を職員が目撃している。私の酸素不足を心配していたのだろう。ただそれ以上の介入はなかった。本番では、われらがダンファームリン・ハイスクール・オーケストラはクイーン・アン・ハイスクールにこてんぱんにやられた。ただし帰路のバスや、さらにそれから何週間も学校全体でもちきりだった話題は、そのことではなかった。

その夜、学校から連絡を受けた父が帰ってきた。父は家に入るなり、母には声ひとつかけず私にいった。「おれはこの家を出る。ポール、おまえも来るか?」

こうして父と私の新生活が始まった。両親の偽りの結婚、見かけだけはふつうの中流の下の暮らしを、精神病の異常な行動と、思春期らしい反抗がぶちこわしたのだ。私はおとなへの通過儀礼を、はからずも公衆の面前で、しかも自力ですませたことになる。私がどん底で新しい生活をつかみとったものだから、周囲は当惑したのか、いじめは即座にやんだ。私はあいかわらず音楽の勉強に逃げこみ、サリー大学からの無条件の誘いに飛びついた。ダンファームリンの南、一〇〇〇キロ近く離れていることも幸いだった。母、父、私はそれから四半世紀、家族が修復不能なまでに壊れた衝撃と、罪悪感、恥の意識を抱えて生きることになる。

舞台芸術は、荒れくるう狂気から自分を守る盾《たて》となった。ゆがんだエネルギーを創造性に転換できる、健全なメカニズムなのだ。私はカーネギー・ユース・シアターで自ら舞台を企画し、音楽監督まで経験することができた。歌、踊り、作曲を学び、狂気に対応するすべを身につけたことは、NYOIで音楽監督を務めたときに大いに役に立った。いま振りかえると、母はたしかに精神を病んでいたが、そのせいで私が辛酸をなめたのは、社会が狂っていたからだ。

ベートーヴェン音楽祭のあとも、ことは順調には進まなかった。オーディション、資金調達、海外への紹介、ヴィザ取得と、ドイツのときとは別種の壁がいくつも立ちはだかる。ただそれでも、じっさいにやることはあまり変わらない。私自身も知識や経験が積みあがって、いろんな局面に関与できるようになったし、裏方で導いたり、支援してくれる人がたくさんいた。「ドイツの友人たち」もささやかながら私に報酬を出してくれる。おかげで死なずにすんだが、つねにかつかつの状態だった。ただ、この年は大きく変わったこともいくつかあり、私も戦う覚悟を固めていた。

まず、イラクでの夏季講習はやめにした。費用を誰も負担しないからだ。プログラムも同じなのに、国を変えて講習を二回やる必要はない。代わりにエディンバラで三週間の講習を実施して、地域交流や国際フェスティヴァル参加といった企画も入れる。一カ所に滞在すれば、地元講師の指導をじっくり受けられるし、メディアの露出もストレスなく増やせる。演奏の質が向上するだけでなく、費用も節約できるはずだ。

今回は、ベートーヴェン音楽祭のときのような主催者対応は期待できない。NYOIはエディンバラ・フリンジ・フェスティヴァルの正式招待だが、公演数が二〇〇〇を超える大規模な催しであるため、宣伝やチケット販売は自力でこなす必要がある。それ以外のこと、つまり宿泊、食事、移動、保険、演奏会場の予約、広報、印刷といった業務は、フリーのプロジェクトマネージャーチームが担当する。率いるのはロンドンのベッカ・ローレンスだ。さらに、マテリアルという地元のPR会社がメディア対応を引きうけて、最小限の接触で最大限の露出ができるようにはからってくれる。スコットランド政府からの資金を管理するのはブリティッシュ・カウンシル・スコットランドだ。ブリティッシュ・カウンシル・ロンドンのキャシー・グレアムは、ベッカ・ローレンスとともに資金調達を監督する。彼女たちと密に連絡をとりあいながら、二〇一〇年に私が独自に開拓したつてや、イギリス゠イラク友好協会、イラク゠イギリス・ビジネス・カウンシルとのつながりを活用してプロジェクトを進めていく。それでも前途は多難だった。

鉱脈探しに励んだ結果、クリエイティヴ・スコットランドと、A・M・ドメット慈善信託の支援が決まった。当然それ以外には断られたということだ。お断りの手紙のなかで、墓までもっていきたいほど気にいったのは、配慮に配慮を重ねたこんな文面だった。「たいへん申し訳ありませんが、純粋なクラシックの分野でやるべきことが多すぎて、多民族による疑似クラシック音楽活動に割ける余力がございません」

それならそれでしかたない。さいわいクレセント石油のCEO、マジッド・アル・ジャファルから、ロンドンでの演奏会費用として二万ポンドの援助が得られる。イラクの石油・天然ガス産業にかんする彼の講演を聞いたのは二年前。イギリス＝イラク友好協会のシャイクリー会長があいだを取りもってくれた。

スコットランド政府は、エディンバラ・フリンジ・フェスティヴァルでの公演を資金提供の条件としている。演奏会の日程は、会期最終週である八月二六日の日曜日を選んだ。理由はかんたんで、その一週間前までラマダンなのだ。ラマダンはイスラム教でもっとも神聖な一カ月で、この期間に演奏会を開くことはできない。ただし練習だけなら、神聖な労働として楽員たちも受けいれる。前日の二五日には、グラスゴーにある王立スコットランド音楽院でプレビュー・コンサートをやる。エディンバラの本番が終わったらロンドンに移動し、ブリティッシュ・カウンシルとイギリス＝イラク友好協会の共催イベントとして、クイーン・エリザベス・ホールで演奏することが決まっていた。それが終われば帰国するだけ。イラクでの演奏会はない。私はイラクにうんざりしていた。どれほど入念に準備をしても、次々と困難が押しよせてくる。政争のあおりで、やたらと金がかかることにも嫌気がさした。バグダードなり、アルビルなりの文化省がNYOIに演奏させたいのなら、費用をすべて負担して、自分たちで企画すればいい。でもそんなことはできっこないし、やるはずもなかった。

NYOIのようなプロジェクトは、成功への道筋が見えなくとも、ひたすら信じて前進するしかない。そうやって年月を重ねるうちに、計算抜きの情熱と努力で結果が得られ、うまくいくことを確信できるのだ。

しかし背後では、ブリティッシュ・カウンシルも独自の思惑を働かせていた。バグダードでオーケストラをNGO化したいと考えていたのだ。ブリティッシュ・カウンシル・イラクのブレンダン・マクシャリー代表の支援で、マジッド、それにハッサンとシュワンは家具付きのオフィスを開設していた。イラクでは、ウェブサイト、オフィス、銀行口座を開設さえすればNGOの登録ができる。そしてイラクでは、やろうと思えば私がバラク・オバマの名前で口座をつくることも可能なのだ。

ブリティッシュ・カウンシルの指示で、マジッドとハッサンがイギリスにやってきた。ロンドン、エディンバラ、グラスゴーで、プロジェクトチームと私、それにズハルと話しあうためだ。NYOIが存続するには、世界を自由に移動できることが絶対条件であり、そのことはマジッドたちも理解している。これまでは私がオーケストラを代表して、ときには自腹であちこち飛びまわっていた。だがイラクのパスポートもイラク政府も世界では敬遠されがちだ。法人設立はほぼ不可能に近い。ただ私にいわせれば、それも情熱と努力しだいだ。私はキャシー・グレアムにいった。「正直、国は関係ない。なりふりかまわず努力すれば、打開策は出てくる。でもマジッドはそこまでがんばってない」

私が一段高いところから、自分はノートPC一台でオーケストラを切り盛りしてきたといばるのはかんたんだ。もちろん、ドイツ在住のイギリス人という立場は圧倒的に有利ではある。ただそれでも、情熱と努力と打たれづよい精神は、人間なら誰でももてるはずだ。

ベートーヴェン音楽祭で、ハエのようにたかる記者連中に対応したあと、ドイツ連邦青少年管弦楽団のゼンケ・レンツがこんな助言をくれた。「ナショナル・ユース・オーケストラは小さなユートピアだ。誰にも邪魔させない。練習時間だって、増やそうと減らそうと好きにしていいんだ」。優れた運営は、外から見た印象で決まるものではないというドイツ流の理念だ。私はそのことを胸に刻んで、イギリス演奏旅行の準備に臨んだ。

NYOIのイギリスでの滞在先は、エディンバラ郊外のポートベローにあるジュエル・アンド・エスク・カレッジに決まった。偶然だが、いま母はこの町に住んでいる。大学の敷地内には、学生食堂、練習室、プール付きフィットネスセンターまであって、フェスティヴァルで大にぎわいのエディンバラまでバスで二二分と申し分ない。

現地でNYOIのお母さん役をしてくれるのは、もちろんエディンバラ・ユース・オーケストラのマージョリー・ドゥーガル。三〇年間このオーケストラを取りしきってきた発電所みたいな人で、エディンバラの音楽事情に精通している。二〇一〇年、ズハルといっしょに初めて会ったときは、NYOIがエディンバラに行くなんて思ってもみなかった。多くの人の意志が束ねられ、巨大なエネルギーとなって私たちを導いてくれたのだ。今回はエディンバラ・ユースの楽員たちに、弦楽器の助っ人を頼むほか、技術指導や町の案内をお願いすることになっている。フェスティヴァル期間中のエディンバラは大混雑で、NYOI楽員の迷子が心配だった。講習の第一週はNYOIだけで練習し、自分たちの音楽的な問題をひととおり解決する。エディンバラ・ユースは第二週から加わる予定だった。

次はプログラムだ。楽しいうれしいだけでやる時期はもう終わり。オーケストラとして成熟するには、陰影を表現する力がほしい。楽員たちは、暗く複雑な心理的側面をもっているはずだ。フリンジはいかれたお祭り騒ぎだが、国際フェスティヴァルのほうはさいわい保守的でまともだ。ならば今年は、多様で大胆で洗練された表現ができることを証明したい。そこで見つけたのが、カルザン・マムードとオサマ・アブドゥラソルという二人の作曲家だった。カルザンはスウェーデン国籍をもつストックホルム在住のクルド人、オサマはベルギー国籍をもつアントウェルペン在住のアラブ人だ。どちらもイラクで育ち、ヨーロッパで作曲の勉強をした。管弦楽の作曲技法はわかっているし、イギリスに来るのにヴィザは不要で、交通費も安くてすむ。完璧だ。

反戦活動家と女王の音楽師範、二つの顔をもつサー・ピーター・マクスウェル・デイヴィスが二〇一一年に書いてくれた《一巻の波しぶき、空》は、この演奏会の幕開けにぴったりだ。

今回はホルン奏者が四人参加している。交響曲はどうしたものか。オーケストラの教育目的にかなう作品を入れたいが、奏者の力量を考えると、ハイドンからシューベルトあたりで選ぶしかない。チャイコフスキーは論外だ。さんざん考えた末、シューベルトの四番《悲劇的》に決めた。六番を三週間も練習したら、退屈で気が変になる。最初からずっといっしょだったベートーヴェンとお別れしたのは、少しだけ前進した証拠だろうか。

残るは独奏者だ。マージョリーは、エディンバラ・ユース・オーケストラと縁が深く、二〇〇九年からNYOIに関心をもっているジュリアン・ロイド・ウェバーを提案した。私も異存はない。エディンバラのグレイフライアーズ教会は五五〇席だが、パラリンピック開幕前日のロンドンでは、九五〇席のクイーン・エリザベス・ホールを埋めなくてはならない。世界的なチェロ奏者であるだけでなく、イギリスでエル・システマを実践しているジュリアンなら集客力は抜群だし、音楽を学び、音楽を通じて和解する目的がNYOIともぴったり一致する。だからといって、エルガーのチェロ協奏曲は問題外。あの難曲を当日の合わせ一回でまとめるのは無理だ。そこで選んだのは、フォーレ作曲のチェロと管弦楽のための《エレジー（悲歌）》だ。演奏時間が七分ほどのやさしい小品で、シューベルトの《悲劇的》と同じハ短調。暗い調性がもつ喪失感が響きあうはずだ。本番でこの二曲を続けたら、さぞかし聴衆の気分は沈むことだろう。そんな想像に三〇分も費やした私はバカだ。

　ということで演奏会の後半はフォーレとシューベルトで決まり。前半は委嘱作品ばかりなので、ジュリアンの存在感あるフォーレとバランスをとるために、もうひとり独奏者を入れたい。そのとき、二〇一〇年にイギリス＝イラク友好協会のシャイクリー会長の言葉がふと思いだされた――アラブの伝統楽器を取りいれたらどうか。そこで英国イラク文化研究所を通じて、ロンドン在住のウード奏者キヤム・アラミに連絡をとってみた。彼は「サウンズ・オヴ・イラク」というプロジェクトの代表でもあり、大英図書館とブリティッシュ・カウンシルの協力で、何十年も昔の音源をデジタル保存する活動を進めている。

　それならウード協奏曲の新作を初演するべきだ。そう思った私は、グラスゴーにいる古い仲間のゴードン・マクファーソンに書きおろしてもらうことにした。この話を聞いたゴードンが二つ返事で引きうけたのは、キヤムがドラムを担当しているロンドンのインディバンド、ナイフワールドのファンだからだ。二〇一二年二月までにキヤムはグラスゴーを訪れて、ウードを見せたり、中東音楽の調弦や装飾法、リフについてゴードンに教示することになった。

　これでプログラムはできあがった。少なくとも紙の上では。

たとえ一時的にせよ、スコットランドは私たちを迎えいれてくれそうだ。準備作業に追われながらも、私の胸は高鳴る。スコットランド人というと相手を意のままに操る汚い策略家だが、そういう連中はどこか別の場所で別の誰かを操っているのだろう。ＮＹＯＩにかんしては、ベッカ・ローレンスとプロジェクトマネージャーたち、ブリティッシュ・カウンシル、エディンバラ・ユース・オーケストラ、それにスコットランド政府もイギリス演奏旅行のために動いてくれている。私自身、演奏会のプロデュースという仕事にようやくなじんだ感がある。それに私はスコットランドとイラクのあいだをとりもつ立場だ。マジッドをはじめとするバグダードのチームが、自力で海外演奏を仕切れるはずもない。

公務員や外交官、理事といった人たちと会い、対等にやりあうおもしろさがわかるにつれて、私はピーター・マクスウェル・デイヴィスの影から抜けだしていった。名前を売りたくてピーターにくっついているなどという、ねたみ半分の狭量な陰口をはねのけることができたのだ。スコットランド人は相手をへこませたいとき、「おまえの父親を知ってるぞ」という。どんなにがんばったって、過去からは逃れられんぞという意味だ。そんな言葉も気にならない。私は父のことを誇りに思っている。ピーター・マクスウェル・デイヴィスは三四歳年長で、私の父親ではない。私が恋をして、人生の九年間をともに生きた人だ。

反対に私を父親のように慕ってくれる者もいる。アルビルのアランとダルウン兄弟もそうだ。ゲイの私は親になるという発想などみじんもなく、そのかわり自分で勝手に通過儀礼をこなし、家族を粉砕した。ハイスクールで二階建てバスに飛びのったあのとき、私は一七歳。ズハルがＮＹＯＩをつくったのと同じ年齢だった。

「バスに乗って！」というマジッドの呼びかけが、新しい意味を帯びてくる。プロとして一線を引くよう努めてきた私だが、イラクの若い音楽家たちには親のような役割存在になっているのだ。そのお返しに、自分の家族では得られなかった家族的な深いつながりや親しさを与えてもらった。

そんな関係を通じて、私は少数派の先駆者だという自負心をもちながら、音楽をやっていく姿勢を共有することができた。ともに歩んできたこの旅は、戦争の絶望から抜けだす通過儀礼でもあった。そこを乗りこえたがゆえに、生まれながらにしてもつ音楽への欲求が、スポットライトを浴びて大輪の花を咲かせ、みごとに調和したのだ。毎年飽きもせず企画を立て、猛然と進めていったのは、母親的な狂気のなせるわざか。そのいっぽうで父親的な指導力もあったから、オーケストラのかたちを整え、道筋を定めることができたと思う。それにしても、この私が現状を打ちやぶれ、乗りこえろと他人をたきつけるとは。スコットランドから何も学んでいないのか？

スコットランドがイラクを変え、イラクがスコットランドを変える――私がNYOIを指導する根底には、つねにそんな考えがあった。仕事でスコットランド人作曲家の作品を積極的に取りあげてきたが、どれもケルト的響きから一歩も出ていない。だがイラク人奏者の生の声に触れることで、美を求める彼らの感性が新しい意味を見いだすかもしれない。祖国でシューベルトを指揮できることも感無量だ。たとえそれが、中東の紛争地域で創設された、未熟なユース・オーケストラであっても。

イラクへの軍事侵攻に反対して、イギリス全土で声をあげた人びとは、深く傷つき、償いと正義と和解を求めている。NYOIの存在は、そんな人びととの距離を一歩でも縮めてくれるだろう。楽員たちは質の高い指導を受けられるし、エディンバラやロンドンのサウスバンクでは、外国から来たアーティストとして歓迎してもらえるはずだ。二〇〇八年、エディンバラでの昼食から生まれたＮＹＯＩが意気揚々とイギリスを訪れることで、イラクの人びとの「正義の環」が完成するだけでなく、疎外と拒絶の日々を送ってきた私自身も報われる。訪問計画が具体的になるにつれて、「彼ら」「私」「私たち」という代名詞は溶けてひとつになった。

私はエディンバラ行きの飛行機に乗りこんだ。イラクで起きた人間くさいごたごたが、あちらでも経験できるのだろう。過去にやってきたことをうまく扱える人と、そうでない人で、世界は二つに分かれることを私は学んだ。

14 エディンバラの端《フリンジ》っこで

二〇一二年八月はじめ、NYOIは気温五五度のバグダードから、気温一六度のエディンバラまで一日かけて移動した。乗りかえだらけの長い旅だった。バグダードからの参加者は夜中に五時間バスに揺られ、アルビル国際空港でほかの参加者と合流した。そこからアンマン、ヨルダンを経由してロンドン・ヒースロー空港に向かい、さらに飛行機を乗りついで深夜にエディンバラに到着した。道中はブリティッシュ・カウンシルのアルビル事務所からカルダ・ハウリーが付きそい、まめにメールをくれた。ようやくエディンバラ空港に降りたった楽員たちは、疲れもあったが興奮を隠せない様子で、プロジェクトマネージャーのベッカ、オーケストラマネージャーのポリーにうながされてバスに乗った。カメラを構えたジル・パリーが、一部始終を記録していく。

二〇一〇年からNYOIのドキュメンタリーをつくっているジルには、鉄の掟がある――とにかくカメラを回すこと。どんな場面が撮れるか予測不能だから、忍耐あるのみだ。バスに乗りこむ楽員を数えていると、小さいながら喜びの声があがる。五五名全員が無事にイラクからやってきた。私がプロフェッショナルの立場を崩すことはめったにないとはいえ、彼らは家族も同然だ。私たちは新しい家となるジュエル・アンド・エスク・カレッジに向かった。

エディンバラでの第一夜、楽員たちははしゃぎながら部屋に入った。男性用と女性用の部屋は廊下が別になっている。ムラドとブルジュのようなカップル向けの部屋も用意した。二人は二〇一〇年に恋をして、その後結婚した。ブルジュは優秀な奏者で、夫ともども管楽器セクションの低音域を安定させてくれる。私は三人目のファゴットとして、バグダードから来たアフマドも加えた。イタリアで半年間ファゴットを学び、驚くほど上達していたのだ。ムラドが彼に脅威を感じないはずがない。だがムラドとブルジュはトルコで過ごす時期も多く、イラク国内にファゴット奏者なんて数えるほどしかない。アフマドには最大限の愛と支援を注いで、NYOIにいてもらう必要があった。

昨年のベートーヴェン音楽祭に参加できなかったズハルが、グラスゴーからやってきたことは最大の朗報だった。イラクの友人たちは彼女との再会を喜び、これでピースが全部そろったと私たちも思った。スコットランド最初の夜、楽員たちは部屋に落ちついて静かになった。二〇〇八年にエディンバラのパブで始まった旅は、ついにここまで到達した。私はささやかな勝利を噛みしめた。

翌朝、寝ぼけたおなじみの顔がガラス張りの食堂に集まってくる。空は雲が低くたれこめ、手を伸ばしたら届きそうだ。サマンとシュワンの通訳で大学構内の説明を受けた一行は、バスでエディンバラ観光ツアーに出発した。サマンたちはエディンバラの見どころ一覧を渡されていて、そのつどクルド語とアラビア語に直して伝える。だがこの日のツアーは、「左に行っても、右に行っても雨」だった。

ドイツでホームステイを体験した楽員たちだが、エディンバラの大学寮も引きつづきカルチャーショックだった。設備がすべて機能しているうえに、どこもかしこも清潔だ。そして厳しい規則がある。

ジュエル・アンド・エスク・カレッジはスコットランドの法律に従い、構内全面禁煙だ。芝生でフットボールは禁止。夜一〇時以降は、ほかの学生や近隣の迷惑になるので大きな音を出してはいけない。夜遅くまで練習するワリードは、不安でパニックになった。それよりなにより、楽器の生演奏で踊りまくるお楽しみは？　イラク人の体内時計では、気温が下がって外に出られる午後一〇時からが活動時間だ。生活時間のちがい、日照や気温の落差、厳しい規則にとまどう楽員たちは、困り顔であたりをぶらついている。練習時間は厳守で、遅刻は一分につきいくらと罰金を科すことにした。おかげで第一週が終わったとき、たまった罰金で洗剤と人数分のチェロの弱音器を買うことができた。食事も合わなかったようで、次回は母さんを連れてきて料理してもらおうと本気で提案する者もいた。

それでも一日半の練習で、シューベルトの《悲劇的》第四楽章と、カルザン・マフムード作曲《ディランのために》が最後まで通った。エディンバラの講師たちは信じてくれなかったが、今年の初日は、去年の一〇日目よりはるかにまとまっている。イラクの音楽水準は、一年間で確実に向上していた。

そろそろ難易度の高い曲や多様な作品に挑戦してもいいのではないか。オサマ・アブドゥラソルが書いた《ハビブ》は、八世紀イラクの女性詩人ラビア・アル・アダウィアの物語を描いたものだ。ラビアは一〇歳のとき悪漢にさらわれ、奴隷にされた。だが絶世の美貌と歌声の持ち主だったため、金持ちが買いとり、成長した彼女はハーレムの女王となる。

ところがラビアはひそかに神に恋してしまう。イスラム教では神を人格化することは許されない。そこでラビアは詩的な言葉を紡ぎだし、愛する人のために歌った。ハビブとは名もなき恋人という意味だ。二〇代後半になったラビアが、「神に恋して」という詩を語るのを聞いて、主人は彼女を解放してやった。ラビアはスーフィーと呼ばれる神秘主義者となり、神とひとつになるため町を出て砂漠で隠遁生活に入る。その後、彼女の歌に触れた人たちも俗世を捨て、砂漠で暮らすようになったという。

ベルギー在住が長いオサマだが、イラクのアラブ人作曲家の例に漏れず、伝統に深く根ざした調子のいい音楽を書いている。ロマンティックなアラブ人の心は、自らの偉大な歴史へとつねに回帰したがるのかもしれない。

いっぽうカルザン・マフムードの《ディランのために》は、とがったモダニズムがいかにもクルド人作曲家らしい。生まれたばかりの息子に捧げる前衛的な作品は、過去を断ちきって自由になった音楽言語に未来を見いだしているようだ。ただ残念なのは、クルドの伝統音楽を紹介する機会をまたも逃したことだ。もちろんカルザンもそういう曲は書けるが、彼には自分を表現する権利がある。民族的要素の欠如は、サダム・フセインに大勢のクルド人が虐殺され、まとめて埋葬された事実と、口承で受けついできた伝統の消滅を浮かびあがらせる。先鋭と哀悼が現代クルド音楽の特徴なのだ。

カルザンの曲は技術的には難しくない。それでもオーケストラは、彼の音楽が受けいれられないようだった。理解できないからといって、ここまで軽く扱われるのも心外だ。委嘱した二作品のどちらにしても、冴えわたった表現なんて追求できない。書かれたことを正確に音にするのがせいいっぱいだ。それでもイラクの音楽がもつ多様な要素を、イギリスの聴衆に示すことはできる。

フォーレとシューベルトは、NYOIが手がける初のロマン派の音楽だ。その繊細な美しさに触れれば、得られるものは多い。講師陣と私は、これらの作品で楽員たちの音楽性を深く掘りさげたいと考えた。プログラムは、オーケストラの全員が課題に挑戦できるよう慎重に考慮している。多くの費用を投じてきた彼らには、もてる能力を最大限発揮してもらわなくては。

初日の練習が終わった夜は、さっそく最初の予定が入っていた。ベッカと私が、出演する楽員たちと出発したとたん、雨が降ってきた。雨の多いスコットランドで育った私のような人間は、背中を丸めて急ぎ足になる。ところが気温五五度のイラクから来た楽員たちは、大喜びで天を仰ぐ。オーボエのドゥアは、路上で冷たいシャワーを浴びるように雨を全身で受けとめていた。

NYOIのメンバー八名とズハル、通訳のサマン、それに私はジョージ・ストリートのスピーゲルテントに着いた。フェスティヴァルのときに出現する仮設テントで、音楽や余興がおこなわれる。今夜はここでブリティッシュ・カウンシル主催のプレス向けイベントが開かれるのだ。フィオナ・ヒズロップ文化・観光・対外関係大臣は、雨に降られて到着が遅れるという。

さあ始まり始まり。マージョリーの紹介で、エディンバラ・ユース・オーケストラの四名の奏者がイラクの有名な哀歌《チ・マリ・ワリ》を演奏する。オーストリア人指揮者で、イラク国立交響楽団の音楽監督も務めていたハンス・グラーフが一九八〇年代に編曲した弦楽四重奏版だ。素朴な悲しみの歌が昇華され、ウィーンのサロン音楽のように洗練された小品になっている。続いてシャーワンがダフを叩き、バレンのクラリネット、レバスのヴァイオリンでハラブジャの子守歌と、軽快な恋の歌を演奏した。音楽の内容とは裏腹に、聴衆は背筋を伸ばし、かしこまって聴いている。

いっしょに食べて、遊んで、踊ればみんな家族だ。そこで私は客席のひとりを立たせ、手を取ってテントの真ん中に連れていき、シャーワンたちにもう一度演奏するよう合図した。むせび泣くヴァイオリン、悲痛に叫ぶクラリネット、空気を震わすダフの響きにつられ、政府の高官、役人、ジャーナリスト、イラク人たちが身体を揺らしはじめる。だが大臣の姿はまだない。出席者の興味をつなぎとめようと、私はNYOIについて話をした。パブ「ザ・バロニー」でふと目にした新聞記事から始まって、ついにエディンバラ訪問を実現するまでの長い物語だ。ズハルとサマンもうまく補ってくれる。私はこのスコットランドで、初めて自分が尊重され、支えられていると感じ、自信がもてた。

オーケストラの紹介トークは、ズハルとの掛けあいでいっそうおもしろくなった。スコットランドでつらい通過儀礼をくぐりぬけたズハルは、もうティーンエイジャーではない。確固たる自信をもち、自分の考えで行動できるおとなの女性に変身していた。

フィオナ・ヒズロップ大臣がようやく到着した。この雨では時間どおりに着くのは難しいと言い訳するが、イラク・ナショナル・ユース・オーケストラがスコットランドに来たことを思えば何ほどのものか。こうなったら、みんなが誇りに思える演奏会にしたい——そんな意気込みが湧いてくる。戦争中はあれほど報道されていたのに、まだ何も知られていないもうひとつのイラクについて語ろうではないか。

大学寮に戻った私は、容赦ない日課を組んだ。朝いちばんの三〇分間は、管楽器講師のダギー・ミッチェルの指導で全員がストレッチをして、グループに分かれて即興性を養う訓練をする。身体が温まってきたところで、管、打、弦の個人レッスンやグループレッスンだ。正午からは室内楽の指導を受ける。昼休憩は一時間半。午後はセクション練と全奏だ。夕食のあとは講師が通訳を入れて個人レッスンでしごく。

ダギーのウォームアップは最高に刺激的だった。即興ありきの文化で育っている楽員たちは、ヨーロッパのまじめな若者なら逃げだすようなことも平気でこなす。ヴィオラが手拍子のようなリズムを刻み、ヴァイオリンが三音の短いフレーズを重ねたら、低弦が対旋律で切りこんでくる。さらに管楽器が指定された五音で自由に歌いながら加わると、オーケストラ全体でひとつのフレーズが鳴りはじめた。何回か練習したあと、ダギーは指揮台を降り、サミルやズハルたちにもジャムセッションの指揮をさせた。こうして楽員たちは垣根を取りはらい、ぶつかりあってアンサンブルの創造性を伸ばしていくのだ。

全奏では、誤りを修正したり、機械的に覚えたりする作業が続くこともしばしばだ。そんなとき私は指揮棒をおろし、スコアを確認する振りをしてしばし黙りこむ。しばらくすると、楽員たちがおたがいにおしゃべりを始める。すると彼らが内面に抱える混沌が泡のように浮きあがり、気持ちが整理されて、次の練習に進む準備ができるのだ。しかしそれにつきあうには、多大なエネルギーが必要だった。

練習環境は格段によくなったが、集中的な練習と異文化での生活はかなりの負担だったにちがいない。これまで講習期間に病人が出たことはなかったのに、腹痛、頭痛、鼻づまりを訴える者が続出する。これは一大事とオーケストラマネージャーのポリーが病院に連れていくが、何でもないといわれて帰ってくる。どうやら楽員たちは、練習をさぼる格好の口実を見つけたようだ。病院の待合室なら、のんびり快適に過ごせる。私は「今日は誰がディズニーランドに行くのかな？」と釘を刺すようになった。

夏季講習の舞台が、文化的に貧弱で危機管理もたいへんなイラクから移ったことは、指導する側としては救いだし、これまでの恨みつらみが晴れる気がした。イギリスでは運営体制も宿泊施設も申し分ないし、ウォーターフロントに立ちならぶパブが威力を発揮してくれる。イラク・ナショナル・ユース・オーケストラの練習のあと、講師陣とパブに繰りだしたり、楽員たちとビーチでバーベキューができるなんて奇妙な感じだった。海を見るのが初めての者は、ポートベローの砂浜を歩いて自由と平和を実感したにちがいない。遊歩道では、男の子たちが馬とびゲームに興じ、男らしく高さを競いあう。それを見て女の子たちがはやしたてるのだ。ちょっとしたことでも、すぐに盛りあがって大騒ぎだった。

けれども、それ以上の行動となると彼らは二の足を踏む。町に出る無料のバスチケットがもらえるのに、大学のインターネット端末にかじりついて、フェイスブックでイラクにいる友人とやりとりするばかり。イラクでは外出は暑いし、危険だし、退屈だから、若者たちはそうやって交流するのだ。エディンバラ国際フェスティヴァルの事務局にバスチケットを手配してもらったのも、それを見越してのことだった。みんなで町まで気軽に出れば、優れたオーケストラの演奏を聴くこともできる。エディンバラでの三週間のオーケストラ講習は、イラクから離れ、染みついた習慣を打ちやぶる第一歩でもあった。やがて楽員たちは、大学構内にこもる生活に嫌気がさしてきた。根がお祭り好きなだけに、規則だらけで息が詰まるのだ。どこかで発散しないと、講習が終わるまでに頭がおかしくなる。

水曜の夜、楽員たちはポートベローのウォーターフロントに出かけていった。伝統的な音楽が大好きなパブ「ダルリアアダ」の店主が協力を申しでて、深夜まで騒げる個室を提供してくれたのだ。私が遅れて到着したときには、クラリネットが空気を震わせ、大歓声が充満していた。熱を帯びたダンス合戦が繰りひろげられ、ステップを踏む激しい動きに、床がホットプレートになったのかと思うほどだった。

そのとき、火災報知器が鳴りひびいた。誰かがトイレでタバコを吸ったのか？　みんな意気消沈して、のろのろと店の外に出る。お祭り騒ぎは特別なごほうびではなく、果たすべき責務なのに。禁止をいいわたされたらどうしよう？　数分後、店主がおどおどした様子でやってきて、人いきれで部屋の温度が上昇し、火災報知器が反応したと教えてくれた。これは困った。スコットランドの火災報知器が鳴るから、騒ぐのも控えめにと通達するのか？　そんなことできっこない。何か方法を見つけなくては。

通訳のサマンとシュワンとダーラは、ＮＹＯＩの意思疎通の生命線だ。アラビア語、クルド語、英語が操れるのは、イラクでは平均以上の教育を受けてきた証拠。厳しい練習や、気の張る状況を乗りきってこれたのも、彼らの献身と知性のおかげだ。彼らはただ言葉を置きかえるだけでなく、コミュニケーションが円滑になるよう工夫してくれる。そんな配慮があったから、私たちはおたがいを信頼し尊重することができた。

そんな通訳の力を痛感したのは、シャーワン、レバス、バレン、私の四人がスコットランド・アーツ・クラブに招かれたときだった。通訳としてサマンが同行した。シャーワンたちは、イラクの音楽教育はあまりに貧弱であること、ＮＹＯＩに参加して初めてまともに音楽を学べたこと、自分や家族にとって音楽がいかにたいせつであるかを話し、それをサマンが通訳した。レバスはヴァイオリンでハラブジャの子守歌を演奏するとき、この曲はフセイン時代の悲劇を思いだすと語った。自分の町が化学兵器の攻撃を受け、親族も犠牲になった。ＮＹＯＩには英語を話さない楽員もたくさんいて、ジャーナリストは彼らのことは無視する傾向にある。しかしそんな彼らの物語や演奏もまた、イラクの音楽家のありのままの姿を浮かびあがらせるのだ。

初年度からコントラバスのトップを務めているサミルは、講師のドブズにすっかり傾倒していた。しかし今年、エディンバラ・ユース・オーケストラのマージョリーは、自分のオーケストラのニニアン・ペリーに指導させたいといってきた。ニニアンのように年齢が上で、指導経験が豊かな指導者はなかなか得がたい。それでもドブズが来ないと知り、ダニエルというピアスだらけのロックンローラーが隣で弾くとわかったときのサミルの表情は、一生忘れられない。それでも、ニニアンとダニエルがサミルの心をつかむのに時間はかからなかった。講習が始まって一週間後、彼はこっそり打ちあけてくれた——ドブズが一〇だとしたら、ニニアンは九・九に近い。ああ、よかった。

サミルとの距離は、エディンバラに来てからいっそう縮まり、いろんなことで信頼しあえるようになった。彼が私を導師、あるいは反響板として接してくれるのは、驚きであり、名誉でもあった。サミルは人一倍努力を重ねながらも、イラク人はばらばらで、あまりに無頓着だという悲観的な観念にとらわれていた。だが自分を見てもそうなのだが、気づかいばかりする人間はけっきょくは挫折する。サミルにはそこまでいわないけれど、本人はわかっていただろう。

ある日、サミルはクーセヴィツキーのコントラバス協奏曲を弾くから聴いてほしいといってきた。私は快諾した。サミルはＮＹＯＩで独奏したいという願望がある。でも時間を浪費したくないので、自分にやれるかどうか明確な判定を求めているのだ。昼休憩の練習室で、サミルは全身全霊で協奏曲を弾き、私も真剣に耳を傾けた。サミルは医療機器会社から病院に派遣される技術者だが、イラク国立交響楽団でも確固たる地位を築いている。ろくな指導も受けていないのに、演奏水準はかなりのものだ。だが、子どもをあやす母親のように楽器におおいかぶさる姿勢はあまりに内向きで、独奏には適さないだろう。サミルはバグダードでコントラバスの指導もしない。自分の誤りをそのまま伝えるだけだからといって、ヴァイオリンを習うよう助言する。たしかに一理あるが、私はニニアンに彼を説得してほしいと頼んだ。何をやるにも難しいイラクで、ＮＹＯＩ自体も充分な貢献はできていない。だがサミルはＮＹＯＩに参加したことで、この国で最良の教育を受けたコントラバス奏者に成長した。それに室内楽の練習を見ていると、サミルが優れた指導者になれることは明らかだ。

講習第一週が終わるころ、サミルはブログにこんなことを書いた。


受難の国に一輪の花が咲いた。

善良で汚れなき少女の頭に浮かんだ小さなおとぎ話が、受難の国に咲く一輪の花になろうとしている。

自由と音楽の香りを世界に届けたい一心で、花は懸命に生きている。

愛と意志の力で、花はスコットランドにやってきた。山々の色彩を身にまとい、エディンバラ・フェスティヴァルの幸福な精神を吸いこむ。雨にうるおされ、愛情あふれる庭師たちにていねいに世話をしてもらい、歴史あるエディンバラ城で眠るのだ。

私は四年間、この花の小さな根っことして、花の生命を感じ、支え、感情をかきたてて、わが魂を喜んで捧げてきた。花が永遠に咲きつづけられるように。

その花の名前はＮＹＯＩという。


サミルの美しい英語と謙虚な姿勢に、多くのイギリス人は恥じいることだろう。

第一週が終わる木曜日には、委嘱作品全曲とシューベルトの練習がひととおりすんだ。これでエディンバラ・ユース・オーケストラを迎えることができる。私は講師陣と相談しながら、進捗状況を考慮して第二週の予定を組んだ。

八月一〇日、金曜日。初めての休日だ。この夜、チャンネル4がＮＹＯＩについて伝えるニュース特集「夢のオーケストラ」の放送があった。番組はのっけからきつい質問が浴びせられる。イラクに軍事侵攻した国からお金を援助してもらったんですよね？　それって罪ほろぼしみたいなものですか？　ズハルと私は挑発に面食らったが、おかげで今回の訪問がもつ政治的な意味あいを実感できた。

楽員たちは、カメラの前で正直に、誠実に話してくれたようだ。チャンネル4のブログから彼らの言葉を拾うと、三番ホルンで一八歳のムハンマド・アル・サイドは「ここはとてもきれいで、イラクにないものがたくさんある。人もちがいます」といっている。チェロのトゥカは、「音楽をやる人間が、イラクよりちゃんと評価される」という感想だった。

同じくチェロのバシュダルはこう話していた。「音楽家の生活って、こんなにかっこいいんだ。世界中を旅して、プロの先生に見てもらえる。演奏会でいろんなところにも行ける。夢が実現して、このオーケストラには感謝してるよ」。楽員たちの率直で親しみやすい言葉は、好印象を与えるだろう。私としては、イギリスのユース・オーケストラとは比較にならないことを強調しておかなくては。

「イギリスのユース・オーケストラは、教育システムの基盤に支えられています。そのおかげで生徒たちはきちんとレッスンを受け、学校オーケストラ、地域のオーケストラ、ナショナル・ユース・オーケストラへと段階を踏むことができます。しかしイラク・ナショナル・ユース・オーケストラには、そうした基盤がありません。空気のピラミッドのいちばん上に浮かんでいるのです」

「ですがやる気にかけては、NYOIの若者たちはヨーロッパのユース・オーケストラ以上です。暴力と混沌をくぐりぬけ、自らの魂を守るために音楽があるからです」。それは三〇年前の私の姿でもあるのだが、知る人は誰もいない。

NYOIは、講師たちにとっても驚きの連続であるようだ。ワリードとチュロにフルートを指導するシーナ・マクドナルドに話を聞いた。

「これまで若い人のオーケストラやアンサンブルをたくさん指導してきたけど、イラク・ナショナル・ユース・オーケストラの講習のような経験はほかになかったわ！　最初のスタッフミーティングで参加者の音楽歴や文化的背景を教えてもらったんだけど、先生に習ったことがなくて、YouTubeやインターネットで勉強した子がたくさんいた。文化のちがいとか、危険と隣りあわせの毎日だとか、イラクで音楽を続ける難しさとか、とても想像できない。過酷すぎると思う。では何があるかというと、音楽への情熱よ。学ぶことにひたすら集中し、夜遅くまで練習して、演奏する喜びを爆発させる。笑いが絶えないし、生きる喜びが手にとるようにわかる。友人が爆弾で吹きとばされたと知らされて、たまたまそこにいなかった自分はどうする？　前に進むしかないの」

「指導者として、楽員たちのレベルの高さに感心してる。ろくにレッスンを受けられず、アンサンブルの機会も少ないというのに。ただ、音はまちがっていないにしても、チューニングやリズムは不正確だし、休符は無視することが多い。自分の感情を表現することが最優先で、周囲の音を聴いて、ほかの奏者に反応する意識は欠けてる。アイコンタクトは皆無で、指揮者の棒もそっちのけになってしまう！　管楽器なんて、音程の高い低いを自分で聴きとるんじゃなくて、譜面台に置いたチューナーとにらめっこしてるんだから。もう矛盾だらけよ！　欧米では経験豊かな奏者に毎週レッスンを受けるのが当たり前だし、オーケストラやアンサンブルの場数も踏める。そんな機会がなかった人たちの演奏に触れて、いままで自分がどれほど恵まれていたか理解したわ」

「だけど、うれしくなる瞬間もたくさんあった……修理が終わった楽器を吹いたときの、クラリネット奏者の満面の笑顔。目をきらきらさせて、吹きやすさに驚きながらいつまでも楽器を鳴らしていたわ。エディンバラ・ユース・オーケストラの弦楽器と、顔合わせを兼ねたセッションをやったときは、ワリードとパートナーが舞いあがってはちゃめちゃな踊りを披露した。シューベルトをやっていて、音楽を強調するために「愛してるわ」とワリードにいったら、すかさず「ぼくもだ！」と返ってきた。イラクの現代作曲家が楽譜に書いた指示をめぐって、議論になったこともある。そのとき彼はこういったのよ。「作曲家はここにいないから、ぼくたちに指図できない。だったら書かれたことを正確にやらなくちゃ。ここは大きく、あそこは小さく！」シューベルトだってそうよね……ともかく私たちは両極端なの。黒か白しかなくて、中間が存在しない。文化のちがいを乗りこえるのはたいへんだわ。エディンバラで新しい楽器を買ったときだって、なぜ値切らないのか説明しなくちゃならないの！　ジェットコースターに乗ってるみたいだけど、不思議と降りたいとは思わないわ」

友人が吹きとばされたというのは、ワリードの実体験だ。故郷キルクークにいた彼の親友が、自動車爆弾テロに巻きこまれて死んだ。夏季講習が始まって数日後のことだった。ワリード・アーマド・アッシ。二〇一〇年、アルビルのサアド・アブドゥラー・パレスでおこなわれた講習に、二番フルートとして二三歳で初参加した彼は、たちまち個性を発揮しはじめた。

キルクークは、アラブ人とクルド人がそれぞれ領有権を主張する地域だ。目当ては埋蔵量が豊富で、クルド語で「父なる炎」という意味をもつババ・グルグル油田。旧約聖書の時代から永遠の火が燃えていることで知られており、ダニエル書に出てくる「燃えさかる炉」はこの油田のことだともいわれている。ここは息子をもつ母親がお参りに来る場所でもある。キルクークは四〇〇〇年という長い歴史をもち、イラクでも人種構成が多様な町として、アラブ人、クルド人、トルクメン人、アッシリア人がともに働き、生活している。

アラビア語、クルド語、トルクメン語が話せるワリードは、NYOIでも異色の存在だ。外向的で芯の強い性格のおかげで、パートを問わず誰とでも友だちになれる。イラク全土からやってきた若い音楽家たち、それにプロ奏者の講師陣とは、このオーケストラがなければぜったい出会えなかった。そのことにワリードは深く感動した。

ワリードは一九歳にしてプロのサッカー選手だった。ところが、テレビでバッハの《管弦楽組曲第二番》をやっているのを見た瞬間、金縛りにあった。ほかのことは目に入らないし、何も聞こえない。

独奏パートの楽器は、友人にたずねてようやくわかった。それはフルートだ。

　ワリードは何カ月もお金を節約し、貯めた九〇ドルで中国製の安い楽器を手に入れた。インターネットで指づかいなどの知識を集め、楽譜の読みかたも勉強していく。ときには壁にぶつかったり、独学のやりかたがまちがっていたと悟って、やりなおすこともあった。家で吹いていると家族に怒られるので、窓も扉もない無人の建物を見つけて、長いときは一日一五時間練習した。

　フルートの先生を見つけたワリードは、キルクークからバスで一時間半かかるアルビルまで通った。しかし実力の乏しい先輩たちにはその熱意が脅威となり、また独学に戻った。それでもＮＹＯＩのオーディションを毎年文句なしに通過している縁で、フルート講師のダニエル・アギにアラビア語で指導を受けられるようになった。

　週二、三回のスカイプレッスンに、月一回の対面レッスン。これだけならスコットランドの田舎にいる若い音楽家とさほど変わらない。だがワリードが住んでいるのはイラクのキルクーク。民族浄化が繰りかえされてきた歴史があり、フセイン政権時代の一九九一～二〇〇三年にはアラブ化政策が実施された。テロはいまも続いている。でも講習に来ているあいだは、そんな影の部分はみじんも感じさせない。他の楽員もそうだが、ワリードも暴力に無頓着になってしまった。もはやそれは生活の一部で、自分だっていつ命を落とすかもしれないからだ。しかし、平和を求める心がすりきれたわけではない。

　キルクークで大きな爆弾テロがあった数日後、ワリードと友人たちは現場に出かけ、譜面台を立てて音楽を演奏した。悲惨な事件のあった場所を、いつもの場所に回復させるためだ。

ベートーヴェン音楽祭の演奏会では、ワリードは感激の涙が止まらなかった。ひとりのアーティストとして、人間として真っ当に評価された喜びがあまりに大きかったのだ。帰国直前には、ドイツ大統領に招待された野外演奏会でモーツァルトのフルート協奏曲を演奏した。音楽で自分を表現できる自由を知って、彼の黒い瞳に光が宿り、指導者としての自覚が芽ばえる。ワリードはキルクークで最初のフルート教師になった。

二〇一二年三月三一日、ワリードは自分の楽団を立ちあげる。永遠の火にちなんで名づけたババ・グルグル室内管弦楽団だ。キルクーク市立図書館をまにあわせの演奏会場にして、白いベストを着たワリードは地元の奏者たちを指揮して、地元作曲家の作品を演奏した。英語のウェブサイト「キルクーク・ナウ」のインタビューで、彼はこう話している。「政府の人たちに、キルクークはイラクの文化首都だと訴えたいんです。政治に巻きこまれるのはごめんだと。音楽を通じてこの町の美しさを伝え、文化の都であることを証明していきます」

NYOIがエディンバラ・ユース・オーケストラの楽員を迎えいれるころ、ワリードとNYOIは意気さかんではあるものの、変化の苦しみも味わっていた。音楽的に何が正しくて何がまちがっているのか、価値があるのはどんな人材なのか。そんな課題に直面して、誤った思いこみから脱却しようともがいていたのだ。楽員たちにとっては、これまで経験したことのない困難な世界だろう。だけど、希望と受容のメッセージをイラクから発信しようと必死にがんばる彼らを、愛と技術で導いてくれる人たちもいる。私は若者たちの父親的存在になるつもりはなかったが、いまさら役を降りることはできなかった。

15 スコットランドとの和解

八月一二日、日曜日。エディンバラ・ユース・オーケストラとウード奏者のキヤム・アラミが講習に合流した。ベートーヴェン音楽祭のときと同様、弦楽器はNYOIとエディンバラ・ユースでプルトの表裏を構成する。エディンバラの楽員たちに縁の下で支えてもらいつつ、イラクのオーケストラという体裁は保ちたい。

エディンバラ・ユースは、楽員の多くが女性で、私たちより若い。そこはドイツ連邦青少年管弦楽団と同じだ。ちがうのは、のんびりしていて遅刻が多いこと。三種類の言語が飛びかい、進行の遅い練習にも不慣れな様子だった。NYOIをどう支えていくのか、忍耐力と謙虚な心で学んでもらいたい。ゼネラルマネージャーのマージョリーも毎日練習に顔を出して目を光らせてくれる。しかし楽員たちは、NYOIの役割モデルとなって、おたがいに短期間で成長しなければならないことがいまひとつわかっていない様子だ。

マージョリーと私は、そのことをはっきり告げた。するとエディンバラ・ユースの楽員たちは時間をきちんと守るようになり、新しい響きをつくりあげる仕事に真剣に取りくむようになった。エディンバラ・ユースにはカルチャーショックもあった。それは、ゴードン・マクファーソンとピーター・マクスウェル・デイヴィスの作品だ。エディンバラの若い音楽家がスコットランドの現代作品を演奏するのに、イラクのナショナル・ユースという場が必要だとは。スコットランドがそういうところだということは、私がよく知っている。クラシック音楽にかんしてはきわめて保守的で、過去にほとんど手を加えないまま同じことを繰りかえしているのだ。

ウード奏者のキヤム・アラミはロンドンからやってきた。これから二週間、ゴードン作曲のウード協奏曲《血の舞踏》の練習につきあってくれる。ラファエル前派に描かれた馬のたてがみのような黒髪と、鋭敏だが温和な性格の持ち主で、少しも構えたところがない。彼はアラビア語が話せるにもかかわらず、オーケストラの信頼を得るには少々時間を要した。イギリス育ちということもあって、「生粋のイラク人じゃない」と見られていたのだ。しかし初回の合わせで、楽器を構えたキヤムがひとつ和音を鳴らすと、オーケストラは瞬時に反応した。「ああ……」。故郷に戻ったときのような、声にならない声が部屋中に広がった。

《血の舞踏》は、最初の通しからキヤムに入ってもらった。これまでに書かれたウード協奏曲（私の知るかぎり五曲ある）のなかでもっとも先鋭的な作品だけに、ずれないように進むのも必死だ。キヤムはオーケストラと共演した経験がないし、現代曲だから伴奏も支えにならない。気を抜くとすぐにばらける。難度が高すぎて、いたずらに時間ばかり過ぎるが、それでも最後までやらなくてはならない。私はキヤムとゴードンを信じているし、楽員たちはおたがいを、そして私を信頼している。その気持ちだけで練習を乗りきっていた。それもエディンバラ・ユースの助けがあればこそだ。ゴードンが練習を見学に来たとき、通しを終えたあとで楽員のひとりが曲の意味を質問した。長い沈黙のあと、イラクが受けてきた痛みと苦しみを表していると作曲者は説明した。それを聞いて、管楽器セクションからこんな声があがった。「なぜ私たちにもまた同じことをするんですか？」正直、なるほどと思ってしまった。

ゴードンの作品は、ヘンデルがカンバーランド公に敬意を表して書いた《二四のイギリスの歌》HWV228の第九曲〈苦悶の反乱から〉に触発されている。フランドとムルタダのトランペットがヘンデルの旋律を奏でるなか、世界が大混乱に陥る。黙示録的な響きがほしい私が「ターミネーター2でよろしく！」と指示すると、オーケストラはその意味を正確に理解した。

いまいましい暴君よ、偽りの名声でおびきよせ、
おのれの自尊心を満たすために世界を炎で焼きつくす。
栄光に輝く王よ、その慈しみの心が
人類を庇護する真の威厳をもたらすのだ。

ゴードンはプログラム解説をこんな言葉で締めくくっている。「われわれ西側の人間は、中東の社会を引っかきまわし、混乱を生じさせた歴史がある。それを考えれば、こういう音楽になるのも当然だった」。後日、私が《血の舞踏》の録音をインターネットに上げたところ、アラブの春の熱気さめやらぬエジプトで口コミで広がった。この作品の意図がいちばん理解される場所だったのだ。

　とはいえ、斬新な音楽があまり多いと誰もが落ちつかない。ある講師はこんなことを書いていた。「唯一工夫の余地があると思ったのはプログラムだ。今回の曲を選んだ理由はよくわかるけれど、古典的な曲を増やして、現代作品は減らしたほうがバランスはよかったような気がする。そのほうがオーケストラも感情表現とかアンサンブルを学べたかもしれない」

　反論の余地なし。このプログラムを決めたのは、国際フェスティヴァルより実験的、前衛的な性格のフリンジを意識してのことだ。自分ではいろんなリスクを計算に入れつつ、意欲的でイラク色を打ちだせると思っていた。しかし、NYOIの立場を考えると微妙だったかもしれない。ブリティッシュ・カウンシルおよびスコットランド政府は、イラクと文化外交を展開したいと考えている。アブドゥルラマン・デヤブ博士の訪問もその一環だった。

　八月一三日、ロンドンにあるイラク文化センターのデヤブ所長が、ブリティッシュ・カウンシル・スコットランドの担当者と私たちの滞在する大学にやってきた。文化センターはイラク文化省の資金で運営されていることを考えると、デヤブに与える心証はNYOIの未来を大きく左右する。デヤブとは、文化センター開設の一週間後に会ったことがある。ジャーナリストらしく言葉の歯切れがよく、温厚な人だった。この日はイラク政府代表としてスーツとネクタイでぴしっと決め、私たちに案内されるまま練習を見学した。

　ちょうど室内楽の時間だったので、小さなグループを順番に見てまわる。エディンバラ・ユースの弦楽器とワリードはヴィヴァルディのフルート協奏曲を練習していて、シーナ・ゴードンが指導していた。部屋の隅っこに楽器を構えて立つワリードは、小柄なスコットランド女性のシーナが、はつらつとした知性を音楽に吹きこむ様子を驚きとともに見つめていた。ふと気づくと、中綿入りのぶあついジャケットを着こみ、造花のついた帽子をかぶった恰幅《かっぷく》のよい老女が扉から首を出し、きょろきょろしている——母さんだ。私は気絶しそうになった。数日前から行きたいと連絡が来ていたが、よりによってデヤブ博士の来訪とぶつかるとは。私は外で待っててくれと母に頼んだ。ブリティッシュ・カウンシルのジュリアが椅子を見つけて母を座らせ、おしゃべりの相手をしてくれる。デヤブ博士に謝罪したら、お母さんなのだからと快く理解してくれた。

ＮＹＯＩとエディンバラ・ユースの混成ヴァイオリングループも練習していた。エディンバラ・ユースのひとりが、スコットランドのフィドルの曲を教えると、お返しに陽気な二番ヴァイオリンのホガルがクルドの旋律を紹介する。これぞ仲間どうしの学びあい。私はうれしくなった。デヤブ博士も「まさにインターナショナルなオーケストラだ」と笑顔でいうが、よい意味なのかどうか。博士とロンドンで会ったとき、イラクとイギリスの若者がいっしょに活動する必要性を説いていたが、それがいま目の前で実現している。ＮＹＯＩにスコットランド人奏者が混じっている光景は感動的だった。

第一ヴァイオリンの講師であるデイヴィッド・ジュリッツが、ベートーヴェンの弦楽四重奏曲第一番へ長調作品18－1を指導していた。そこにやってきたとき、博士の顔が初めてぱっと輝いた。チェロを弾いていたのが、バグダードから来たアラブ人のフッサムだったからだ。イラク文化省が、ＮＹＯＩをほんとうの意味のナショナル・オーケストラとみなしていないことは、複数の筋から聞いていた。イラク国民の大多数はアラブ人なのに、ＮＹＯＩの楽員構成はそれを反映していないからだ。もともとアラブ人の申し込みは少ないし、クルド人がオーディションで善戦しているからだが、文化省はそういう事情は考慮しない。国の代表として世界で恥ずかしくない演奏をするためには、イラク全土からできるだけ優秀な奏者を集めたい。その結果、バグダード以外の出身者が大半を占めることになった。しかし文化省にしてみれば、これは演奏の質ではなく、国内政治の問題なのだ。

バグダードすなわちイラクであり、他の者はみなひれ伏すようにという独善的な思考がそこにある。ロンドンやニューヨークもちょっと耳が痛い話だ。イラク国立交響楽団はバグダード在住のアラブ人楽員が主体だから、文化省の支援を受けられる。でもNYOIは知らんぷりだ。国立交響楽団の年長の楽員たちは、自分の居場所がなくなるのを恐れて若手を育てようとしないし、世界で自分の力を試そうなんて思ったこともない。

NYOIが優れた指導を受け、新しい楽器を入手することは、まわりまわって国立交響楽団にも恩恵となるはず。だが年かさの楽員たちは気分がよくない。交響楽団のトランペット奏者であるマジッドも、徐々に立場が難しくなっていた。NYOIは彼らの弱点を暴き、権威に傷をつけているのだ。

彼らは自尊心が傷つき、ねたみを覚えている。私たちが思いどおりにならないから、面目を保つには私たちを遠ざけるしかない。クルド人が独立を望んでいて、イラクのパスポートを取得するのは名目だけということは周知の事実だから、傷口にまた塩を塗りこまれる。それでもNYOIは、イラクに住む若いイラク人がつくるナショナル・ユース・オーケストラだ。政治的にはあまりに素朴な定義だが、それしか解はない。デヤブ博士のいわんとすることもわかる。グレート・ブリテン・ナショナル・ユース・オーケストラがロンドンではなくエディンバラにあって、楽員の三分の二がゲール語しか話せないとしたら？　イラクのアラブ人の目には、NYOIはそう映るのだ。

さて、母さんだ。私は母を大学構内の食堂に連れていった。ちょうどBBCスコットランドが夕方のニュースを放送していた。母はオーケストラのことを「あんたの子たち」と呼び、遠慮なく質問を浴びせかける。七〇歳にしてようやくまともな治療を受けはじめた母は、それまでのことが嘘のように人生を立てなおした。といっても、エディンバラによくいる貧しいおばあさんになっただけだが。母ほどたくましい人を私は知らない。筋金入りのサバイバーだ。私たちは無料の昼食をかんたんにすませて、ウェイヴァリー・ショッピングセンターにあるハリー・ラムズデン・フィッシュ・アンド・チップスでまた会うことにした。

NYOIの楽器はただでさえ劣悪なのに、集中練習で悲鳴をあげはじめた。無料で修理をやってくれたのが、ヴァイオリン製作者のニール・アーツだ。彼にはお世話になりっぱなしだった。マージョリー・ドゥーガルが豊富な人脈を駆使して、楽器のことでも手厚く対応してくれた。

ニールのところにもちこまれた楽器は、どれも惨憺《さんたん》たる状態だ。「今週は奇妙な楽器ばかり作業台に乗った……駒が低くて平べったい。弦がまっすぐ張られておらず、間隔がまちまちだ。ナットがやたらと太い。糸巻きが動かない……隙間や大きなひび割れもできている。一週間のうち丸二日使って、急を要するものから修理していった」

傷ついた楽器が山と積まれた工房で、ニールはひたすら削り、穴を開け、くっつけて、翌日には使えるようにした。ひどいものには金属の補強も入れた。イラクでは楽器もその持ち主もこんな扱いを受けているのだ。壊れているのは楽器だけではない。奏者も修復して、回復の機会を与えなくては。

別の災難もあった。アッシャー・ホールでロンドン・フィルハーモー管弦楽団の演奏会が予定されていたのだが、来場者は外で五〇分も待たされたあげく、停電のため中止といわれたのだ。へこたれないNYOIはそのままエディンバラ幽霊ツアーに参加するが、古風な衣装を着たへぼ役者がいくらおどかしても、百戦錬磨の楽員たちはびくともしない。けっきょくはアコーディオンの大道芸人を巻きこんで、街角で歌や踊りで大騒ぎして終わったのだった。

これがバグダードなら？　オーケストラは譜面を完全に暗記しているから、停電でも演奏会は開かれたはずだ。

二週間の集中練習が終わり、講師陣はここでさよならだ。お別れの室内楽コンサートが開かれた。モーツァルトのクラリネット五重奏曲、リヒャルト・シュトラウスの交響詩《ティル・オイレンシュピーゲルの愉快ないたずら》の室内楽編曲版、マルコム・アーノルドの《三つのシャンティ》。デイヴィッド・ジュリッツは、ジョン・コリリアーノの《ストンプ（ヴァイオリンのための）》を披露した。目の前で繰りひろげられる名人芸を記録しようと、みんなiPhoneやiPadをかざしている。デイヴィッド・ジュリッツとクレア・ドカティは奇妙な囲いのなかに入り、デイヴィッドが弓を、クレアがフィンガリングを担当して二人で一丁のヴァイオリンを演奏した。マジッドは椅子から飛びあがり、大喜びしながらスマホで録画しはじめた。あとでデイヴィッドは、これは「詩的」な芸なのだと説明した。

優秀な音楽家が自分たちのために演奏してくれた――NYOIの楽員たちは大感激だった。室内楽では、奏者は気軽に仲間の家に行って練習したりする。イラク国内では移動の自由はかなり制限されているし、イラク・マカームをはじめとする独自の古典音楽も消滅寸前だ。それでもトゥカ、ワリード、ヘルグルドたちは室内楽団体を結成していた。相手の存在を認め、尊重するところから始まる室内楽は、イラクの人間性回復の最初のきっかけになるだろう。

講師たちは、NYOIと過ごした二週間をこう振りかえっている。

・最初の数日はどうなるかと思ったが、最終的に独自のアイデンティティと個性をもった真のアンサンブルができあがって感動した。

・若者たちの背景を考えると、彼らがここまで音楽をやれているのはすごいと思う。

・みんながひとつになろうと賢明に努力を重ねて、講師、運営、イラク側スタッフ、生徒がすばらしいチームになった。とりわけ優秀な通訳の功績は大きく、みんな感謝している。

プロジェクトマネージャーのベッカは、私の前でぽろりといった。「あんなクソみたいなところから、よく立派な結果を出したわね」

第三週は、ホルンのサラとチェロのデイヴ、それに私というスカスカの布陣で少々心細かった。だが、もうエディンバラの端っこ《フリンジ》でくすぶっている場合ではない。私たちは室内楽練習の総仕上げとして、ブロートン・ハイスクール音楽科の生徒の前で演奏することを決めた。この町の懐に飛びこむために、まずは耳の肥えた若者たちの批評をあおぐとしよう。

ハイスクールのリサイタルルームに、音楽科の生徒たちが集合した。この学校からNYOIに参加している楽員もいる。イラク人楽員は彼らより五歳から一〇歳は上だが、それでもおたがいを尊重した混成部隊でモーツァルトやボッケリーニ、それにクルドやスコットランドやゲールの伝統音楽、さらにはビリー・ホリデイの名曲まで演奏した。司会役の私はそれを聴きながら、奏者の多彩な背景が演奏に新たな意味を与えていると感じた。悪条件だらけのNYOIの楽員は、弦楽四重奏やホルン三重奏といった小編成の室内楽さえ思うようにできない。恵まれた立場のエディンバラの若者たちに、そのことを言い訳や弁解ではなく、事実としてわかってもらうことがたいせつなのだ。演奏会に感動した音楽科主任は、YouTubeでクルドの音楽を勉強するよう生徒たちに呼びかけた。

その日の午後、ジュエル・アンド・エスク・カレッジの敷地にテントを立てて、感謝のガーデンパーティを開いた。キヤム・アラミは伴奏つきでウードの小品を演奏し、ワリードはエディンバラ・ユースの弦楽器と練習を重ね、シーナの指導を受けてきたヴィヴァルディのフルート協奏曲を発表した。お世話になった大学職員たちは、ファゴット三重奏のガーシュインや、スコットランドのフィドル音楽を聴きながら、少しずつへべれけになっていった。

八月一八日、土曜日。エディンバラでの本番まで一週間だ。午後はアッシャー・ホールでヴァレリー・ゲルギエフとロンドン交響楽団のリハーサルを聴く。曲はシマノフスキの交響曲第三番《夜の歌》だ。バルコニー席から、オーケストラと独唱と合唱団で埋まった舞台を眺めていたら、三番ファゴットのアフマド・アッバスの姿を見つけた。ファゴットパートのすぐうしろの席で見学する許可をとりつけたのだ。アフマドはファゴット奏者の肩ごしに譜面を一心に見つめ、楽器から発散される音楽の熱を全身で吸収していた。舞台袖では、ラニアとアリがホルンパートのすぐそばに立って彼らの呼吸を観察し、講習で指導されてきたチームワークを肌で感じている。ホルン講師のサラ・マクスウェルの紹介で、彼女の師匠であるジョナサン・リプトンから一対一のレッスンも受けられる手はずになっていた。NYOIにかかわったことで、ラニアたちはイラクでいちばんよい教育を受けたホルン奏者になっていた。

数日後、ヨーロッパ連合ユース・オーケストラ（EUYO）のマネージングディレクター、キム・サージェントと話をつけて、アッシャー・ホールでのリハーサルを見学させてもらい、いっしょに写真を撮ることにした。国を問わずナショナル・ユース・オーケストラは高嶺の花だが、ことにEUYOはヨーロッパ全域から応募者が来るので、オーディションに合格するのは至難のわざだ。

EUYOがドビュッシーの管弦楽曲《夜想曲》から〈雲〉を演奏するのを、バルコニー席から眺める。やがてマジッドとハッサンが立ちあがって外に出てしまった。イラクではどうがんばっても、ユース・オーケストラがこの高みに到達するのは不可能だ。二人にはその事実がこたえたのだろう。エディンバラは厳しい現実を突きつけるが、それでも私たちはここに来ることを選んだ。練習の合間に設けられた撮影会では、アフマドは大喜びでファゴットパートに駆けより、いっしょに写真におさまった。そんな彼の情熱が、思ってもみないかたちで実を結ぶ。マージョリー・ドゥーガルとアフマドの先生であるヘザーのはからいで、エディンバラ・ユース・オーケストラがファゴットを一本購入し、アフマドに贈ることになったのだ。

ラマダン明けに合わせて、エディンバラ・ユース・オーケストラがケイリーを開いてくれた。ケイリーとはスコットランドではおなじみの歌と踊りの夕べだ。会場のジュエル・アンド・エスク・カレッジの食堂には、ハラール認証されたハギスと、アイアンブルーが並ぶ。アイアンブルーは、どぎついオレンジ色のご当地炭酸飲料。イラクでもオレンジやグリーンの蛍光色がかなりやばいソフトドリンクが売られていて、それに近い。

マージョリーはキルトで正装したバグパイプ奏者を呼んでいた。NYOIの連中は軽快な調べに乗って、芝生の上で適当な振りつけで踊りだす。ズハルとサミルは、エディンバラ・ユースのメンバーといっしょにケイリーの音楽を即興演奏した。チェロのバシュダル、それに写真担当のタリクが、アラブとクルドの民族衣装姿で伝統的なサークルダンスを演奏するうち、バグパイプ奏者が飛びいりで参加して場を沸かせた。イラクのポピュラー音楽ではワリードが熱狂的に盛りあがった。やさしい旋律に乗ってスコットランドのカントリーダンスが始まり、エディンバラとイラクの若者という風変わりなペアがいくつもできた。ドイツのときもそうだったが、二つの集団はおたがいに温まるまで時間がかかった。でもいまは心を通わせて、最初の演奏会に向けて手をたずさえ、着実に歩んでいる。

私はズハルと交代して電子ピアノの前に座った。ズハルは踊りの輪に加わる。ステージから見ていると、共通点のほとんどない若者たちが本気で楽しんでいる光景が信じられない。初めてイラクに行ったときは、自分が宇宙人になったようで、二週間後に出国したときはほっとしたものだった。ところがNYOIは、たった三週間でスコットランドとその音楽、そしてエディンバラ音楽祭になじんでいる。こうなることを誰が予測しただろう。まだ演奏会もやっていないうちから、私たちはスコットランドの人びとの寛大さと善意に触れ、お返しをはじめていた。

運営会議は毎朝九時に開かれていたが、演奏会を翌週に控えたある日、天地がひっくりかえる大問題が発覚した。演奏会の日程はちゃんとラマダンをはずして調整したのに、イード・アル＝フィトルというラマダン明けのお祭りについては誰も教えてくれなかった。二〇一〇年からチェロで参加しているバシュダルが、一同を代表して私のところにやってきた。彼はこの二年間、あやふやなのに魅力的な英語と穏やかな性格で、楽員との橋渡しをしてくれている。バシュダルは私の決定を受けいれるといいつつも、こう訴える。

「ポールさん、これはクリスマスと同じです。お祝いしなくちゃいけないんです」

そうか、講習の最終週にクリスマスが来るのか。そんなこと何カ月も前からわかっていたのに、誰もいわなかったじゃないか。私は猛烈に腹が立った。こっちがどんなに時間をかけて入念に準備しても、最後の最後で自分たちの都合のいいように変わるとのんきに構えている。じつにイラク人らしい。さらに問題なのは、イード・アル＝フィトルで具体的に何をするのかわからないことだ。

私はサマンにたずねた。ふだんは科学的な思考ができる彼の答えはこうだった。まあ、けっきょくはメッカにいる指導者しだいなんです。ラマダンが終わると、彼らは空の月を見て暦月の終わりを判断し、イードの正式な始まりを宣言します。難しくありませんよ、月は月ですから。見ればわかるでしょ？　ただね、そうでないこともあります。空が曇っていたら、指導者の話しあいでイードをこの日にする、あの日にすると決めます。私たちはそれを待つだけです。八月のメッカの空が曇るかだって？　私はため息をもらした。エディンバラのイードは、講習最終週のどこかに当たるということだ。

そういえば、イラク人はあらゆる予定に対して「インシャラー」という。それが神の御心ならば、という意味だ。ほんらい、話の最後にインシャラーとつけば、計画や試みがうまくいきますようにと幸運を祈る意味になる。だが私の知るかぎり、インシャラーは都合のいい責任逃れだ。苦難の歳月を経てきたイラクでは、自分は何もする必要がないという意味になっている。それが神の御心であるならば、いずれ宇宙の摂理で明らかになるし、御心にそむくものであれば、神に逆らい、怒らせることなどできない。運命論を装っているが、いくじなしの究極の言い訳だった。

交渉が始まった。メッカでイードと決まった日は、午後と夜の練習を休みにする。町にあるクルド料理のレストランに行ってもよい。ただしあとで夜の練習を追加する。とはいえ、いざイード・アル＝フィトルが来たら、ＮＹＯＩの楽員たちが食事だけで終わるはずがない。ましてや町はフェスティヴァルの真っ最中。世界中からやってきた観客の注目を集めようと、一流のアーティストが旧市街や新市街の路上でひっきりなしに実演を見せている。うちの楽員もおそろいのＮＹＯＩのＴシャツを着て、イラクの音楽を演奏し、チラシを配っているが、正直めだつことはできない。それでも宣伝活動をして、道行く人に直接声をかければ、盛りあがるフェスティヴァルの一部になれる。イラク社会ではぜったいできないことに、前向きに取りくむ彼らが誇らしかった。

月曜日、次の週末に向けた練習を再開する。エディンバラ・ユースのメンバーもすっかりなじんで、うちの楽員と自由に交流している。練習の流れもよくなったが、まだ一週間あるから何が起こるか油断できない。

八月二十四日、金曜日。練習最終日。やれることはすべてやった。ズハルとキヤムと私、それにＮＹＯＩの戦士たちは二台のタクシーに分乗して、ラジオ3の名物番組「イン・チューン」の生放送に向かう。ＢＢＣが会場に設けた派手な仮設テントは人工芝が敷きつめられ、即席のバーもあってフェスティヴァルらしい浮かれた雰囲気だ。ヴァイオリンのレバスには、クルドの音楽を演奏するのは三分までだぞと釘を刺したが、レバスは意味深長な笑顔で応じた。私はイラク人のそんなユーモアが大好きだ。スコットランド人のユーモアよりブラックで、自嘲的。ドイツ人が他人の不幸にほくそえむ感情「シャーデンフロイデ」に近いが、イラク人はそれを恥とも思わない。このユーモアでイラク人は生きのびてきたにちがいない。

番組では、まずキヤムたちがウードの曲をアレンジした作品を演奏した。レバスと仲間たちが、クルドの音楽をぴったり三分間で終わらせたのはプロっぽい。ズハルと私は、パーソナリティのショーン・ラファティのインタビューに答える。私たちは、後援者の名前をこれでもかと詰めこみながらしゃべった。気どりのない巧みな進行のおかげで、私たちは無事に放送を終えた。今回の宣伝活動ではいちばんの体験だったと思う。

八月二五日、土曜日。最初の本番の日だ。演奏会は全部で三回あり、グラスゴーにある王立スコットランド音楽院でまず幕を開ける。ジョン・ウォレス院長は、私たちのイギリスデビューを大歓迎してくれた。ジルが撮影の準備にかかるが、録音担当のマイク配置がオーケストラ向きではなく、ことごとくまちがっていた。このマイクは一本二〇〇〇ポンドもするのにと力説するジルに、問題はマイクではなく音響エンジニアなのだと説明する。映像の良し悪しを決めるのはカメラではなく、カメラマンの腕だ。だがこれ以上素人の音響にかかずらっている暇はない。演奏会に集中したいのだ。ジルと私はどちらも堪忍袋の緒が切れていた。私は過去三回の講習でひっきりなしにカメラを回され、いらいらが限界に来ていた。ドキュメンタリー制作なんてやめにして、彼女と縁を切ってしまいたい……。残念ながらそれは実現しなかった。

その日の午後、ジュリアン・ロイド・ウェバーがリハーサルに登場した。この三週間、デイヴ・エドモンズが代理で独奏部分を弾いていたとはいえ、ジュリアンの楽器はストラディヴァリウスだし、音楽の解釈もちがう。機械的に曲を覚えただけのオーケストラは応用がきかず、完全にお手あげだった。追いうちをかけるように、ベルギーからやってきたオサマ・アブドゥラソルが、《ハビブ》の冒頭はもっと速くと指示を出す。この部分は、ジュルジーナというイラク伝統の16分の10拍子のリズムが基本になっている。私たちは必死にリズムを刻んだが、崩壊する一歩手前だった。

グラスゴーでのプレビュー・コンサートは、こんなありさまで臨むことになった。さいわい会場のスティーヴンソン・ホールは小さくて親しみやすい雰囲気だ。緊張も気おくれもしないで、聴衆の反応をじかに感じながら演奏できる。二番トランペットのムルタダはリラックスしすぎて、休みのあいだ譜面台の下に足を投げだし、両手を頭のうしろで組んでいた。そのころ隣のフランドは、楽器がたいへんなことになっていた。管に何かが詰まったらしく、音が出ないのだ。バルブや抜差管をあれこれいじっていたが、休憩に入ると同時に走って舞台をおり、楽器に水を通した。後半はジュリアンの独奏も含めて無事に終わり、手厳しい批評も浴びずにすんだ。私たちはエディンバラにとって返した。試練続きの一日でもうへとへとだった。

翌日の午後は、グレイフライアーズ教会での本番に向けたリハーサルだが、いろいろやらかす楽員が出てきた。まず、一番トランペットのフランドが楽器をもたずに教会にやってきた。大学まで取りに戻っていたため、リハーサルの前半は出られなかった。コントラバスのサミルとチアは頭が痛いといいだし、練習はエディンバラ・ユースの二人にまかせて信徒席に横になっていた。ヴァイオリン二名も怪しげな不調を訴えて離脱。トイレに駆けこむ者もいた。ワリードはチューニングが合ってなくてもおかまいなし。それは彼だけではなかったが。本番当日に心身症的な不調がこれほど噴出するのは初めてだ。

そのいっぽうで、第二ヴァイオリンの講師クレア・ドカティは、教会で演奏するコツを指南してくれた。教会はグラスゴーのホールよりはるかに残響が長いのだ。エディンバラ・ユース・オーケストラでマージョリーがいつも使っているプロの音響エンジニアは、マイクの配置もきちんとしていて、話をしても自分のやるべきことをわかっている印象だった。

チケット完売の客席は、午後七時にはすっかり埋まった。フィオナ・ヒズロップ大臣、ブリティッシュ・カウンシル・ロンドンのキャシー・グレアム、イギリス＝イラク友好協会のアル・シャイクリー会長、ブリティッシュ・カウンシル・スコットランドのロイド・アンダーソンも顔をそろえた。イラク文化センターのデヤブ所長が、教会の外でズハル、マジッドといいあいをしているのが聞こえる。NYOIのアラブ人楽員の数がご不満なのだ。そうかと思うと、ブリティッシュ・カウンシル・イラクのワサン・アル・シャイクリーは最前列に陣どって、誇らしげな笑顔でイラクの国旗を広げている。私たちはエディンバラの芸術関係者だけでなく、イラク系の市民も数多く招待していた。オーケストラの演奏会もそうだが、教会に入ったのは生まれて初めてにちがいない。

私たちの演奏は、聴衆の心を激しく揺さぶった。曲のなかには、暗い色調もあれば、耳ざわりな響きもある。けれども、全員で共有する愛と喜びがそれをはるかに上回って、教会全体を照らしていた。聴衆とオーケストラが暗闇を光に変え、私たちは自力でアーティストとしての通過儀礼をやりとげた。

イラクの人びとは、重い税金で生活が破壊されながらも、銃弾を捨て、愛とのつながりを復活させようとしている。そんな彼らと、スコットランドの人びととの距離が縮まった夜だった。私はNYOIをバスや飛行機に乗せ、安心して音楽ができる避難所へと連れてきた。その過程で、はからずも家族のような絆も生まれた。そして私は、故郷スコットランドでシューベルトを指揮することもできた。母のようにNYOIを受けいれたマージョリー・ドゥーガルは、「こんなことほかの誰にもできないし、誰もやろうとしない」といった。講師のダギー・ミッチェルも「みんなわかってる。ありえないことが実現したってね」といってくれた。

客席の前方には父と母もいた。でも席は九つ離れていて、おたがいが来ていることさえ気づいていない。二人は二五年間、口もきいていない。修復不能な関係もあるのだ。

16 呼吸と死

エディンバラでの成功を再現するべく、私たちはロンドンに移動した。クイーン・エリザベス・ホールでの演奏会は、二〇〇九年から数えると七回目の本番になる。ジュリアン・ロイド・ウェバーは朝の情報番組「BBCブレックファスト」に出演して、私たちの奮闘ぶりについて話し、演奏会はすでにチケット完売、成功まちがいなしといってくれた。

リハーサルを始めるとき、私はこう申しわたした。「休憩前に舞台をおりていいのは、瀕死で担架に乗せられ、救急車で運ばれるときだけだ」。サマンがにやにやしながらクルド語とアラビア語に通訳すると、オーケストラは困惑して私を見た——休憩まで膀胱《ぼうこう》がもたなかったら？　午後のリハーサルはわりあい順調に進んだが、明らかに二日前のエディンバラがピークだった。

開演時間まぎわには、入りきれないお客を断らなければならなかった。この日の演奏会は、曲を提供した四人の作曲家、サー・ピーター・マクスウェル・デイヴィス、オサマ・アブドゥラソル、カルザン・マフムード、ゴードン・マクファーソンが全員舞台に登場して、聴衆の喝采を受けた。マックスがロンドンに来てくれて、私はうれしかった。彼がつくった《一巻の波しぶき、空》はその前年にイラクで初演されていたが、本人はまだ聴いていなかったからだ。

この演奏会では、後半のプログラムを最初にもってきた。ただしジュリアンのフォーレをいきなりやるのではなく、二〇一一年のクラウドファンディングでつくったビデオを流し、NYOIの沿革を駆け足で見せる予定だった。軍事侵攻でイラク文化が蹂躙されたと憤《いきどお》るマックスの談話も入っている。ところが、クイーン・エリザベス・ホールの巨大なプロジェクターが不調だった。聴衆は音声だけ聞かされたり、映像だけ見せられたりを繰りかえし、最後にはただの暗闇になった。天下のクイーン・エリザベス・ホールにしてこれか――客席の半分を埋めるイラクの外交官やイラク系の聴衆は、まるで自国にいる気分になっただろう。このホールを管轄するサウスバンク・センターの責任者、デイム・ジリアン・ムーアが急いで調整ブースに入り、技術者としばらくごそごそやったのち、ようやく完全なかたちのビデオが流れた。

ビデオが終わってから登場したオーケストラを、聴衆は温かい拍手で迎えた。でも第二ヴァイオリンのトップであるヘルシュがいない。全員が着席したころ、彼はあわてて舞台に出てきてぴょこんと頭を下げた。会場にもすかさず拍手が起きた。欧米の時間感覚に毒されていない者がまだいたようだ。

終演後、ロイヤル・フェスティヴァル・ホールのバルコニーでブリティッシュ・カウンシル主催のレセプションが開かれた。私はデイヴィッド・ジュリッツとダギー・ミッチェル、それにBBCイラク特派員ヒュー・サイクスと、NYOIの歩みを振りかえった。といってもしゃべるのは彼らだけで、エネルギーを使いはたしていた私は自動運転モードに入り、ぼんやり立っているだけだった。NYOIは楽員や講師にとって、多くのことが学べる経験の場だ。だがこのオーケストラを維持するために、これからもあちこちの国を渡りあるくのか。そんな未来図に私は失望していた。そこから何が得られて、自分たちはどこへ向かうのか？

最後の演奏会を終えた翌日、空港に向かうまで数時間あった。私は大学寮の階段に立ち、元老院で演説する古代ローマ皇帝よろしく、すぐ裏手にあるテート・モダン・ギャラリーに行くべきだと訴えた。スコットランドとロンドンで多くの刺激を受けた楽員たちの五感は、イラクの町や村にいたころとレベルがちがう。だが、すぐそばに感覚を磨く絶好の場所があっても、それに気づかないのだ。大学寮前の駐車場で、楽員たちは思い思いにiＰｈｏｎｅで記念写真を撮り、私もひっぱりだこだ。旅立ちの高揚感のなかで、ワリードの憂いに満ちた瞳が何かいいたげだった。私がひとり冷めていて、ＮＹＯＩと距離を置いていることに気づいているのだ。

昼食後、サウスバンクから空港行きのバスに乗りこんだ楽員たちは、また来年と手を振った。見送る私は舗道で作り笑いを浮かべ、ロボットのように手を振りかえす。その足でレイトンに向かい、アランとマークの家に逃げこんだ。パスポートをどこかでなくしたので、再発行の申請でグラスゴーに行かなくては。ロンドンで手続きすると三週間待たされるのだ。自分はいったいどこにいるんだろう。何を見聞きしても実感がわかない。

二日後、クイーン・エリザベス・ホールの清掃係が、パスポートと財布の入った上着を発見した。私が使った楽屋の扉にかかっていたのだ。忘れ物を回収した私は、つらい旅の支えになり、疲れを癒してくれたたいせつな友人に別れを告げ、スコットランドに戻った。

エディンバラでは安宿を一週間確保した。デヤブ博士を案内していたとき、だしぬけに現れた母は

「親子の時間」を欲していた。ウェイヴァリー・ショッピング・センターのフードコートにある、ハリー・ラムズデン・フィッシュ・アンド・チップスで食事をする。もとはリース港の水産加工場を改造した高級店で、ピンク色の壁、天井からはシャンデリアがさがり、ピーター・マクスウェル・デイヴィスとソーヴィニョン・ブランを傾けながら何度も昼食をとったものだった。いまはフードコートらしい実用一辺倒の店に衣替えしている。健康志向が強いドイツ暮らしが長くなると、スコットランドの食事にぎょっとする。ジャーマンサラダはドレッシングの海に浮いており、緑色で、油で揚げていない点がかろうじてサラダっぽかった。母と私はフードコートの席で、お茶とフィッシュ・アンド・チップスの食事をした。おたがい無言だったが、心は平和だった。

「母さんもぼくも、いろいろあったよね」

「そうね」。母は答えて、くすりと笑った。

NYOIも、自分自身も、このあたりが限界かもしれない。

ロンドンに戻って、フェイスブックで泊めてくれるところを探した。すると二〇一〇年のときハープの弾き語りをしたクルド人歌手タラ・ジャフから、自分はソファで寝るから寝室を使ってと申し出があった。イラクの尋常でない人間や社会を相手に、私が孤独に戦っていたことをタラは理解していた。カウンセラーの資格をもつ彼女は、私が悩んでいることを察知して、最近のNYOIはどうなのかという話を私に向けてきた。オーケストラはよくなってきたが、反対に自分の気持ちは落ちこむばかり。でもその事実を認めることができなかった。

ようやくケルンに帰ってきたが、自分の部屋にいたくない。人恋しい私がふたたびフェイスブックで呼びかけると、テキサス出身のスティーヴ・ノーブルズが、空いている部屋を使えといってくれた。気力がなくて、彼には自分の話はまったくしなかった。年が明ければ、一月からオーディション応募の動画が集まってくる。審査はズハルに頼むことにした。

今回は二五ドルの手数料を設定したこともあり、応募者は二一六名から一五〇名に激減した。それでも寄せられた動画の数はさほど変わらず、しかもレベルが高くなっていた。金を払う者は、オーディションへの姿勢もちがうのだ。これはイラクでは二重の効果がある。才能があっても自信がなければ、参加費におじけづいて応募しない。反対に能力不足でも、なんとかして入りこめば、そこからうまくなっていく。イギリスツアーの口コミが広がったおかげで、常連組は練習にいっそう熱が入っていたし、新顔ははいあがるのに懸命だ。

でも私は、馬にニンジン作戦はもう飽き飽きしていた。ニンジンを用意する労力は膨大なのに、NYOIの予算が追いつかない。それでも二〇〇九年以来、NYOIのために使われたお金はざっと見積もって一四〇万ドル。だが、それに見合った成果はあっただろうか。ここで培《つちか》った自信と技術が、イラクでどう活かされた？　二〇一三年の応募者の質が上がったことは、その証明かもしれない。チューニングが正確で、まちがいも少なく、繊細な音楽性が感じられる応募者が増えてきた。無味乾燥な動画だらけだった二〇〇九年とは大ちがいだ。

動画が届きはじめると同時に、ズハルのノートPCがまたしても不調になった。かわりにYouTubeの私の個人アカウントを受け皿にして、一月中旬の締切りまでに一二〇名分が集まった。これをプロの音楽家が一カ月かけてボランティアで審査する。二月一六日、合格者名簿をイラクチームに渡した。翌日には、ズハルがメールで全員に通知する手はずだった。

トランペットのフランドは、締切前日に撮影した動画で応募してきた。しかし出来があまりに悪く、「常連」の落選第一号となった。二〇一二年に二番クラリネットだったバレン・アジズ、チェロのバシュダル・アフマドとサバト・マジードはずっと有力メンバーだったが、三〇歳になって参加資格がなくなった。おなじみの顔がたくさん抜け、代わって加わった新しい奏者は、がんばって地歩を固めなくてはならない。二〇一三年は、スペイン、イタリア、フランスのナショナル・ユース・オーケストラとともに、エクサンプロヴァンス音楽祭に参加する。電子メールやフェイスブックのチャットが飛びかいはじめると、ズハルがオーディション結果を全員に通知していないことが明らかになった。

しかも彼女はその理由も説明していない。フェイスブックの雲をつかむような書きこみから、大好きな友人たちを失格にすることに心を痛めている様子がうかがえた。しかし、イラクであてどもなく待たされるほうはもっとつらいはずだ。

二月中旬、プロヴァンス大劇場の招待で私はエクサンプロヴァンスを訪れた。NYOIの練習場となる音楽学校を見て、PR活動の打ちあわせをして、食事や宿泊の詳細を詰める。南仏の夏は暑いので空調はしっかり効かせてほしい。昼食はハラールで。講師たちとオーケストラの宿泊場所はすぐ近くにしてもらいたい。イラクからフランスに入る航空便はたくさんあるので、その対応もお願いしたい。チケットとヴィザの手配に必要なパスポートのコピーも提供した。

PR活動はがらりと変えるつもりだった。今回はフランス外務省の関心が薄いおかげで、音楽と、それを演奏する人間、フランス側のパートナーのことだけに集中できる。こんなことは初めてだ。政治のフットボールに参加したり、いくつもの外交問題をつま先立ちで回避する必要はない。若い連中はオーケストラとパーティーに専念できる。これまで共演したドイツ連邦青少年管弦楽団とエディンバラ・ユース・オーケストラはあくまで縁の下の力持ちで、彼らの存在は散発的に注目されるだけだった。しかしフランス・ユース・オーケストラは、エクサンプロヴァンス音楽祭との関係が長く、地域での知名度が高い。いろんな場面で彼らの活動を目の当たりにすることになりそうだ。プロヴァンス大劇場のドミニク・ブルゼ支配人は、NYOIが志は高いがひよわな団体であることをよく理解しており、フランス・ユースとの施設使用のやりくりなど、最大限の支援を惜しまなかった。

PR戦略の柱は、NYOI楽員たちのイラクでの活動ぶりに光を当てること。初の試みだが、オーケストラの持続可能性のためには不可欠だ。NYOIで得た人脈と希望と経験を、それぞれの地域の再生にどう活かすのか。すでにワリードはババ・グルグル室内管弦楽団を結成しているし、トゥカはバグダードでピアノ・トリオをやっている。イラク国立交響楽団のホルンセクションは大幅に実力が向上した。バシュダルはスレイマニヤでチェロを教え、ヘルグルドはラニアで指揮活動を始めた。どれも、NYOIが人びとのつながりを取りもどした好例だ。

だがイラク人は、寛容さがもっとも求められているときに非情ぶりを発揮する国民だ。彼らを助けてイラクの音楽文化や音楽教育を立てなおそうとする者は現れない。ワリードたちの活動だけでは、NYOIを正当化するには不足だと私は感じていた。

ひとつはっきりしているのは、特別扱いはもう終わりだということ。エクサンプロヴァンス音楽祭には、世界各地から洗練された聴衆がやってくる。彼らの善意で私たちは参加できるわけだが、一流のユース・オーケストラと容赦なく比較される。彼らがドビュッシーの《イベリア》やストラヴィンスキーの《春の祭典》、ラヴェルの《クープランの墓》を軽々と演奏する姿を見せつけられ、全員が激しく落ちこむのだ。そうでもしなければ、世界レベルの音楽を知ることはできない。NYOIがナショナル・ユース・オーケストラ・フェスティヴァルに参加することは、ダビデがゴリアテに挑むのと同じだった。

私がNYOIを立ちあげたのは、イラクという国のあまりの冷淡さにいらだちを覚え、自分がやるしかないと思ったからだ。とはいえ、責任はみんなにある。イラク人チームも、NYOIを続けていく独自の動機をもつべきだ。私は自分に「もうやめろ」と命じた。イラク救済はもうやめて、自分のことを何とかしろという意味だ。「ドイツの友人たち」は、NYOIを代表する唯一の組織であることに変わりはないが、私への月額報酬の支払いは停止していた。NYOIの当面の活動も彼らと直接かかわりはない。資金集めも二〇一一年のベートーヴェン音楽祭を最後に開店休業だった。金庫がからっぽになったところで、おたがいの忍耐力も尽きたのだ。

そのころ、二〇一四年のアメリカ訪問計画の期限も迫っていて、四月中は気をもんだ。二〇一二年、ダラスで開かれた全米オーケストラ連盟の会議に出席したとき、USAナショナル・ユース・オーケストラがNYOIのパートナーとして名乗りをあげ、ニューヨークにあるアーロン・コープランド音楽学校を使わせてもらえる話になった。ニューヨーク・メトロポリタン・ユース・オーケストラが現地滞在のいろんな面倒を引きうけて、保険、PR、ツアー関係は全米オーケストラ連盟が手引きしてくれるという。四月末、私はバグダードのアメリカ大使館に補助金申請書を提出した。一月にマジッドが出したきりだった申請書を改定したもので、プロジェクトパートナーの名前がずらりと入り、予算は約五〇万ドルと明示していた。けれどもこのとき、私自身はNYOIを続ける気はほとんどなかった。

そのころ、イラク国内の地域代理人たちがあわてふためいていた。スレイマニヤの代理人を務めるバシュダルの説明によると、オーディション結果の通知がいまだに届いていない応募者がいるという。Gメールのアカウントを確認すると、ズハルはたしかに合格・不合格のメールを送っていたが、一部が届かずに戻ってきていた。二五ドルの手数料を受けとっている以上、放置のままではNYOIの評判にかかわる。バシュダルと私はクルド式の丁重な文面をこしらえ、応募者のメールを何度もチェックしてから、私の名前でお断りメールを送信したのだった。

NYOIの質と公正さが保たれてきたのは、オーディションあればこそだ。それをぎりぎりの運営体制が支えている。この五年間、リスクの大部分を背負ってきたのは、中枢でがんばるひと握りのへこたれない人間だけだ。それ以外の者は端っこに立って参加している振りだけ。苦労はほとんど引きうけない。五年もたつのに、リスクや煩雑さ、疲労度はいっこうに変わらなかった。だがイラク国内で、公正かつ平等に運営されている全国組織はNYOIぐらいだ。腐敗や無能の気配が少しでも漂ったら、これまで築いてきた信頼は崩壊する。

マジッドはイラク文化省と交渉して、フランスから帰国後、バグダードで演奏会を開く資金を出させることに成功した。指揮は私で、フランス人賛助を一四人加えることが条件だから、ここでもヴィザを申請しなくてはならない。それにクルド人楽員のほとんどは首都バグダードに行ったことがない。

彼らの恐怖心や反感にも対処する必要がある。

　バグダード演奏会の準備は万事順調だった。ところが、宿泊と演奏会場がグリーン・ゾーン外であることをマジッドがぽろりと漏らしたとたん、私のなかで力いっぱい赤旗が上がった。しかも宿泊はクルド人の多い地域にあるホテルだと判明した。安全面の対応や移動手段はどうするのか。マジッドの答えはあいまいだ。バグダードは、五月だけでテロによる死者が一〇〇〇人も出ている。遠い宿泊場所からオーケストラ全員を移動させるのは、賢いやりかたには思えなかった。期間が九月一七日から二二日というのもまずい。楽員たちはそれぞれ学校の期末試験や、重要なリハーサルが予定されているから難色を示すだろう。バグダード演奏会はどう考えてもありえない。

　私はあわててズハルとスカイプで話をした。文化省の対応はまったく期待できないとズハルに断言されて、私の心はどん底まで下落した。無茶すぎるバグダード演奏会、文化省、ＮＹＯＩのバグダードチームのすべてに失望したのだ。バグダードは安全だという幻想を宣伝するために、私たちの生命を危険にさらすのか。腹が立ってやりきれない。ＣＮＮとアルジャジーラが取材許可を取り消されたことからわかるように、欧米とアラブは完全に別世界だ。欧米は報道の自由を確保し、真実か嘘かで割りきれないところを、公にされた情報やさまざまな角度からの調査報道で検証しようとする。ところがあちらではメディアを選別し、個人的な恥を隠したり、メンツを保つために宣伝活動をおこなうのだ。

　六月に入ったケルンは、抜けるような青空が広がり、青葉がまぶしく輝いている。近くの公園では、神々の銅像が引きしまった肉体で降りそそぐ太陽をたたえていた。だが、狭いアパートでノートＰＣ

を開くと気がめいるばかりだ。

イラク国内でテロが激化するにつれて、フェイスブックが私の貴重な情報源になった。英国教会バグダード主教アンドルー・ホワイトは、帰国を哀願する数多くの書きこみに対して、信者たちを見捨てるぐらいなら、彼らとともに死ぬという悲痛な覚悟を投稿した。ＮＹＯＩのヴァイオリン奏者アリは、新しい恋人ができたのに、四月以来会えていないと私に打ちあけた。バグダード在住の若い音楽家コキは、自宅のすぐ外で自動車爆弾テロに遭遇して死んだ。ＮＹＯＩの楽員たちは、彼をしのんで無邪気な顔写真を何度も何度もアップした。ドゥア・アル・アザウィは、テロが怖くて家から出られず、試験を受けられなかった。いっぽうでチェロトップのフッサムは、教え子である一〇歳の少年が、体格に合わない楽器で懸命に練習している写真を載せた。希望の光が見えず、暴力と腐敗に未来が押しながされそうな日々でも、彼らは人間らしさを失うまいとしていた。

17
パラドックス

イギリス訪問後に受けたいろんな取材のなかで、いちばんじっくり考えることができたのは、アメリカの『スクール・バンド・アンド・オーケストラ』誌のメールでのインタビューだった。編集長エリアフ・サスマンとの一問一答を通して、NYOIの核心に迫ることができたと思う。

SBO「このオーケストラはすべてがパラドックスだ」という言葉をくわしく説明してください。

PM 最初のパラドックスは、指揮者がドイツで活動するスコットランド人だということ。それじたいは悪いことではないけれど、ほんとうのところはどうなのか。でも、若い奏者たちの挑戦を後押しすることにためらいはなかった。

二番目のパラドックスは、バグダードに住む一七歳のピアニストの女の子が、大きな支援を得て一年目にしてNYOIを船出させたこと。ズハルには人を引きよせる魅力があり、ばつぐんに頭がいい。彼女がいたことは幸運だった。

三番目のパラドックスは、おたがいの言葉を話せず、憎みあうよう教わってきた若者たちが、同じ音楽に向きあって演奏できることだ。オーケストラ演奏の訓練を積んだおかげで、みんながひとつになって、手ごたえが感じられる枠組みができあがった。私をはじめとする外国人の指導者たちが、クルド人とアラブ人のあいだをとりもつ中立地帯となり、彼らのエネルギーをうまく吸収した。

四番目のパラドックスは、アラブ、クルド、西洋の音楽文化を軽々と行き来して、自分なりの表現にできる若者たちの出現だ。インターネットを駆使する彼らは、外国の音楽への感度も高い。NYOIはまさに「ジェネレーションY」だ。極度に保守的な国で、オーケストラという伝統に忠実な組織が、意識を世界に向けながら、保守的な国にうまくはまったことが不思議でたまらない。

最後のパラドックスは、悲痛だが大きな意味がある。表向きはわからないけれど、楽員たちはそれぞれ毒ガス攻撃、侵略、民族対立など、戦争の影をひきずっている。若い彼らには、それが当たり前の状態なのだ。厳しい現実を遮断するために、どんなに危険でも音楽はぜったいにやめない。そんな覚悟が音にも表れているが、張りつめたエネルギーが喜びに変わることもある。

NYOIについて掘りさげていけばいくほど、成功の理由はそれだけではない気がしてくるし、最大のパラドックスはこの私だと思えてくる。イラクやクルディスタンではイギリス人が強迫され、投獄され、殺されているというのに、なんで一介のゲイの指揮者が文化使節みたいなことをやっているのか？　さらにいうなら、私たちの活動を知りもせず、望んでもいない政府のために、この先どこに向かうかもわからない国でなぜ文化使節をやっているのか？

自分たちのやっていることは何なのか。この難問に答えを見つけたい私は、ケルンで開かれるローカルＴＥＤｘ〔世界的講演会「ＴＥＤカンファレンス」を運営する非営利団体ＴＥＤからライセンスを受け、「広める価値のあるアイデア」を共有することを目的に世界各地で活動するコミュニティ〕で話をしようと考えた。テーマは「英雄の旅路」だからぴったりだ。ＮＹＯＩの知性派であるボラン、ハッサン、サミル、シュワン、サマン、ヘルグルド、キヤムの七名は、私が真意を伏せて投げかけた質問に快く答えてくれた。

――二〇〇九年、バグダードの一七歳の女の子が多くの人を巻きこんでナショナル・ユース・オーケストラを立ちあげた。なぜそんなことが可能だったのだろう？

サミル　ズハルは外国とのコネ（イギリス政府とメディア）をうまく活用した。プロの指導者がいて、運営がきちんとしていたから、音楽をもっと勉強したい人間はぜひ参加したいと思えた。オーケストラは、悲惨な現実から逃れて、音楽がつくる夢の世界に逃げる場所になった。

――ズハルがイラク国立交響楽団や文化省に働きかけていたら、ＮＹＯＩは誕生していただろうか。

キヤム　ありえない。

ボラン　だめだったと思う。イラクでは、社会を変えたり、新しいことを始めたり、斬新なアイデアを出せるのは若い世代だという事実を、国民も政府も受けいれていない。

サミル　文化省に行って話は聞いてもらえても、いろんな理由で（ズハルの年齢、文化省の長期的視野のなさ、資金不足、安全面の問題、腐敗など）却下されただろう。でもいまだったら、文化省も芸術家の意見を受けいれるようになっているので、実現できたと思う。

――ズハルが当時まだ一〇代で、しかも女性であることは有利に働いただろうか。

サミル　女性であることは有利だった。イラク社会では、新しいアイデアを実行すると決めたら先頭に立って歩きだす女性が多い。

キヤム　ブリティッシュ・カウンシルに対しては、まちがいなく有利だったと思う。でもこれがイラク国立交響楽団や文化省だったら、ぜったい不利だった。一〇代の男子でも同じだったと思うけど。

ヘルグルド　有利かどうかは状況しだいだ。どこに協力を求めるかで変わってくる。宗教的な背景があるかどうか、さらにいうなら、シーア派かスンニ派かは重要だ。

ボラン　女性であることは有利でも不利でもないけど、一〇代というのは大きかった。かなえたい夢があって、時間と情熱と愛を捧げることができた。夢に向かって進むと決めて全力で取りくむのは、若者なら自然なことだ。

――NYOIの組織は完全にオンラインで運営されている。ほかに方法はあっただろうか。

ボラン　資金のこと、信頼できる中立の指導者がいないことを考えると、これが唯一の方法だったと思う。

ヘルグルド　ほかにもやりかたはあったかもしれない。打ちあわせやイベント、演奏のほとんどはクルディスタンでおこなわれたから。ここはイラクでいちばん安全な地域だ。イラクもクルディスタンも貧しい国ではないから、やろうと思えばできたはず。お金さえあれば何でもできる。NYOIは世界一幸運なユース・オーケストラだ。

サマン　ほかにはなかったと思う。じっさいに住んでみないとわからないことだけど、イラク国内の実情は厳しい。だけど、オンラインでの運営も楽ではない。イラク人はメールだけですべてを完結させるより、かたちに残るやりかたを好むから。

——イラクにある芸術系の学校は役に立っている？

ボラン　あまり役に立っていない。自分もそういう学校を卒業したけど、けっきょくは独学だった。学生の九〇パーセントは、音楽のことは何も学げないまま卒業して、別の分野（政府職員、小学校教師）で就職する。国全体の状況が芸術系の学校に影を落としているし、教師の能力不足、近視眼的な姿勢、腐敗といった問題のせいで、貧弱な演奏者しか育成できない。それでもないよりはましだけど。

ヘルグルド　もちろん役に立っている。楽器を学ぶには、芸術系の学校や大学しかない。それ以外のところでは機会がまったくない。芸術系学校では、四年ないしは五年間は無料で勉強できて、多くはないがお金ももらえる。何より楽器をもつことができる。ただし残念ながら、養成するのは音楽家ではなく、幼稚園や小学校の教師だ。

ハッサン　バグダードにある音楽院や国立学校はよい成果を出していない。学生二〇人のうちひとりが奏者になるぐらいだ。

――戦争が終わって、教育の質はどうなった？

ボラン　教師の多くは国外に逃げて、学校も閉鎖されたり、破壊されたりした。教育の質は大きく下がった。

ヘルグルド　イラクの教育（全般）は、腐敗のせいで悪化した。

サマン　教育の質は変わったけど、それほどでもないと思う。戦争になっても、続けられることはある。イラク国内で起きていることを、メディアは大げさに伝えすぎ。現実はそうじゃない。生活は変わらないし、音楽の練習だってみんな続けている。

――独習するとき、インターネットをどんなふうに活用した？

ボラン　譜面を手に入れて、ＹｏｕＴｕｂｅで演奏の動画を視聴して、音楽関係のフォーラムにも出入りした。たいせつなのは、どんなに劣悪な状況でも学ぶ情熱をもつことだ。

キヤム　クラシック音楽の楽器指導法は、細かいところまで基準が確立しているし、本や楽譜、視聴覚教材も無数に存在する。インターネットならそうした教材がかんたんに使えるので、誰かに直接習わなくても音楽家としてそこそこのレベルに到達できる。ちょっとした希望と努力があれば、手に入った楽器で演奏することを学べる。アラブ音楽の楽器ではこうはいかない。

――楽器はどうやって手に入れた？

ボラン　アルビルで通った学校には、グランドピアノが一台、アップライトが二台あった。国連からの寄付だったように思う。

ハッサン　国内でも楽器は売っているけど、ほとんどが有名ブランドを模した中国製の偽造品で、質が悪い。

キヤム　優れた楽器を触ったこともないのに、質の良し悪しなんてどうしてわかる？

――イラクの古典音楽ではなく、西洋音楽を選んだ理由は？

ボラン　どの国もそうだけど、わたしたちはグローバリゼーションの時代に生きている。オーケストラが陽気で美しい音楽を演奏するのをテレビで見て、この国の音楽はそういうのが決定的に欠けていると感じた。きれいで、魅力的で、自分が暮らす場所とはかけ離れた「すてきな」音楽をもっと知って、つながりたいと切実に思った。

サミル　イラクは一九五〇年代、アラブ諸国ではいちばんに西洋のクラシック音楽を受けいれて、まずイラク国立交響楽団が、続いて音楽・バレエ学校も設立された。外国人教師の指導で、プロ奏者がおおぜい誕生している。この時代の成果がいまも人びとの糧になっていて、いまの困難な状況でも、クラシック音楽への愛を社会に植えつけようとがんばっている。

キヤム　イラクの伝統音楽は重苦しくて、イントネーションが難しい。一見すると単調な印象で、深く掘りさげて勉強しないとその良さがわからない。「偉大なアーティスト」の録音も音質や画質がひどく、若者たちの心を揺さぶり、美しさを伝えるにはほど遠い。西洋のクラシック音楽のような名人芸も楽しめない。

これに対して、世界的なオーケストラが、モーツァルトやベートーヴェンのすばらしい名曲を大きなホールで誇らしげに演奏する動画は、かんたんに視聴できる。音質も画質も最高で、とても印象的だ。

自国への不満がふくらみ、日常から逃避したい気持ちは募るばかり。それに加えて、アラブ世界全体にはびこる「西洋」への劣等感……そんな要素もからみあっている。

――クルド人、アラブ人、スンニ派、シーア派の対立が激しく、侵略や戦争が繰りかえされてきたにもかかわらず、NYOIの響きはなぜ喜びにあふれているのだろう?

ヘルグルド 音楽をつくることへの愛と情熱が先に立って、民族や宗教のちがいは考えられなくなる。いまみたいにみんなが仲よくなれたのは、音楽のおかげだ。住んでいるところは離れていても、フェイスブックやツイッターで友情を確かめられる。

――NYOIでは、楽員それぞれの背景はどれぐらい重要だろうか。

ヘルグルド とても重要だ。ぼくはおたがいのため、NYOIのために、同じプルトを組むアラブ人との関係にとても気をつかう。彼もしくは彼女を受けいれなければ、楽しい響きにならないし、ＮＹＯＩを長続きさせることもできない。

ボラン　ＮＹＯＩに初めて参加した年は、背景が異なる者どうしは話もしなかった。でもいっしょに音楽をつくっていき、演奏会が成功した喜びを分かちあうことができた。二年目から雰囲気が変わりはじめ、音楽を通じて絆が強まるのを感じた。

ハッサン　音楽をやる人間が知りたいのは、どんな教育を受けて、どんな音楽をやるかということ。個人の背景を知りたいとは思わない。

キヤム　とても重要だと思う。とくに社会階層や、育った地域だ。クルディスタンで育った人間は、安全で穏やかな生活を送ってきている。

サマン　楽員はイラクのいろんな地域から来ている。最初のうちはバカな衝突も起きたりしたけど、年々よくなってきた。この団体の目的は音楽だということを理解したから。

サミル　個人の尊厳とか、市民の権利、人間としての権利が夢物語でしかない国で、紛争をかいくぐりながら生きている若い音楽家にとって、ＮＹＯＩは現実を忘れられる避難場所だ。だからぼくたちは音楽だけに集中し、世界のなかでの自分の姿や立ち位置を発見する。民族や宗教、性別は音楽には関係ない！

――ＮＹＯＩの女性楽員たちが、イラクで音楽をやっていくのはたいへん？

サマン　楽なことではないと思う。とくにバグダードでは難しい。宗教がどうというより、みんな生きのこるのに必死で、社会が女性たちを支えられる状況にない。

キヤム　音楽をやっていることを大っぴらにしないのが、唯一の対処法だと思う。いまのイラクは、何の不安もなく公表できる状況にない。

ボラン　わたしはイラクに住んでおらず、女性音楽家が社会や家族から受ける重圧を理解していない。でもいずれ彼女たちは、たとえ世間がいい顔をしなくても、自分の好きなことのために戦うことを学ぶだろう。

ヘルグルド　たいへんかどうかは、イラクのどこに住んでいるかで変わってくる。南部の女性音楽家は不安もあるし、社会と摩擦もあると思う。でも北部なら、少なくとも安全面の問題はない。ただ社会的に難しいのはいっしょで、とくに既婚者は、音楽活動をあきらめなくてはならないこともある。

――演奏者の人生を癒すのに、音楽はどんな役割を果たしている？

ボラン　音楽は希望だ。達成感と満足感とを与えてくれる。外では戦闘がおこなわれ、爆弾でたくさん人が殺されているけど、それでも美しいものを生みだすことはできる。生きのびて、人生を続けることを可能にしてくれるのが音楽だ。

キヤム　音楽やアートが癒しを与えてくれるという、ロマンティックな言葉を語るのはかんたんだ。たしかにそのとおりだと思うけど……安全な環境、移動の自由（国内の）、表現の自由もないありさまでは、机上の空論という気もする。音楽を見たり聴いたりして現実逃避することもたいせつだけど、音楽のもつほんとうの力は、練習したり、誰かと演奏するときに発揮される……N

ＹＯＩでは難しいことだし、少なくともたまにしか経験できない。

ヘルグルド　自分のような人を見たら、この国に留まる理由は音楽だけだと思うだろう。それぐらい状況はひどい。音楽家になれないとわかったら、生きていけるかどうか自信がない。

サマン　音楽は絶対的な役割を果たしている。音楽家は囚人みたいなもの。一年のほとんどは閉じこめられて、音楽に飢えている。ＮＹＯＩの夏季講習のときだけ自由になれるんだ。

シュワン　みんな自分の音楽のために生きている。現状を忘れ、平和な生活を想像できる唯一の方法だから。

――イラクでは、オーケストラの楽員であることにリスクはある？

ボラン　バグダードやモスルといった危険な地域では、生命を失う恐れもある。イラク国立交響楽団でも、ヴァイオリンをほんらいのケースではなく、スーツケースに入れる団員がいる。道を歩いていて、音楽家だと知られたくないからだ。

ヘルグルド　オーケストラ団員であることは、イラクではいろんな面で厳しい。多くの時間をとられるので、まじめにやっていたらほかの仕事はできない。でも、団員に月給が支払われているのはイラク国立交響楽団だけ。クルド弦楽合奏団などは演奏会ごとの報酬なので、家族がいる者は生活が成りたたない。

シュワン　リスクは医師、歯科医、機械工なんかと変わらない。テロリストは可能なかぎり破壊することが目的だから、職種は関係ない。イラクの状況は格段に改善されて、いまは音楽家としてやっていくのも当たり前になった。ただ音楽家になるには、正しい教育とよい楽器が必要だ。

ハッサン　人びとが開放的になって、以前ほど危険はなくなった。遅れた地域では、楽器をもちあるいたり、家で練習するのも気をつかうが、全体から見ればごく少数だ。

サマン　自分は経験がないけれど、バグダードでは音楽家やアーティストというだけで生命が危険にさらされる。クラシック音楽を教えてくれるプロの指導者を見つけるのもままならない。それでも若者たちは音楽への情熱で障害を乗りこえ、大きく前進している。

シュワン　戦後のバグダードでは、楽器をもって表を歩きにくくなった。音が漏れるから、自宅でも練習できない。でも中東社会が西洋音楽を完全に受けいれることはないにしても、空気はかなり変わってきた。悲嘆と破壊だらけの国で音楽がどんな意味をもつのか、みんな理解しつつある。

四月になって、ＴＥＤｘケルンの企画が具体的になってきた。フォーラムは一日限りで、私に与えられた時間は九分間。話す内容は「イラク・ナショナル・ユース・オーケストラのパラドックス」に絞りこむことにした。二〇一四年のアメリカ訪問を考えると、使うのはとうぜん英語だ。とはいえドイツの聴衆を前につかみどころのない話をするわけだから、言葉は慎重に選ばないと。TED.comは英語ネイティヴの吹きだまり、知識人のＹｏｕＴｕｂｅだ。シリコンヴァレーのエグゼクティヴたちがありえない速さでしゃべり、独特のいいまわしを連発するが、誰もが理解できるわけじゃない。私のスピーチは、英語がそこそこ理解できる人たち、とくにイラクの人びとにもわかるものにしなくてはならない。

四苦八苦しながら原稿に手を入れていると、神経を張りつめ、演劇に逃げこんでいた子ども時代に戻っていく。学校劇でせりふを度忘れしても、即興で切りぬけていたのは才能というよりやぶれかぶれだったからかもしれない。だがTEDは正確でないとだめだ。NYOIの未来がこの一字一句にかかっている気がする。中東の誰かが私の話を悪いほうに受けとったら、オーケストラの立場が危うくなるのでは？　そんなことありえないとわかっていても不安だった。

フォーラム会場はクロートヴィヒ広場にあるアルテス・プファントハウスだ。本番前日、サウンドチェックのためにここを訪れた。マイクを着けてもらい、中央の小さな舞台におりたつ。周囲を馬蹄形に囲む客席が迫り、低い照明で何も見えなくなった。二〇〇〇人が入るコンサートホールで演奏するのはたやすい。でも閉所恐怖症になりそうな講堂で、聴衆の目の白い部分がひとつひとつ見えて、自分のバリトンの声が響きわたるかと思うと、私は凍りつき、話は最後までつかえっぱなしだった。くそっ、とんだサウンドチェックだ。

翌日、服装だけはTEDのスーパースター、ケン・ロビンソンふうに決めた私は、ふたたびアルテス・プファントハウスに乗りこんだ。舞台裏を行ったり来たりしながら、覚えた原稿をぶつぶつおさらいする。そして私の番がやってきた。

あなたがイラク人のティーンエイジャーで、ナショナル・ユース・オーケストラをつくろうと考えたとき、まずどうしますか？　文化省に掛けあう？　でも戦争が終わったばかりの国はやることが山ほどあり、一介の若者の話なんて聞いてられません。イラク国立交響楽団なら？　なるほど。でもかつて所属していた指導者たちは、みんな国外に去っています。

二〇〇八年、バグダードに住む一八歳のピアニスト、ズハル・スルタンは、イラク・ナショナル・ユース・オーケストラをつくりたいと思いました。深い溝が埋まらないこの国で、音楽を志す者が集まれる場がほしかったのです。彼女が最初にやったこと、それは指揮者探しでした。ブリティッシュ・カウンシルの紹介で、ロンドンにあるリアリティ番組の制作会社ロー・テレビジョンがプレスリリースを出してくれました。

私がグラスゴー・ヘラルド紙の見出し「イラクの少女がオーケストラの指揮者探し」を見たのはそのときです。イラク報道といえば暴力的な話ばかりで、自分はこの国のことを何ひとつ知らない。なぜだろう？　イラクにはどんな文化があり、どんな人びとが生活しているの？　彼らの音楽はどんな響きがする？　いったいどこで楽器を調達しているんだろう？

それが長い旅の始まりです。五年目になる今年は、八月にエクサンプロヴァンスを訪問して、フランス、イタリア、スペインのナショナル・ユース・オーケストラと共演します。

しかし二〇〇九年当時は、問題が山ほどありました。参加者のオーディションはＹｏｕＴｕｂｅでおこないましたが、インターネット事情は最悪で、たった五分間の動画をアップするのに一〇時間かかるありさまです。途中で停電が起きたら一からやりなおし。それでもイラク全土の若い音楽家たちはズハルを信じ、動画を制作して見ず知らずの私に送った。動画を見た私は胸がつぶれそうでした。みんな真剣そのものですが、楽器はぼろぼろで、音楽的にも問題だらけ。何より音楽と心がつながっておらず、喜びがまったく感じられないのです。それでも私は、応募者のなかから優秀な三三名を選びました。

資金は五万ドル不足していました。ここでもブリティッシュ・カウンシルが手を貸してくれて、タイムズ紙にズハルの記事が掲載されました。彼女はオンライン版のリンクを、イラク副首相バルハム・サーレハ博士に知らせます。二日後、ズハルは博士のオフィスで五万ドルを受けとりました。これで青信号がともったのです。少なくともここでは構想が先で、お金はあとからついてきました。

ここで注目してほしいのは、インターネットが安全地帯になったことです。ズハルも私も、楽員たちやブリティッシュ・カウンシル、ロー・テレビジョン、タイムズ、それにイラク副首相も、インターネットを活用することで、イラクに根強く残る民族対立を迂回できた。つまりイラク・ナショナル・ユース・オーケストラは、インターネット上で誕生したのです。これが次のパラドックスへとつながります——指導者がいないのに、どうして楽器を演奏できるのか？

戦争はイラクの音楽活動を破壊しましたが、バッハ、ベートーヴェン、チャイコフスキーは死にませんでした。なぜかというと、CDやDVD、YouTubeで独習し、インターネットで技術を学ぶことができたからです。ズハルはニューヨークの教師から、スカイプ経由でモーツァルトのピアノ協奏曲のレッスンを受けていました。劣悪な状態ではありますが、楽器を買ったり、借りたりもできました。民族音楽の世界でこうした活動は見られません。また戦争中は、思うように移動もできなかった。そのため若い音楽家たちは家にこもり、現実から自分を守るために、音楽という壁を築いたのです。

　一年に一回、みんなでオーケストラの集中練習をやる。それが私たちの活動です。準備段階ではインターネットが安全地帯でしたが、じっさいに集まったら、今度はそこが拠りどころになります。ドイツ、イギリス、アメリカから来た講師陣と楽員たちが顔を突きあわせ、全員で音楽づくりに取りくむのです。指揮者としての私の仕事は、楽員たちを隣どうしに座らせ、ずっと抱えてきた心の壁を下げて、音楽家として心を開かせることでした。好きにならなくてもいい。でも相手を尊重し、聴く耳をもたなくてはだめです。

　だけどほんとうのところ、一年に二、三週間の講習で成果は出るのか？

　参加者は、私たちには想像がつかないくらい、こうした経験に飢えています。彼らのやる気にこたえるため、私たちも午前一時まで指導することもしばしばです。コントラバス講師のドブズはこういいました。「優れた音楽教育とは、よい学校で毎週レッスンすることだと思っていた。でもそうじゃない。たいせつなのは学生の熱意だ」

　大人数の若者に音楽を教えるなら、オーケストラがもっとも効果的かつ効率的です。インターネットはあくまで補助で、代わりにはなりません。そこでもうひとつの悲しいパラドックスが登場します――悲惨な経験をくぐりぬけた者が、なぜ美しい音楽を奏でられるのか？

　戦争は、生きるか死ぬかの恐怖で人を縛ります。それは戦争が終わっても長く尾を引き、テロが続いていることもあいまって、人びとはＰＴＳＤの状態にあります。バグダードの若い音楽家たちは、楽器やケースが爆弾とまちがわれる不安を抱え、道に転がる死体をまたいで学校に通う毎日でした。そんな彼らに、戦争で失われたふつうの子ども時代を取りもどしてあげる必要があります。まっとうな暮らしを体験するためにも、国外への演奏旅行は欠かせないのです。

悲惨な歴史と緊張を背負ったオーケストラで、楽員たちは楽しく演奏できるのか？

それがアーティストなのです。外交官ならば、緊張をやわらげて調和を追求しようとするでしょう。でも芸術には緊張が欠かせません。私たちの世界は矛盾だらけで、対立、怒り、絶望からエネルギーを見いだし、利用しています。そうしたエネルギーを拾いだし、変容させて、芸術という無用の活動に注ぎこむ。楽員たちの体内に息づくイラクの紛争と苦難の歴史は、むきだしのエネルギーとなって音に現れ、それをみんなで共有して喜びに変えていくことができるのです。

私の好きな作曲家であるベートーヴェンも、逆境を乗りこえて勝利を手にした人です。一八〇二年に弟たちに宛てて書いたハイリゲンシュタットの遺書には、こんな一節があります。「誰かが羊飼いの歌声を聞いたが、私には何も聞こえない。そんなときは絶望のあまり、自分の人生を終わらせたくなる――かろうじて踏みとどまっているのは芸術があるからだ。天の声が命じるものを残らず生みだすまで、この世を去るわけにいかない。そのためにみじめな自分にも耐えているのだ」

ベートーヴェンは聴力喪失の障壁を打ちやぶり、歓喜にあふれた交響曲第二番を書きあげました。イラク・ナショナル・ユース・オーケストラの楽員たちと同様、地獄を踏み台にして天国へと到達したのです。

18
渇き

毎年NYOIの夏季講習が終わると、ヘルグルド・スルタンはクルディスタン地域にあるラニアに戻る。彼はこの町の芸術学校の先生だ。指揮法の基礎を私から教わったヘルグルドは、弦楽器を弾く友人たちとラニア交響楽団を設立した。地元の劇場だけでなく、路上でも演奏する。フセイン時代、ラニアから始まった反政府運動をしのぶ演奏会も開き、楽員たちは民族衣装を着て、ヘルグルド自ら編曲したクルドの音楽を演奏した。ベートーヴェン音楽祭で訪れたボンでは、スクールオーケストラが専門の編曲者と知りあえたし、制約の多い楽団に適した譜面も手に入れることができた。

ヘルグルドはベートーヴェン音楽祭のあと、ドイチェ・ヴェレの依頼でイラクの教育事情についてのブログを始めた。ところが、このブログが国内での反発を買ってしまう。殺すぞという脅迫状で包んだ石ころが、自宅の窓から投げこまれたこともある。ブログは閉鎖されたが、すでにイラク国内の不都合な真実はいくつも暴かれていた。

ヘルグルドの両親は、イランとの国境に近い小さな村の出身だ。父親は学校を中途でやめている。ヘルグルドが赤ん坊のとき、父親はイラン・イラク戦争に召集された。一家は村から逃げだし、しばらくしてラニアに落ちついた。父親は歌と絵とカリグラフィーが得意で、シムシャルと呼ばれる木製のフルートも演奏した。両親が若いころは、男であっても教育はろくに受けられず、女は教育が禁じられていた。音楽も同様で、女はむろんのこと、男も宗教の観点からよしとされなかった。それでも両親は音楽好きで理解があり、ヘルグルドと弟のチアを応援してくれた。これは、イラクで若い音楽家が育つ唯一の道だ。

反骨精神が強いラニアの人びとは、ことあるごとにフセイン政権に逆らっていた。なかでも一九九一年の反乱は、「蜂起の門」として歴史に刻まれている。そのころラニアの人口はわずか二万五〇〇〇。ちょうど三月五日だったことから、市民は目抜き通りに大きな石を並べて数字の「3」「5」をつくった。ヘルグルドの成長とともにラニアの町も変化していく。人口は六万一〇〇〇に増え、新しい学校や大学ができて、女性の立場にも少しずつ目が向けられるようになった。クルディスタン地域政府は、名誉の殺人や、女性器切除といった悪習を法律で禁止するとともに、家庭内暴力の被害者が逃げこめるシェルターを開設した。

ヘルグルドと弟のチアは、家族が奏でるクルド音楽を聴いて育った。一六歳になったヘルグルドがラニアの芸術学校に進むことは当然のなりゆきで、そこで最初のヴァイオリンを与えられる。音楽家になるとひそかに決心していたヘルグルドだが、同級生たちはそうではなかった。ほかにやれることがないし、卒業後は小学校や幼稚園の教師になれるという理由だけで在学していた。

ヘルグルドは大学を終え、幼稚園で音楽を専門に教える教師になった。だが彼より下の世代は、もう新しい道を歩きはじめていた。男の子と女の子が机を並べて勉強し、いっしょに遊んで、食事もともにする。ただし大きくなると、社会の秩序に組みこまれる。男子は大きな権限を与えられ、規則破りも許されるのに、女子は抑圧されるのだ。夫、親、社会の制約を受ける女性は仕事を見つけることも難しく、ましてや音楽演奏など許されない。

ヘルグルドは自分が育ってきた世界に息苦しさを覚えはじめる。NYOIに参加して腕が上がるにつれて、意識はさらに高まった。もっと学びたい、成長したいという思いが爆発しそうだ。ドイチェ・ヴェレのウェブサイトに教育問題の記事を一一本書き、家に石が投げこまれたとき、変化を起こさなければと痛感した。

二〇一三年の夏に向けて、「ドイツの友人たち」とケルン・ギュツェニヒ管弦楽団との話しあいはなかなか進まない。ようやく五月になって、クルディスタン地域をめぐる一〇日間のマスターコースを開催することが決まった。「ドイツの友人たち」とともに話を進めてきたグドルン・オイラーは、ヘルグルドをアシスタント・プロジェクトマネージャーに任命し、ラニアを開催地に加えることにした。

しかし私から見ると、このプロジェクトは最初から無理があった。二〇一四年のフランス・アメリカ訪問も、すでに頭の痛い問題がいくつも出ているというのに。ドイツとイラク、二つの国の文化のはざまで、そのどちらにも属さない私は、両方から馬でひっぱられて引きさかれそうだ。とりわけこたえたのは、「ドイツの友人たち」からのきつい一発だった。今回のプロジェクトを仕切るグドルンに、私に払っていた一〇倍の報酬を出すというのだ。おまけに資金集めはまったく手つかずで、ロンドンのブリティッシュ・カウンシルに頼りきりだった。出発前の最後の会合で、私の心にはあらゆる感情が渦巻いていたが、窓の外を眺めて何とか平静を保った。ともかくひとりになりたい。会合が終わると、私はそそくさと部屋を後にした。

七月一四日、私たちはアルビルに到着した。ブリティッシュ・カウンシルのカルダがミニバスを用意して出迎えてくれる。グドルンは大歓迎でないことに驚き、期待がしぼんでいった。二〇〇九年の私と同じだ。ホテルに荷物をおろしてから、同じ通りにある芸術学校に向かう。私たちの訪問を知らされていない武装警備兵に制止されたが、オーケストラのヴィオラ奏者で、連絡役を務めるダルーンが建物の鍵をもっていたおかげで無事に入ることができた。練習に使う部屋はどこも汚れていて、響きは皆無、空調設備もない。外の気温は四五度だ。だがイラク各地から来た参加者がぼつぼつ集まりはじめている。私の知らない顔がほとんどだ。「ドイツの友人たち」から参加した元弁護士ウィル・フランクは、オブザーバーらしく建物を観察してまわり、壁が崩れて内部がむきだしになっていると報告してきた。外側はきれいでも、中身や耐久性がお留守なところはイラクそのものだ。

ハッサン・ハッスンが率いるバグダード組一〇名は、私たちと同じホテルに泊まる。アルビルからの参加者も大勢やってきた。講師二名も現れて、様子を見ている。そのひとりで、イラク国立交響楽団のヴァイオリン奏者が話があるという。音楽監督のムハンマド・アミン・エザットの指示で、楽員数名がこの講習に参加することになっていた。ところが文化省の意向でバグダードでの演奏会が急に変更され、こちらの日程と重なってしまったというのだ。彼らの交通費も予算に組んでいたのに。ただ、こちらに来てくれた彼には感謝だった。

こうして、現役の音楽教師と未来の指導者を鍛える任務が開始された。すぐにわかったのは、アルビルには専門的な音楽教育など存在していないということ。レッスン内容は音階とアルペッジョに毛が生えたようなもので、基本的なテクニックも怪しい。参加者の年齢はおおむね一八歳から二五歳で、音楽を始めたのは一六歳前後から。独学であってもなくても、まちがった練習方法で一〇年以上がんばってきたことになる。私たちは、参加者に異なる音色や感情を想像させて、個性を出させようとした。テノール歌手からヴィオラに転向したゲルハルトは、ヴォイストレーニングの知識を駆使した。身体の緊張がとれると、楽器の音もふくらみが出てくる。

ピアノの参加者のひとりは、ロシアメソッドの初心者向け教本で勉強しており、見どころがありそうだった。即興演奏を指導するとすぐにコツを飲みこみ、ピアノ・デュオで練習できるようになった。指揮法のレッスンではピアノの彼にも協力を仰ぎ、指揮者の身ぶりにすばやく音楽で反応してもらった。少し離れた場所から、芸術学校の関係者が食いいるように見ている。自分たちへの脅威の度合いを測っているのだ。

三日間で指導したのは、ヴァイオリン、ヴィオラ、チェロ、フルート、クラリネット、ピアノ。どれもクルディスタン地域で演奏者が多い楽器だ。いちばん年長で元気いっぱいのガブリエレの指導で、身体をほぐすのが朝の日課だ。二〇〇九年からＮＹＯＩで二番フルートを担当しているファディは一九歳になり、バグダードから新顔の仲間を連れてやってきた。ワリードとファディ、それにもうひとりのフルート奏者に、ガブリエレはドイツ式のテクニックを叩きこむ。ファディを長年教えてきたハッサンも、その様子を見学していた。ＮＹＯＩでおなじみのエディンバラのヴァイオリン講師、クレア・ソナドカティも来ている。彼女が受けもつヴァイオリンクラスに、ベートーヴェンのヴァイオリン・ソナタ第五番、別名《スプリング・ソナタ》が弾ける一六歳の少女がいた。クレアがフレーズを区切ってレッスンしていたら、ヴァイオリンクラスの男子たちまで見よう見まねで弾きはじめた。私は思わず彼らを集め、イラク文化の未来はきみたちにかかっていると鼓舞した。周囲がいくら無関心で、私利私欲にまみれていても、こんなふうによい習慣をこっそり広めてくれ。

アルビルでの三日間は山あり谷ありで、今回の旅の最初の試練だった。一日が終わると、缶ビールを抱えてホテルの屋上にあがる。見あげれば夜空に星が明るく光り、眼下にはルビーやダイヤをちりばめたようなアルビルの夜景が広がる。

四日目、私たちはバスに乗りこんで一路ラニアをめざした。幹線道路から石ころだらけの未舗装路に入る。急カーブをいくつも曲がり、トラックのあいだを縫って、ぽつんと現れる検問所をいくつも通過した。クルディスタンの荒涼とした山々の姿は、兵士や老人の顔だちにも深く刻まれ、その厳しさがむしろ心強い。この土地に根づいたクルド人を屈服させるのは至難のわざだろう。バスの車内では、みんな黙って窓の外を眺めている。でもクレアと私だけは、スコットランド語の下品な雑談を楽しんだ。

ラニアの地域代理人であるヘルグルドが、皮肉っぽく唇をゆがめながらも楽しげな口調で、町にひとつだけのホテルについて警告した。シャワーは共同で冷水しか出ない、ゴキブリがいる、ベッドはなくてハンモックで寝る……。着いていきなり現実に直面するよりはましだと、私たちは大いに感謝した。数時間後、町が近づいてきた。三月五日の巨大な記念碑と、道路ぎわにたたずむ一頭のロバを眺めながら、バスはホテルに到着する。今回はラニア芸術学校の職員が勢ぞろいで歓迎してくれた。グドルンに問われて、ヘルグルドは自分が手を回したと白状した。朝食会場はクレアに割りあてられた「ラグジュアリールーム」だ。果物、シリアル、パン、ヨーグルト、固ゆで卵、コーヒー、紅茶が並び、笑いがあふれる朝ごはんになった。

その夜、近所の酒屋で調達したビールを運んでいたら、背後からアメリカ人のよく響く声がした。「やあ、スコットランド人を見つけた！」声の主はアメリカン・ヴォイシズの副代表マーク・セアー。スレイマニヤでの一〇日間のプロジェクトを終えて、休暇でラニアに来たのだ。彼のプロジェクトは大規模なもので、弦楽器講習会も開かれたという。タトゥーが入りまくりで、さぞ強面の男かと思いきや、中身はそうでもなさそうだ。イラクでヴァイオリンを指導するには、そんなふうを装ったほうがいいのか。

マークとはそれまで直接話したことはなかった。アメリカン・ヴォイシズは公演芸術を推進する団体で、ニューヨークに拠点を置き、アメリカ国務省の資金援助を受けながら世界中で民間外交を展開している。ＮＹＯＩの一部の楽員は、この団体に強い不信感を抱いていた。イラクではなくアメリカの利益が最優先だし、競争も激しすぎるからだ。それでもマークと私は話が合い、奏者が重なる活動の時期がぶつからないことを確認した。外交活動と持続的な音楽教育は、少なくともイラクでは同じコインの表と裏。それが戦略的思考をするマークと私の共通見解だ。マークは、ＮＹＯＩのヴィオラ奏者チワズの家にホームステイしていた。のちにチワズはアメリカン・ヴォイシズの奨学金を得て、セントルイスに留学する。オイルマネーが潤沢なアルビルは、ちょっと変わった音楽の町という印象で私たちの意見は一致した。スレイマニヤ出身の音楽家はたくさん活躍しているが、イラクで優秀な弦楽器奏者を輩出するのは、バグダードではなくラニアだ。私たちの集団はドイツ色が強い。ドイツ人の指導者や奏者はきわめて優秀なので、アメリカン・ヴォイシズと比較されることをマークは少し警戒していた。

翌日、芸術学校のうす汚れた階段をのぼって校長室に向かう。芸術学校はまともな教師もいなければ、状態のよい楽器もない。清潔で空調のきいた練習室もない。ピアノは電子ピアノが一台あるきりで、調律されたアップライトもない。建物は荒れほうだいで、すべてがないないづくしだった——校長室に入るまでは。映画『オズの魔法使』で、画面がモノクロからカラーに切りかわったときのようだった。私たちは思わず部屋を見まわした。入ってきた金がみんなここで止まっている。学校が汚く、乱雑で、荒れるにまかされているのはそのためだった。木製の大きなデスクの向こうには立派なひじかけ椅子が置かれ、壁という壁はクルディスタンの古地図など高価な絵で埋めつくされていた。床はじゅうたん敷きで、来客用のふかふかのソファもある。ここから数階下にある地下室は、フセイン政権時代は拷問室だったという。この建物で音楽性を伸ばそうということ自体、不似合いなのかもしれない。こんな環境のなかで、学生たちは男女問わず希望を胸に抱いているのだ。

ラニアでの参加者は五〇名ほど。彼らはBMWやレンジローバーに乗っているが、使う楽器は安物だったり、壊れていたりする。一日の終わりには、美しい調度品がそろう校長室に集まって反省会をした。ギュルツェニヒ管のヴァイオリン奏者ローゼは、一日中英語で話してうんざりだから、反省会はドイツ語でやろうといいだした。それを聞いた通訳のサマンは吹きだして、「だったら私はクルド語でやりますよ」と返した。ユーモア感覚のある人間がいてよかった。相手になびく気のない国では、こうしたドイツ人気質はちょっとめんどくさい。ひたすら与えるばかりの講師たちはうんざりして、関係もぎすぎすしてきた。

マスターコースにピアノで参加したラウェズ・カディルは、心身ともに障害をもっていたが、私のクラスでいちばん手ごたえのある生徒だった。これまで教師や仲間からピアノは無理だといわれてきたのに、忍耐づよく続けてきたのだ。そんな彼に電子ピアノを与えた両親は、さぞ愛情豊かな人たちだろう。ピアノを離れて即興の手拍子ゲームをやったとき、ラウェズのリズム感と創造性が群を抜いていた。ラニア芸術学校は学生の基準などないに等しいのだから、ラウェズは音楽を続ければいい。誰にもやめさせる権利はない。

わずか三日間の講習だが、私はショット・ミュージックから出ている『ヨーロッパ・ピアノ・メソッド』という教則本を使って、ほかの人と演奏したり、創造力を発揮する場面をつくった。三巻構成のこの教則本は子どもの歌やクラシックのやさしい曲を題材に、伴奏や二重奏、即興演奏まで幅広く取りあげている。参加したピアニストたちは、二重奏や伴奏の経験はこれまで皆無だった。NYOIの参加者もそうだが、彼らは無知と自己防衛の壁のなかにこもり、創造的な可能性を遮断している。一九五〇年代のクラシック音楽観が染みついている者は、モダンな指導法に抵抗がある。むしろクルド伝統音楽の奏者のほうが、新しいやりかたを受けいれていた。若い世代にもそんな嗅覚があればいいのだが。劣悪なクラシック音楽家になるぐらいなら、優れた民族音楽奏者になるほうがいい。

ラニアのお粗末な音楽事情だが、それでもヘムン・ハッサンという優秀なピアノ教師がいた。芸術学校で教えていない彼は、弟子のひとりとともに参加してラフマニノフの前奏曲嬰ハ短調を弾いてみせた。テクニックと感性には目を見張るが、YouTube動画の丸写しに過ぎず、作曲家の意図からはずれている。そんなときは譜面に忠実になるべきだ。ほかの参加者に手拍子で容赦なく拍を刻んでもらい、それに合わせて正確に冒頭の和音を鳴らす練習をした。イラク人はこういう相対主義が大好きだ。

正確さに欠け、予測がつかない指導はうっぷんがたまるが、それでも教える側は絶対権力者だ。知的な質問を投げかける講師はいないし、そんな質問が来ることもない。中級の参加者には、ピアノ指導書の決定版であるヨゼフ・レヴィーン著『ピアノ奏法の基礎原理』を勉強するよう勧めた。私がもってきた本や楽譜は、コピー機という武器で大量散布されるのだろう。

ラニア芸術学校の校長は、きれいに飾られた校長室でグドルン・オイラー、ウィル・フランクと並んで写真を撮った。私たちが芸術学校への訪問と支援をおこなった証明書のようなものを掲げ、少々ばつの悪そうな表情だ。なんたる茶番。校長は感謝の言葉に続いて、ほかの芸術分野にも支援をお願いしたいといった。イラクでの決まり文句だ。どれほど与えても、お金が続くかぎりそれ以上を求める。だがそれは腐敗と強欲を助けているのと同じ。このマスターコースはドイツの慈善団体の企画にイギリスがお金を出して、クルディスタンの音楽教育を支援するものだ。そのねじれっぷりを副校長に問いただしたら、芸術学校の発展など我関せずとばかりににこやかにうなずいた。

ひとつの町で三日間の講習会を開いたぐらいでは、教育とは呼べない。音楽教師を育てるならなおさらだ。全日程をこなした参加者は、それまでの一年間を上回る進歩を見せた。でも私たちが次の町に行ってしまえば、彼らの環境は元どおり。よくて停滞、悪ければ後退だろう。イラクで音楽が上達するには鉄の意志が必要なのだ。NYOIであれば、ほんの数回のレッスンで見ちがえるほどうまくなる。だが今回の講習会でできるのは種をまくことだけ。あとは乾ききった土地で、種が根を深くおろすことを祈るしかない。

私たち講師チームは、異質な世界が理解できないながらも、指導内容を充実させようと奮闘した。太陽が沈み、気温が下がってくると、おんぼろホテルの屋上で夜遅くまでビールを飲み、即席の友情を育てる。みんなクッションに座ってくつろいでいたら、ウィル・フランクがグドルンの小指を踏んでしまった。通訳のサマンとザニャルがすぐにやってくる。二人は医学生でもあり、指の治療は実習で経験ずみということだった。

クルディスタンの月明かりの下で、クレア・ドカティと私はあいかわらずスコットランド人らしいバカ話を繰りひろげていた。私たちはドイツ人よりクルド人に親近感を覚える。中東の狂気に囲まれたこの小さな地域に生きる人びとは、ユーモアにも自己を卑下するような皮肉っぽい暗さがあって、そこはスコットランド人と共通している。そのいっぽうで、他人の不幸は蜜の味と喜ぶドイツ人的気質もある。個人の苦痛や災難もからかうので、グドルンの小指もすぐにジョークになった。満点の星空のもと、道の向こうでは夜市が立つ。幼児のいる家族連れでにぎわうのを眺めながら、私たちはえんえんとビールを流しこんだ。

次の目的地はスレイマニヤ。ここは芸術学校がいちばん充実している。これまでの教訓から、ヴァイオリンは能力別にクラスを分けることにした。現地の食事に胃も慣れてきたし、学校の設備も格段によいはずだ。期待がもてるいっぽうで、講師陣は疲労の色が濃くなっていた。私もいらいらが募り、グドルンに何度かキレてしまった。正義感の強いゲルハルトが、それを見て私にキレる。指導者の最上位に立たねばならない重圧から、自分は来るべきではなかったと後悔がよぎる。それでもこの国の空気を吸い、昼間の景色や、夜の闇に浮かびあがる油田の炎を毎日眺めていると、イラクが自分の骨に吸収されるような気がしてくる。

ラニアとスレイマニヤのあいだに横たわる山々の姿は一生忘れないだろう。樹木はぽつぽつと生えるだけで、凍りついた岩や丘がどこまでも続く非現実的な風景は、人びとが翻弄されてきたイラクの歴史を彩ってきた。スコットランドもそうだが、険しい山岳地帯は人びとを守ると同時に、交流を阻む諸刃の剣だ。バスに乗っているヨーロッパ人たちは、疲労と困惑で自意識もあやふやになり、目の前に広がる荒々しい自然のドラマに圧倒されていた。

芸術学校に到着すると、まずフルート講師のガブリエレが五〇名ほどの参加者を集めて音楽家のためのストレッチをさせ、それからレッスンに入った。ピアノの受講者は五名で、グランドピアノも一台ある。彼らはショパンやモーツァルトの難しい曲を弾くくせに、初心者向けピアノ教本に出てくる最初の二重奏が通らない。そこで二重奏を次から次へとやらせたら、ようやく初見でも合わせられるようになった。

イラクの音楽家には英語の壁がある。そのためオンライン独習も行きあたりばったりで、謎に終わる部分が多かったりする。銀行口座やクレジットカードをもっていないから、近くによい書店がなければ、楽譜や書籍をインターネットで買うこともできない。私たちにしても、頼れる花形通訳者ザニャル、サマン、シュワンがアラビア語とクルド語でいいかえてくれなければ、コミュニケーションはたちまち断絶する。

クルディスタン地域はあれほど独立を主張していながら、自分たちの文化をほとんど顧みないのは驚きだ。異なる言語や遺伝子が混じっていても自治はできる。世界のなかで単一言語、単一文化の国なんて一割ほどだ。イラクの未来を引っぱっていくのは、若い世代のほかに誰もいない。コンピューターを使いこなし、インターネットで勉強する彼らの存在が希望の光だ。

七月一七日。各地をめぐったマスターコースは終了し、NYOIのフランスでの夏季講習が始まる。ゲオルク・ヴィッテラー宅で、コーヒーとケーキが出る「ドイツの友人たち」の理事会があった。重たい足を引きずって出席すると、外の庭ではスコティッシュテリアのウィスターがふざけたしぐさで私の気を引こうとする。真っ白な居間には、ユリを活けた花瓶が置いてある。まだつぼみで緑色のユリが、夏の訪れを歌っていた。グドルンはスレイマニヤの市場で買ったおいしいヌガーをおみやげにもってきた。「ドイツの友人たち」は象牙の塔が崩れ、実体験がむきだしになっていた。イラク世界の洗礼を受けていないのは会計担当のゲオルクだけだ。その差は歴然だった。カール＝ヴァルターと私がおとなしく座っている横で、グドルンとウィルが考察をまじえながら現地の様子を熱心に報告する。それを聞くゲオルクはたまに短い言葉をはさみながら、おのれの存在価値を自問していた。

NYOIのアメリカ訪問の話になった。バグダードのアメリカ大使館に提案書を送ったが、反応はかんばしくない。バグダードとアルビルの政府間の溝が深く、NYOIに積極的に関心を示さないくせに、どちらが支援するのか探りを入れている。石油取引をめぐる両政府の契約も難しい状況だ。アメリカ国務省がへたにかかわると自国の利益が危険にさらされる。アメリカ大使館にとって、文化交流とはすなわち交換留学や奨学金だ。コリン・パウエル大将はジョージ・W・ブッシュに「大統領閣下、壊したものは弁償するのです」といったそうだが、その言葉を実践するつもりはあるらしい。ただしイラクは壊れたどころか、修復不能な状態に陥りつつある。

ＮＹＯＩ五年目の夏季講習のために、エクサンプロヴァンスに旅だつ数日前。「ドイツの友人たち」は今後の方針として、ギュルツェニヒ管との関係を深める決定を下した。フェイスブックにマスタークラスの写真をアップした私は、ステータスを「ＮＹＯＩ封鎖中」に変えた。

19
活動の頂点

エール・フランスは私が乗るはずの飛行機を飛ばしそこねたあげく、荷物をなくした。係員との不毛なやりとりのあと、私はデュッセルドルフからパリ経由でマルセイユに入る手配を自力でやって、七月二四日に一二時間遅れで到着した。エール・フランスが「ご不便をかけたおわび」にくれたのはTシャツと歯ブラシ、ひげそりキット。荷物並みのぞんざいな扱いだ。チェロ講師で今年の独奏も務めるデイヴ・エドモンズともども、マルセイユ国際空港でプロジェクトマネージャーのセシル・ミエルの出迎えを受ける。宿泊先であるエクサンプロヴァンスの大学寮に着いてみると、エール・フランスはボストンから向かったアンジェラ・チョウの荷物も紛失してくれていた。それでも楽員と講師は全員そろっている。明日の朝いちばんでキックオフ・ミーティングだ。

夏季講習の準備はたいへんなことだらけだが、プロヴァンス大劇場のチームはみごとにやってのけた。関係者のほぼ全員が予定どおり到着して、講習に入る準備が整っていた。一部の楽員は母さんの手料理を恋しがったり、トイレとシャワーが共同なのをぼやいたりしていたが、そんなことはとっくに経験ずみだ。講師たちが泊まるのは大学寮から数ブロック離れた建物で、部屋も広い。練習が終わればそこでゆっくり過ごせる。

講習会場となるダリユス・ミヨー音楽学校は新校舎が完成していたものの、準備がまにあわないので旧館を使うことになった。マザリン通りに面した一七四二年完成のオテル・ド・コーモンは、元はホテルだった瀟洒《しょうしゃ》な建物で、一九七〇年から音楽学校が使用している。美しい中庭、優美な階段、一八世紀の気品あふれる部屋を見ていると、賓客になった気分だ。音楽学校として使うのは私たちが最後で、学校が新校舎に移ったら文化センターになるのだという。

建物内に並ぶ部屋は、好きに使っていいことになっている。フランス・ユース・オーケストラのマネージャーであるピエール・バロワと私で、すでに割りあては終えていた。プロヴァンスは湿度が高いので、セシルが扇風機を用意してくれた。問題は文化センターへの改装工事だ。窓を閉めると蒸し風呂で、開けると中庭の空気ドリルの音が入ってくる。それでも混沌としたイラクよりはるかにましだ。フランスのプロジェクトチームとの作業は初めてだが、地中海からの湿り気に皮膚の毛穴も開き、期待も大きくふくらんだ。

参加者は安心して自分の練習場所を探しあて、音を出しはじめた。しかし講習の三日目あたりから、プロジェクトチームとオーケストラのあいだにきしみが出てくる。NYOIの一部の楽員はすごく裕福そうで、セシルたちは召使みたいな扱いを受けていると感じていた。南仏の文化はいろんな意味で中東と共通点があるとはいえ、フランス人女性への話しかたを心得ていない者がいるとは。不意打ちを食らった気分だ。エディンバラでもボンでも、プロジェクトチームはみんな女性だったが、そんな苦情は一度も出なかった。それに楽員たちは、もう異文化への対応はあるていど身につけているはずだ。私はさっそくＮＹＯＩのオーケストラマネージャーであるバシュダルとハッサンを呼び、セシルたちに礼儀正しく接することを徹底させてくれと頼んだ。ＮＹＯＩのＯＢでもある二人は有能ぶりを発揮し、セシルのチームとうまくやるコツを飲みこんで、粛々と仕事をこなしてくれた。

セシルからはもうひとつ指摘を受けた。今回の夏季講習の予算は三二万一〇〇〇ユーロで、まだ三万ユーロ足りない。楽員の一部は明らかに裕福な家の出身で、三万ユーロなんてはした金だろう。彼らのために資金集めに奔走するセシルには心から同情する。クルディスタン地域政府も、パリのイラク大使館も無視を決めこんだままだ。イラクから一銭も出ないのに、どうして命を削る思いで文化交流の資金集めをやらねばならないのか？　以前マジッドにこの疑問をぶつけたことがある。他者にすべてをおっかぶせる、自分勝手で救いようのない文化にはがまんも限界だ。マジッドは、扱いに差が出るから費用負担はゼロにしたいと主張するが、それでは解決にならない。ＮＹＯＩもイラクも、そういう段階はもう過ぎているのだ。

エクサンプロヴァンスの夏は、温暖な気候と地元のロゼワインを楽しむ季節。ところが、ロイヤル・フィルハーモニック・オーケストラの長年の同僚であるダギー・ミッチェルとジョン・ホールトは、近くのアイリッシュパブにしけこんではバカ高いギネスを飲んでいる。二〇一二年のエディンバラ訪問では、私たちは到着した次の日から示しあわせて、パブが並ぶ界隈に繰りだしていた。今回の講師陣のなかで、ＮＹＯＩ初体験はコントラバスのジョン・ホールトだけだ。それ以外はみんな様子がわかっている。豊富な経験がある親分肌のジョンは、サミル・バシムをいっぱしのパートリーダーに育てると決めて指導を始めた。ところがサミルは頑として応じない。その理由は誰もわからなかった。

全奏練習でオーケストラが大いに楽しんだのは、ムハンマド・アミン・エザットの新作で、予想どおり全編はなばなしい《東方の魔法》だった。それとあまりに対照的なのが、ナジャト・アミンの《アンファル》だ。一九八〇年代終わりにフセイン政権がおこなったアンファル作戦が題材になっている。暗い色調のモダニズムは、毒ガス攻撃の犠牲になったクルド人の魂の叫びそのものだ。重たすぎる内容のこの曲をアラブ人も演奏することは、ナジャトはむろん承知している。彼らが演奏を拒否しないのは、指揮者の私がイラク人でなく、場所がイラク国外だからだ。それでも腫《は》れ物に触れそうな場面はあった。バグダードから来た楽員の何人かは、ガス攻撃はイランによるものと信じていたのだ。「サダム・フセインは死刑になって当然だったけど、この件では無実だ」と私にいう者もいた。

最初の休日となった金曜日、みんなエクサンプロヴァンス観光に出かけた。食事はレストランチェーンのフランチだ。メニューが幅広いし、一〇ユーロのバウチャーで充分足りる。気になるのは、夜明けから日没までいっさい飲食ができないトゥカだった。ラマダンの時期とかぶっていたのだ。トゥカの兄で、二番トランペットを吹くアルムジタバは妹が心配だといっていたが、それはみんな同じだった。フランチは午後一〇時閉店で、日没は午後九時半ごろ。食事時間は三〇分しかない。練習中、トゥカがチェロの最前列でだるそうにしているのを私たちはなにげなく見守っていた。それでも音をはずさない彼女に、私は何度も笑顔を向けた。ラマダンは魂の浄化であり、一九歳のトゥカは自分の信仰に責任を負える年齢だ。とはいえ一日七時間の練習はさぞきつかっただろう。

八月二九日。フランス・ユースと合流する前の最後の練習だ。ヘルグルドにアラビア語で「一四〇万ドル」と書いてもらった大きな紙を、みんなに見えるよう指揮台のうしろに貼った。ずっと前から考えてきた話をいよいよするときが来た。彼らはおとなだ。それなりの責任を引きうけなくてはならない。私は紙に書かれた数字を示しながら、これは二〇〇九年からいままでNYOIに費やされてきたお金だと説明した。シュワンがアラビア語とクルド語に通訳してくれる。無償の労力まで加えれば、ゆうに二〇〇万ドルは超える。今年はイラクから一銭も受けとっていない。

NYOIの楽員に望むのは、独自の演奏団体を結成すること。演奏はもちろん音楽の指導や作曲にも、これまで以上に熱心に取りくんでもらいたい。しかし現実には、夏季講習が終わったら次のオーディションまで楽器を押入れにしまいこむ者がほとんどだ。それを聞いて、ヴィオラトップのレズワンがくすりと笑った。そのとおりだといいたいのだろうが、手のひらを返された気分だ。自国に戻って文化を育てようとしない人間は、このオーケストラにふさわしくない。私はそういいきった。

部屋は静まりかえった。管楽器セクションの講師であるダギー・ミッチェルは、両手で頭を抱えている。サミルはコントラバスを抱えた姿勢のまま、仰天して私を見つめていた。怒りを爆発させた私は、音楽家として、人間としての自分を取りもどした。これまで慈善家、マネージャー、外交官をやりすぎた。イラクに借りなんてひとつもないのに、寛大でいたばかりに食い物にされたのだ。NYOIはもう五年目になるのだから、イラク人の手でまともな組織を運営し、文化を底あげして、音楽の持続可能な未来を築くのは楽員ひとりひとりの責務だろう。それはイラク国内で、イラクの資金でやるべきだ。話を終えた私は指揮台に上がり、練習を開始した。

そのころ隣の建物では、フランス・ユース・オーケストラの団員一四名が、パリから来た二人のアラブ文化専門家からイラクの歴史、地政学、文化について講義を受けていた。最後の一時間は、私がNYOIの何名かといっしょにそちらに合流した。部屋のホワイトボードには、アラビア語歌詞の訳が書かれている。専門家の指導で、フランス・ユースが歌いはじめた。曲は《チ・マリ・ワリ》だ。開いた窓の下に座っていたムハンマド・アドナン、ムラド、ハッスンは、子どものころから聞きなじんでいる哀切な旋律を楽器で奏でる。恍惚とした表情から、深い哀愁がにじみでていた。だがそれだけでは不足だ。クルド人も自らの文化を表現しなくては。新しいコンサートマスターのアラン・カミルが、ヴァイオリンでクルドの伝統的な旋律を弾きはじめた。部屋の隅にあるグランドピアノで、ツィターふうの伴奏をつけるのは才能豊かな打楽器奏者のペシャワだ。フランスとイラクの善意が詰まった小さな部屋に、アラブとクルドという二つの音楽の伝統が興趣を添えてくれた。

その夜オテル・ド・コーモンの庭で、フランス・ユースから加わる一四名とNYOIが初めて対面した。マネージャーのピエール・バロワがその様子をじっと眺めている。フランス・ユース・オーケストラは一〇〇名以上の大所帯で、別の大学に滞在しながらドビュッシーの《イベリア》やバルトークの《管弦楽のための協奏曲》、ワーグナーの管弦楽曲をデニス・ラッセル・デイヴィスの指揮で練習していた。果敢な挑戦はいっしょでも、やっていることがあまりにちがう。

私は離れたところに立って、いつもの展開を待っていた。庭にはワインと果物とチーズが並び、気どったおしゃべりが続く。だがついに飽きたらなくなったようで、シャーワンがダフをもちだして祭りの開始を告げた。NYOIの楽員たちが輪になって踊りだすと、フランス・ユースも大喜びで加わった。訳知り顔で見物するなんてありえないのだ。勇壮なガリア人の血を引くだけのことはある。頼もしい光景だった。

さらにうれしいのは、この場にフィアの顔があったことだ。フィアことソフィア・ヴェルツは、二〇一〇年に南アフリカ・ユース・オーケストラからやってきてマネージャーを務めてくれた。彼女との再会を誰もが喜び、これまでの道のりを噛みしめた。フィアはフランス・ユース・オーケストラの実情を学びがてら、アシスタントのババルワ・チュラとともに運営を手伝うためにピエール・バロワに招かれていた。何しろ音楽祭ではフランス、イタリア、スペインのナショナル・ユース・オーケストラが一堂に会するのだ。いってみればユース・オーケストラの惑星直列。ＮＹＯＩはいちばん端の冥王星か。

フランス・ユースの応援が入って、練習の流れができた。毎朝きっかり九時三〇分に、日当たりのよい一八世紀の中庭に集合。空気ドリルが仕事を始める前に、打楽器講師のアダムの指導で準備体操をする。アダムはフリー奏者としてロンドン交響楽団やコリン・カリー・アンサンブルにエキストラで出演するだけでなく、俳優としても活動している。その知識をもとに、毎朝楽員たちの身体を目覚めさせてくれるのだ。そうした教育をろくに受けたことのないイラク人楽員には、ぜひとも必要な訓練だった。

午前一〇時からはセクション練や個人レッスンで、正午から室内楽だ。不屈の弦楽器講師であるデイヴ、イローナ、アンジェリアは、ＮＹＯＩの弦楽器セクションから三組の弦楽四重奏団を編成し、それぞれが指導に当たることにした。残りの奏者はフランス・ユースの弦楽器といっしょに、私の指揮でピーター・ウォーロックの《カプリオール組曲》を練習する。ルネサンス期の六つの舞曲を取りあげたこの組曲は人気が高く、音楽学校のカリキュラムにかならずといっていいほど入っている。NYOIでも、中級レベルの奏者が練習するのにぴったりだった。

そんな練習を始めて数日たったころ、曲の一部をフランス・ユースの楽員にひとり弾きさせてみた。彼らは問題なくこなす。続いてイラク人に同じことをさせたら、よたよたして目も当てられない。譜面に書かれた音符に対して、自分はこういう音を出すのだという責任感のかけらもなかった。フランス人参加者はあとでこんなふうにいっていた。「自分がここにいる理由が最初はわからなかったけど、イラクの人たちのひとり弾きを聴いてすぐ納得した」。クルド人楽員のひとりは私のところに来て、「フランス人を入れたのはいい考えだと思う」とのたまった！

弦楽器セクションの大半がクルド人であることに、アラブ人たちは不満をもっていた。もちろん努力を重ねてオーディションに合格した者ばかりで、かつてないほど優れた人材ぞろいなのだが、アラブ人の自尊心は傷ついていた。イラク国立交響楽団やバグダード音楽・バレエ学校といった殿堂がありながら、クルディスタンに花開く弦楽器文化に太刀打ちできないとは何ごとか？　実のところ、アメリカン・ヴォイシズが毎年クルディスタン地域で開く講習会も、弦楽器奏者の育成にひと役買っている。しかしアラブ人はそんな事実に目もくれない。クルド人だけ安全で、開放的で、自由な文化を享受していることが許せないのだ。

対立が深まるばかりの不安定なバグダードでは、練習や合奏する意欲など湧かないし、音楽活動が盛りあがるはずもない。何しろ生きる意欲まで奪われるのだから。アラブ人たちもそれはわかっている。

練習が進むにつれて、フランス人たちは素顔を出しはじめた。彼らはNYOI楽員を支える役目で、そういう配置にしてあるにもかかわらず、自らひっぱろうとするのだ。弦楽器の各パートリーダーがぼんやりしていると、フランス・ユースのメンバーが背後から合図を出し、休みの小節を数えたり、譜面に書きこみを入れたりする。うっかりミスをすると、隣のイラク人がそのとおりに弾いてしまうから油断できない。ふだんのユース・オーケストラと勝手がちがって、かなりのストレスだろう。それでも彼らは忍耐づよく練習を続けて、相手に奉仕しつつ指導する役目を自覚してくれたし、最後は全員でやりとげることを信じていた。

講習開始から二回目の金曜日、楽員たちはマルセイユに出かけたが、疲れていた私はひとりエクサンプロヴァンスに残った。無線LANが使えるいい感じのカフェを見つけて、コーヒーとクロワッサンを注文したら、翌年のアメリカ訪問の準備だ。一カ月無料で使える会員制の資金調達サイトを活用したところ、かなりの手ごたえがあった。でもまだやることはたくさんある。こういうことに頭を働かせて、申請書を作成し、提出してくれるイラク人はいない。「ドイツの友人たち」も、基本はドイツ国内の関係づくりが対象だ。とはいえアメリカ訪問が成功すれば、NYOIイラクチームは勢いづく半面、ドイツチームの発言力は弱まるだろう。二〇〇一年の同時多発テロ以降、アメリカの財団は厳しい規制を受けているが、それでも政治的な思惑を抜きにはできない。私たちはここまで来た以上、二〇〇九年のように一から苦労するのはごめんだ。冷静にことを進める必要があった。

そのころNYOIは、マルセイユの海辺で波とたわむれたり、大通りでショッピングをして楽しんでいた。海を見るのが初めての者もいる。トップレスの女性が堂々とシャワーを浴びる姿に目を丸くしながら、気分も浮きたったことだろう。人生初の海水浴にも挑戦し、楽しむ自由を味わった彼らは、こうやって地中海の気候に親しみ、フランスという国や、フランス人音楽家のことを理解していくのだ。

ピエール・バロワはユース・オーケストラの練習の合間にこちらの様子を見にくる。フランス・ユースからは一四名を賛助に借りているが、それだけでなく、町の広場でワーグナー《ワルキューレの騎行》をフラッシュモブで演奏しようということになった。二〇一〇年の屋外演奏会はさんざんだったが、オーケストラが丸ごと外に出るのはいいアイデアだ。そもそもイラクではフラッシュモブは不可能だ。身の危険やおとがめの心配なしに、開けた場所でフランス・ユース・オーケストラと共演するのは楽しいにちがいない。それでもたった四分間の本番のために、二つのオーケストラは動きを合わせる念入りな調整が必要だった。

フラッシュモブの練習をしているあいだ、セシルと私は状況報告と息ぬきを兼ねていっしょに昼食をとった。二〇一一年に《砂漠のらくだ》、今年は《東方の魔法》を提供してくれたムハンマド・アミン・エザットが、パスポートがないので初演に立ちあえないという。彼が首席指揮者を務めるイラク国立交響楽団が、アラブ地域のある国に演奏旅行することになった。ところが文化省から手配を依頼された人間が、楽員全員のパスポートとお金をもって姿を消したのだ。その話を聞いても、セシルはほほえむだけだった。どこまで信じていいかわからないのだろう。私も笑って、楽員たちが二〇〇九年以来かならず口にする文句を唱えた。「これがイラクだ」

二〇一〇年以来ホルンの講師をやっているサラは、今回は大忙しだ。まず、バグダードから初参加するはずの奏者が来なかった。婚礼の日どりを家族が急いだせいで、日程がぶつかったのだ。今年はラニアも来ていない。彼女はイラク国立交響楽団のコンサートマスターであるジャナイドと結婚した。ジャナイドは二〇一一年、ベートーヴェン音楽祭の独奏者に立候補したものの、落とされた経緯がある。NYOIを快く思っていないのはたしかで、ラニアは夫の意向に逆らえなかった。演奏会にはホルンが四人必要だ。サラは自分も吹くことにした。あとはアリと、三カ月楽器にさわっていないというムハンマド。でもさいわいにして、ここはイラクではなくフランスだ。セシルがたった一日で、地元でホルンを学ぶ一七歳の学生を見つけてくれた。ラグビー選手でもある彼は、れんがの壁みたいな身体をしている。フランス語しか話せない陽気な青年だが、彼は大当たりだった。

初参加のコントラバス講師、ジョン・ホールトが話があるという。サミルはなぜあんなに不満そうなのか？　私は前年のNYOIのことをかいつまんで話した。サミルは繊細で美しい心の持ち主だ。イラクで自分のもてる力を出しきれずにくやしい思いをしているし、イラク国立交響楽団のつまらない力関係にもうんざりしているのだと。でも、と私は付けくわえた。あなたの生徒の態度がどうとか、こちらの知ったことではない。昨日もバグダードではテロで六七人が死んだ。そんな国から三週間離れられるだけでも上等だ。サミルは芯の強い性格だし、いずれ立ちなおることはわかっている。その後ジョンが何かいったらしい。サミルのやる気は急上昇して、練習でもNYOIのチア、それにフランス・ユースの二人をしっかりひっぱるようになった。

八月七日。講習開始から二週間で、優秀な室内楽グループがいくつもできていた。みなぎる自信も、音楽的な感受性も過去とはくらべものにならない。いよいよ私たちは、「ふつうの」ユース・オーケストラに近づきつつある。この日は、地元の精神病院の中庭で練習の成果を発表した。緑したたる木々がつくる木陰で、入院患者と楽員が仲よく木のベンチに腰かける。庭の真ん中の木の枝に一匹のコオロギがいて、高らかに鳴きはじめた。昆虫の羽音はまるでヘヴィメタルだ。

私たちも負けじと演奏を始める。NYOI屈指の弦楽器奏者がモーツァルトの四重奏で挑むが、フレーズの歌いかたが繊細でお行儀がよすぎたのか、あえなく敗退した。続く木管五重奏はブラームスの《ハンガリー舞曲》で、フルートのワリードが情熱をほとばしらせるが、それでもコオロギは鳴きやまない。アラブとクルドの民謡が流れはじめて、ようやくコオロギは静かになり、私たちに聴きいった。

演奏者も患者もすてきな時間を過ごした。終演後、ケアセンターでビュッフェとソフトドリンクがふるまわれた。職員のTシャツを着た、北アフリカ出身らしい長身で筋肉質の男が、フランス語で話しながらこちらに近づいてくる。お目当ては別の誰かだと思いきや、オーケストラをフランスに連れてきてくれてありがとうと感謝された。自分のようなムスリムにはとても意義ぶかいことだという。南仏ではイスラム系住民が難しい立場に置かれている。そのときは彼の隆々たる筋肉に気をとられていたが、あとになってフランス市民の率直な感想がじわじわと胸に迫ってきた。

20 エクサンプロヴァンスの十字路

その夜、ナショナル・ユース・オーケストラシリーズ第一夜として、スペイン・ユースの演奏会が大劇場で開かれた。指揮はジョージ・ペーリヴァニアン。幕開けはシャブリエの狂詩曲《スペイン》、それにハスキーなフラメンコ歌手カルメン・リナレスを迎えてのファリャ《恋は魔術師》と無難な選曲だ。スペインらしい激しい情熱、官能的な旋律はムーア人との深いつながりを感じさせ、聴く者をとりこにする。NYOIの楽員たちはプライドが傷ついて席を立つかと思ったら、おとなしく座っている。あごを両手にのせたり、バルコニー席の手すりにひじをついたりと、思い思いの格好で舞台を凝視していた。

休憩のとき、ドゥアに感想をたずねられた。「スペインのオーケストラを聴いて、自分たちと比較できるのはいいことだよ。だって……」

「そうなの」。ドゥアはけなされると思ってしょげている。

「いやいや、そうじゃない」。私はあわてて説明した。「スペインの音楽にアラブの影響が見てとれるだろう。こっちもアラブの音楽をやるわけだし」

「私たちだって、同じぐらいチャンスをもらえたら上手にやれるのに」とドゥアは寂しげに視線を落とした。私は思わず笑顔になるが、この問題は講師たちとさんざん議論してきた。みんなＮＹＯＩでの指導にやりがいを感じているが、参加者は長年の独学でついた悪い癖がなかなか抜けず、年一回の講習では根本的な改善は見こめない。至れり尽くせりで世話をすると、なまぬるすぎて意欲が削がれるし、かといって突きはなすと矯正不能になってしまう。たいせつなのは家族の理解だ。ＮＹＯＩの楽員たちは、少なくとも家族には恵まれている。

演奏会の前半は落ちこむだけですんだが、後半は涙なしでは聴けなかった。ストラヴィンスキー《春の祭典》がまぶしいほど完璧に演奏され、動物的な荒々しさで私たちを八つ裂きにした。これまで生演奏で聴いた《春の祭典》では最高の名演だ。ＮＹＯＩの楽員たちのことを思うと胸が痛い。五年間がんばって、ナショナル・ユース・オーケストラとしてそこそこやれると思うようになった矢先にこれだ。とどめは軽快なアンコール二曲だった。打楽器奏者がひょうきんな振りつけで踊りながら演奏をやってのけたのだ。

演奏会のあとサミルが私をつかまえて、スペイン・ユースのコントラバスはどうだったかと質問した。

「まあ、チューニングはきっちりできてるね」。私は正直に答えた。「音がそろってるし、弓の動きも合っていて、音色に統一感がある。指揮も見てるし、反応もしてる」。サミルはもっと聞かせてくれと食いさがる。やる気があるのはよいことだが、別のことを考えていた私は、新コンサートマスターのアラン・カミルと、チェロ講師のデイヴ・エドモンズを誘って上階の静かなバーに入った。

「残り数日で、みんなをもう一段上に押しあげたい。どうすればいいかな？」

ＮＹＯＩの連中はすっかり打ちのめされている。彼らが全力を出せるよう、強力にひっぱってやる必要がある。アランは、練習前のチューニングをもっと厳密にやることを提案した。うしろのプルトで適当にすませている者にも、時間をかけて徹底的にやらせる。弦楽器で唯一残っている講師のデイヴは、アンサンブルに磨きをかけるヒントをいくつか教えてくれた。三人で話しあっていると、大劇場のスタッフがふらりと現れてそばに座り、私たちの話に耳をそばだてた。今夜の演奏に衝撃を受けた私たちを気づかい、様子を見にきたようだ。立ちあがって店を出るとき、私は心もとない笑顔を彼らに向けた。

この夜、スペインとフランスのユース・オーケストラ、それにＮＹＯＩのメンバーは大劇場にほど近いカンファレンスセンターにぞろぞろと歩いていった。着いてみると、巨大なホールはディスコになっていた。ビールとワイン、軽食が無料でふるまわれる。三〇分もしないうちに、スペイン、フランス、イラクから来た総勢三〇〇名ほどの若い音楽家たちがダンスフロアを埋めつくし、汗ばんだ身体が躍動する。曲調が変わると、フランス・ユースの楽員たちがかたまって、おそるおそる七〇年代のディスコダンスを踊りだした。みんな楽しそうだが、ホール備えつけのノートＰＣに持参のＵＳＢを差してごそごそやる者もいて、私は複雑な気分だった。とつぜんイラクのポップミュージックが始まった。フロアのかたまりはほどけて、歓声とともに輪ができる。自撮りのフラッシュがあちこちで点滅し、いやがうえでも盛りあがってきた。私はテストステロンが急上昇するのを感じた。

「ポルポルポルポルポル」。享楽の神に支配された彼らの声が、熱狂のなかで身体をはずませろと呪文をかける。《春の祭典》の最後の踊りのように処女のいけにえの役目を引きうけ、彼らに身を捧げるしかない。これは彼らのちょっとした復讐でもある。たった一度の演奏会のために、三種類の言語が飛びかう練習を三週間も続ける。バグダードならせいぜいやっても三日だし、出来も無残なもの。ただ少なくとも今夜は、練習をする意味がいやというほどわかったはず。だから今夜だけは、楽しまずにはいられない。

狂乱の踊りの輪に私も加わった。「ヤアアアイ」と叫び声が口々にあがる。もう戻れない。私は中東らしい男どうしの親密さ、開けっぴろげな性格、激しい気性を愛してやまない。彼らが私を愛するのは、みんなでひとつのことに取りくみ、イラク式の「当たり前と安全」ではない、別の当たり前と安全を実感させてくれたからだ。民族的なリズムが鳴りひびくなか、デイヴはいろんなグループに入って自撮りを繰りかえす。へこたれない彼らの明るい表情が、フレームにきっちりおさまった。彼らに愛と忍耐と同情を捧げてもちっとも惜しくないが、私はここに来るまでに多くの犠牲を払った。そのことも彼らはわかっている。意外なかたちで私たちは愛しあっているのだ。

私はダンスフロアから脱出し、カクテルテーブルのそばで立っていたら、バシュダルがやってきた。「ごめんなさい」。それはＮＹＯＩが、よそのナショナル・ユースみたいになれないことを謝っているのか？　私が返答に詰まっていると、バシュダルはこう続けた。「ほんとにありがとう」

「バシュダル、私はちっぽけな一部に過ぎないよ。たくさんの人が力を貸してくれてるんだ」

イラク人の打たれづよさには感心する。幻想が崩れ、「競争」の意味を突きつけられたＮＹＯＩだが、ものの数時間で立ちなおった。二番トランペットのアルムジタバなんて、釈放された囚人みたいに踊りくるっている。きっとほかのみんなも同じ心境なのだろう。あとで聞いたら、アルムジタバは二一歳にして人生初のディスコ体験だったという。

帰り道、フィアと話をした。みんながどんな気持ちか、二人とも痛いほどわかる。こんなオケとサン＝サーンスのチェロ協奏曲第二番を演奏しなくてはならないなんて、デイヴ・エドモンズにも申し訳ない。彼の顔をつぶさない工夫はないものか。重い足どりで歩くうちに、私はふとフィアのほうを向いていった。「よし、決めたぞ。デイヴにはブルカ姿で舞台に出てもらおう」

翌朝、オテル・ド・コーモンの中庭を歩いていたら、開いた窓からいままで聞いたことのない音がする。階段をのぼって練習室をのぞくと、楽員たちが悪魔のようにさらっていた。

八月九日、金曜日。プロヴァンス大劇場の舞台を使った一回目のリハーサルだ。大劇場には、ほんものの舞台と同じ大きさで、オペラのリハーサルに使う部屋、通称ビッグ・ワンがある。ＮＹＯＩはここで午前中練習し、午後に舞台に移る手はずだった。フランス・ユースは編成が大きく、昼食休憩のあいだにたくさんの打楽器を移動させなくてはならないが、劇場スタッフが手際よくこなしてくれた。ここはまちがいなく、ヨーロッパで最高の設備をもち、最新の技術が使われている劇場だ。午後、本番の舞台でベートーヴェンの交響曲を合わせる。四番ホルンで出番のないサラが客席でバランスを聴き、木管セクションのひな壇はもう一段高くしたほうが音が遠くに飛ぶと指摘した。私は心のなかで「お安い御用」と答えた。

その日の夕方、一七世紀イタリア風建築の市庁舎前に集まった観光客や市民の前で、室内楽を演奏した。精神病院の中庭で披露したのと同じプログラムだ。これはピエール・バロワとフランス・ユースが、こちらに来てからずっと準備してきた企画で、二つのコンサートのほか、音楽ビジネスのワークショップ、室内楽の野外発表会、コメディコンサート、それにホスピスのための特別パフォーマンスと盛りだくさんだ。ヨーロッパのナショナル・ユースはどこもそうだが、フランス・ユースの優秀な奏者たちも、クラシック音楽の演奏家としての未来は不透明だ。だからピエールは、厳しい将来を見越してあらゆる準備をさせていた。そんなピエールと私は手を組み、テレビ、新聞・雑誌、演奏活動を通じて露出を増やそうとがんばっていたのだ。

夜はイタリア・ユース・オーケストラの演奏会。指揮はパスカル・ロフェだ。ラヴェルの組曲《クープランの墓》に始まり、ストラヴィンスキーの組曲《火の鳥》一九四五年版で終わる長いプログラムだった。音楽的にはむろんすばらしかったが、NYOIの楽員たちは脅威とは思わず、ちょっと安堵していた。身のほど知らずないいかただが、スペイン・ユースより一段下だった。

翌朝、練習の合間にスタッフをつかまえて、木管のひな壇の話をした。すると、とてもフランス的な理由で「無理です」と断られた。

「舞台設営はフランス・ユース・オーケストラに合わせてあります。どのユース・オケもこの設営でやってもらいます」

「だけど、私たちはフランス・ユースじゃない。編成だってちがう」

「わかってます。でも難しいんですよ」

「さっきは無理といったのに、いまは難しい？　無理なのか難しいのか、どっちなんだ？」

「ひな壇をすぐに入れるのは無理です。昼食時間に舞台を組みなおす必要があります」

「これも無理、あれも無理？　この三週間、そればかり聞いてきた。セ・ディフィシル（難しい）、セ・アンポシブル（無理）！　無理っていうのは、うちのオケのことをいうんだ。この演奏会だってぜったい無理。それでもやるんだよ。このオーケストラがやれるんなら、きみたちだってひな壇を用意できるはずだ」

「上司と話してください」

「そうするよ。どこにいる？」

「出かけてます。来るのは月曜です」

もうお話にならない。何をいってもむだ。扉を開こうにも、壁に四角い板が貼ってあるだけだった。今度「セ・ディフィシル、セ・アンポシブル」といわれたら、そいつを殺してやる。

しかしその日の午後、舞台にひな壇が組まれていた。

翌土曜日の夜、「ドイツの友人たち」のグドルン、クルド人作曲家のナジャト・アミン、NYOIの主要楽員とスタッフ、それにズハルと私が大劇場向かいのカフェに集合した。オーケストラの今後を話しあうためだ。私は、翌年に予定されているアメリカ訪問の状況を報告した。条件はそろいつつある。カーネギー・ホールと、結成まもないUSAナショナル・ユース・オーケストラの支援があるし、ニューヨーク州立大学クイーンズ校、通称クイーンズ・カレッジが宿泊場所を提供してくれるという。足りないのは多額の資金、後ろ盾になってくれる銀行、プロジェクトマネージャー、ツアーマネージャー。バグダードに基盤となる組織はなく、アメリカツアーだから「ドイツの友人たち」も資金集めに貢献できないとなると、いままでのようにはいかないだろう。私はずっと前に手を引くべきだったのだ。そうすれば人生はずっとよいものになっていたはず。

私たちはそれぞれの考えを出しあい、二時間後、資金調達のためにイラクでやるべきことの一覧ができあがった。そんなものをつくっても役に立たないことはわかっている。でもアメリカ訪問はNYOIの活動のいわば頂点。道を切りひらくために、もてる力を総結集させる価値はある。このプロジェクトは、組織としてのNYOIを鍛えるまたとない機会になるだろう。シュワンがクルド人たちのために細かく通訳すると、ワリードはうなずいた。NYOIは永遠に複雑な存在だが、それでも成長し、自らの運命を引きうけなくてはならない。

八月一三日、演奏会当日。「ドイツの友人たち」が午後のステリハに姿を現した。ゲオルクのスコティッシュテリア、ウィスパーもいっしょだ。彼らはファゴットといううれしいおみやげを持参していた。もとはニューカッスルの男性がメールで寄付を申しでた楽器だ。それを彼の友人が預かって、ロンドンのキングズクロス駅の向かいにあるマクドナルドで私が受けとり、ケルンにもちかえった。ドイツ・ファゴット協会はその修繕費用を負担しただけでなく、イラクのファゴット奏者を絶滅から救う意欲も見せた。美辞麗句が並んだ贈呈式で、グドルンとゲオルクは二番ファゴットのアフマド・アッバスに楽器を手わたし、これでバグダードの人にファゴットを指導してほしいと言葉をかけた。アフマドはムラドほど上手ではないけれど、学ぶことに飢えていたせいで、着実に進歩している。楽器を託せるのは彼しかいない。

どこから聞きつけたのか、ムラドが姿を現した。凍りついた表情で、少し離れたところに立っている。サミルがアラビア語で寄付の条件を説明しているあいだ、私はムラドの様子をうかがう。ケースのなかで青いサテン地にうずもれているぴかぴかの楽器を、ムラドは凝視していた。自分より下の人間がただでファゴットを手に入れて、バグダードで指導していいといわれたのだ。穏やかでいられるはずがない。

午後のステリハはオーケストラの反応もよく、何事もなく進んだ。予想外のトラブルもなく、遅刻する者、途中で姿を消す者もいなかった。舞台の出入りもとどこおりなく、客席にいる人たちに笑顔を送る余裕もあり、チェロ協奏曲ではデイヴが座る場所を空けるためにヴァイオリンがすんなり移動した。ホールの音響にも順応して、こちらの要求も正しく理解された。五年間やってきて、ふつうのリハーサルの流れを感じたのは初めてだ。

開演を待つ舞台袖にも、たがいを気づかう空気が流れている。燕尾服に身を包み、最後に髪の乱れがないか確かめるうちに、私のなかの闘士はアーティストに交代した。コンサートマスターのアラン以下、楽員たちは念入りにチューニングをしている。

私たちは自信あふれる笑顔で舞台に出ると、もう一度すばやく音を合わせ、ムハンマド・アミン・エザット《東方の魔法》を始めた。一番クラリネットのバレン・カデルのソロは哀愁が漂い、暗がりから弦楽器が顔を出しながら、複雑な旋律を歌いあげる。ベドウィンの色彩が万華鏡のように渦を巻き、いくつもの主題がタペストリーを織りあげながらまばゆいほどのクライマックスに達し、力強く最後の和音が響いた。出だしは上々。この曲では、ふだん二番ファゴットのアフマドを一番にした。パートをひっぱり、ソロを吹く経験を与えるためだ。彼はトップが立派に務まることを証明した。

ナジャト・アミンの《アンファル》は、ハラブジャの通りを流れていくいまわしい毒ガスを連想させる。ハラブジャは、副コンサートマスターのレバスが生まれ育った町だ。色を失った弦楽器の音がパニックの叫びへと高まり、全奏の大音量を突きぬける金管が、フセイン政権の強大な軍隊を表現する。ズハルが雨粒のように静かに奏でるピアノは、人びとの苦しみをいっときやわらげようとするが、またしても軍の攻撃が始まる。アランのヴァイオリンソロはクルドの音楽を模しており、ひとり涙を流す祖母の心の痛みが微分音的な響きでたちのぼる。そこに爆弾を投下するのは、大太鼓の重たい打撃音だ。ふたたび激烈さを増した音楽はゆっくりと衰え、毒ガスは薄まって、爆発音も遠ざかる。会場は静寂に包まれた。わずか一〇分間に激しい感情が凝縮され、指揮をした私は汗びっしょりだった。

次はサン＝サーンスだ。第一楽章の導入部で、すでに独奏のデイヴは現実を離れ、作品の世界に没入していた。手際よく曲に入ってきた彼は、バロック様式の華麗な回廊を通り、フランス宮廷の舞踏会へと足を踏みいれ、典雅なダンスを踊りはじめた。NYOIにとっては初めての本格的なロマン派作品だ。

オーケストラが勝利を実感できたのは第二楽章だ。NYOIがこれほど暖かい音を出せるとは。オーケストラの精妙なアンサンブルにデイヴの甘い音がしたたり落ちる。楽員たちは集中力が高く、抑揚や音色のかすかな変化に反応して、ひとつの大きな室内楽をやっているようだった。一番ホルンのアリは難しいソロをうまく乗りきり、弱音器をつけたやわらかい音で独奏との対話を終えた。

第三楽章は悪魔的な速さで疾走する。デイヴが激しい弓づかいで和音を鳴らすと、フランス音楽らしい複雑な響きがぴたりとはまった。楽員たちにとっては、異質な音楽言語の体験だったはず。ムラドは絶好調で、要所要所で甘美なファゴットソロをしっかり決めた。あでやかなフィナーレでは、光りかがやくニ長調の和音をうやうやしく鳴らし、太陽王の勝利を高らかに宣言したのだった。

休憩をはさんで、今回最大の挑戦であるベートーヴェンの交響曲第八番が始まった。オーケストラは毅然としたぶあつい音を鳴らし、楽員からほとばしるエネルギーに聴衆は固唾《かたず》を飲む。本能に根ざしながら明晰であろうとする姿勢が、ベートーヴェンの音楽をこのうえなく輝かせるのだ。もしかすると、私たちは第一級の演奏をしていた？　宿命論のわだちにはまりこみ、ずっとしまいこんでいた指揮者としてのカリスマ性が、ここに来て炸裂する。ベートーヴェンの恐るべき力にとりこまれた私たちは、ともかくいっしょにゴールに飛びこむしかなかった。

手ごわい第二楽章では、木管は少し固くなっていたようだ。それでも弦楽器に気持ちを送り、セクション間で二羽のキジバトのようにうなずきあいながら、ベートーヴェンの明快な音楽から構築感を引きだしていく。この愛らしい舞曲で、トゥカが率いるチェロパートはなめらかに和音を行き来する。やりすぎるといやらしいが、彼らは一歩手前で踏みとどまり、聴衆をリードする役割を果たしたのだった。

第三楽章はミヌエットとトリオ。一八世紀の宮廷舞踏の雰囲気が色濃くなる。ミヌエットは問題なかった。ところがトリオでホルンのアリとヨハンがびびりまくり、アリは数個音符を吹いたところで演奏をやめてしまった。でも対旋律を担当するクラリネットのバレン・カデルは、最高音をきちんと鳴らした。クルディスタンの教師からクラリネットの音域外だといわれ、ダギー・ミッチェルが指導してようやく鳴らせるようになったのだ。リスクを承知で挑戦し、みごと成功させたバレンはみんなの誇りだ。

陽気な第四楽章は最初から全速力だったが、すぐにトランペットとティンパニが抵抗を始める。彼らは音楽のまっただなかにいるのに、同調する様子もなく座っている。だが、テンポが落ちると凡庸なギャロップになってしまう。私たちは必死の思いで勢いを保たせ、最後にサミルたちコントラバスが頂点まで駆けあがり、交響曲は終止符を打った。万雷の拍手が湧きおこり、聴衆は総だちになった。

私は一貫して冷静で、自分を保っていた。演奏会もさることながら、これは若者世代のムーヴメントだと楽員たちが理解したことが強く印象に残った。レベルの高い他のユース・オーケストラと肩を並べるのは無理だけど、自分たちの子どもの世代が、もっと音楽の可能性が豊かな世界で成長できるよう準備してあげることはできる。もちろん、国が平和になればの話だが。NYOIはフランスのイラクに対する印象を変え、フランスは楽員たちの自己認識を刷新した。

21

火星へのミッション

　ＮＹＯＩをヨーロッパへ連れていくことが月へのミッションならば、アメリカ行きは火星探査だ。戦神マルスによって死と破壊がもたらされたイラクから、ＮＹＯＩが五年間の成功をひっさげていよいよアメリカに行く。目的は文化交流だが、いちばん批判を受けそうな国だ。

　二〇一三年はＮＹＯＩにとって記念すべき年だった。エクサンプロヴァンスの夏季講習ですばらしい成果を得られただけでなく、「ドイツの友人たち」がクルディスタン地域でドイツ人講師が指導するマスタークラスを開講した。ドイツのオスナブリュックで毎年開かれるモルゲンラント音楽祭に参加し、ＮＹＯＩ室内管弦楽団がアルビルで初の演奏会を開いた。いっぽうでイラク文化省は、バグダードを「中東の文化都市」に位置づけておきながら、エクサンプロヴァンス音楽祭の直後に予定していたＮＹＯＩの演奏会を、テロの危険があるという理由で中止した。そもそも市内のグリーン・ゾーン以外の場所で演奏会をやること自体、赤信号がつきまくりだった。デイヴやサラ、フランス人の賛助奏者、それに私といった外国人は、テロの標的になりやすいのだ。

　ケルンに戻った私は気力を使いはたしており、犬のように四つんばいになってやっと動くありさまだった。ＮＹＯＩチームは私の疲労困憊ぶりを知っている。分断と腐敗と無能力に毒されたあの国でオーケストラを持続させるために、できるかぎりの努力をしてくれるだろう。バグダードでは、毎日三〇～六〇人が爆弾で生命を落としている。理由や事情はいろいろだが、みんな「学習性無力感」に襲われていたのだ。

この言葉と出会ったのは、アメリカ人心理学者マーティン・セリグマンの著書『ポジティブ心理学の挑戦』だった。何をやっても悪い結果は変えられないとわかった動物は、あきらめて弱い電気ショックを受けつづける。でも回避する機会を与えられた動物は、その後も無力感を学習しない。セリグマンはこの実験を発展させてアメリカ軍兵士でもやってみた。この本は、ＮＹＯＩを理解するのに役だった。

ＮＹＯＩの若者たちは、戦争とテロでたえず夢が砕かれてきた。これでは無力感に陥るのも無理はない。クルディスタン地域はイラク戦争の影響が小さかったものの、サダム・フセインの時代には犠牲を強いられ、少数派の苦汁をなめさせられてきた。政府による大量虐殺は長く続いたため、ＮＹＯＩ世代でも殺された者、生まれることすらできなかった者がいる。だがほんとうの殺人者は腐敗だ。戦争は始まったらいつか終わる。けれども名前、背景、宗教が体制の意に沿わない者は、最初から生きた亡霊として扱われ、夢をかなえることなどできない。

なかでも同情を禁じえないのはマジッドだ。一九六五年生まれで、子どものころは二度目のクルド・イラク戦争の最中で、青年期はイラン・イラク戦争、湾岸戦争と続いた。結婚し、父親になってからは厳しい経済制裁にあえぎ、そして二〇〇三年のイラク戦争。底しれぬ悲しみと挫折感を瞳にたたえたマジッドは、娘のドゥアをはじめ家族のためなら労を惜しまないし、バグダードの若い音楽家にも愛情を注ぐ。冷笑され、断念させられてきた人生でも、内面は人間らしさを失うまいとマジッドは戦いつづけた。音楽があったから、人としての核心部分は死なずにすんだのだ。

サミルやムラドは若手に属する演奏家だが、彼らの目の光はとっくに消え、皮肉と諦念が心を埋めつくしている。男たちは二五歳前後で夢をあきらめてしまう。でも女はちがう。女性蔑視の根が深い社会に反抗し、厳しい現実に耐えるために、彼女たちはＮＹＯＩで音楽を演奏する。

二〇一三年九月二九日、奇跡が起きた。ＮＹＯＩが非政府組織ＩＲ７６５４４として登録されたのだ。マジッドは四年にわたる体制との戦いに、ついに勝利した。これで文化省に乗りこみ、政府の補助金を堂々と要求できるだけでなく、寄付や後援も取りつけやすくなる。マジッドがメールに添付してくれた登録証の画像は、すぐにブリティッシュ・カウンシル・ロンドンのキャシー・グレアムに転送した。私たちはこのために忍耐を重ねてきたのだ。私は肩の大きな荷物がおりた。五年間の努力で、世界的に名前が知られ、国内でも話が通りやすくなり、「ドイツの友人たち」という支援組織が誕生し、ＮＹＯＩ自体もＮＧＯになることができた。だがうれしい気持ちは長続きしなかった。

ＮＹＯＩを軌道に乗せようとがんばった結果、楽員たちは進歩した。でも私は壊れそうだ。がむしゃらにこの道を走ってきたのはいいが、自分自身の希望が見えない。ＮＹＯＩの活動は手ばなしに賞賛されるものだが、プロの音楽家のキャリアとしては難しい。状況が複雑すぎて理解されないし、完璧にはほど遠いし、評価の対象外だ。私は指揮者ではなく、国境を越えたソーシャルワーカーをやっている気分だった。

マジッドと「ドイツの友人たち」は文化のちがいから溝が深まり、関係が途絶していた。マジッドの世界はイラクの歴史とビジネス、イラクと他国との関係が中心だ。腐敗とか縁者びいきと呼ばれる行為も、一族の未来を保障するための非公式な富の分配だ。商売相手の懐にいくばくかの分け前が入らないほうが、イラクでは利己的で腐っているとされる。イラク国民は四パーセントしか銀行口座をもっていないし、クレジットカードの保有率はわずか一パーセント。ATMなんて数えるほどしかない。

欧米では想像できないほど血のつながりが深く根をおろしているのがイラク社会だ。一族の利害が最優先、表に出ない関係でことが運び、血縁関係はより強化される。皮肉なことに、「ドイツの友人たち」があるケルンも、ドイツでもっとも腐敗した都市といわれている。もちろんイラクと事情は異なるが。それでもカール＝ヴァルター会長以下、会員たちは個人の責任を明確にして、確実であること、最後までやりとげることを評価する。お金の透明性やリスク回避も不可欠だ。イラクとドイツ、それぞれの関係者が話をもっていける人間は私だけ。そんな状況にはうんざりだし、これでは組織の成功も怪しくなる。

自分の仕事、収入、人間関係を犠牲にして五年間やってきた私には、NYOIのアメリカ行きをめざすほかに選択肢はなかった。「ドイツの友人たち」は大した助けにならないし、彼らもそのつもりはない。アメリカ人からの寄付も期待できない。「ドイツの友人たち」に寄付しても税金控除にならないし、アメリカの財団は登録慈善団体にしか寄付できないからだ。今回の試みはリスクが大きすぎる。万が一失敗に終わることを考えれば、「友人たち」は一歩離れていたほうが自らとNYOIを守れるだろう。

そんな難しい時期に私を支えてくれたのが、ケルン在住のアメリカ人たちだった。彼らは私を食べさせ、愛し、いつも見守ってくれた。私が最悪の精神状態のときでも見捨てたりしなかった。二〇〇九年からの五年間で、フランスでの大成功という成果が得られたにもかかわらず、アメリカ行きは個人的な人脈を頼りに、青息吐息でプロジェクトを進めるしかなかった。

私はノートPCをフル回転させながらも、仕事の一部はズハルにまかせることにした。オーディションは彼女ひとりで充分にやれる。ヴィザ関係は、二〇一〇年アトランタの全米オーケストラ連盟会議で知りあった弁護士に協力してもらう。夏季講習の滞在先は一年かけて下調べをして、ニューヨークのクイーンズ地区にあるアーロン・コープランド音楽学校に打診したが、これが正解だった。NYOIのパートナーとなるUSAナショナル・ユース・オーケストラが懇意にしている学校で、場所も近いからだ。そのほか、講習を仕切るプロジェクトマネージャーと、金銭的な窓口も必要だ。ワシントンDCにあるイラク財団は、立場的に難しいとはいえ、いちばん前向きな反応を見せている。あとは五〇万ドルをどうやって調達するかだ。

アメリカ社会のやりかたに疎い私は、全米オーケストラ連盟がおこなっている補助金申請書の書きかた講座をオンラインで受けてから、財団をかたっぱしから攻めていった。カーネギー、ロックフェラー、クリントン、プレッサー、米国平和研究所……。イラクに進出しているアメリカ企業、アメリカで活動するイラクの財団も含め、わずかでも可能性がありそうなところにすべて話をもっていったところ、すぐにいくつもの壁にぶつかった。

まずは、金銭面の窓口になってくれるアメリカの慈善団体探しだ。お金の受け皿がないとプロジェクトは麻痺してしまう。これはブリティッシュ・カウンシルの勇断で、ワシントンDCにあるフレンズ・オヴ・ブリティッシュ・カウンシルUSAを使っていいことになった。EUユース・オーケストラが二〇一二年にアメリカツアーをやったときも、ここが窓口になった。フレンズは補助金申請書の作成も支援してくれるという。

バンク・オヴ・アメリカ財団の申請書式に記入していたら、演奏会に来てくれそうなマイノリティを選ぶ項目があった。ところが中東系とかアラブ系という選択肢がなく、「その他」すらなかった。彼らの存在を無視している財団は、ここだけではない。社会的責任を果たすアメリカ企業は、アラブ系アメリカ人を敬遠しているのか、それともまったく見えていないのか。アメリカ国内の中東コミュニティを支援する財団もあるが、規模が小さい。音楽活動に関心が薄く、いきなり話をもっていっても拒絶される。

いちばん頭を抱えたのは、文化交流に熱心な米国平和研究所だった。アーティストがそこにいて、アメリカの印象がよくなることなら喜んで資金を出してくれる。ところが電話を受けた担当者の態度はにべもない。クルディスタンで自分が会った人はみんなアラビア語が話せたから、両民族の理解に音楽が必要だとは思わないといいきる。相互理解すら無用というのだが、それはアメリカではめずらしくない意見だ。クルディスタンでは、どんな高級ホテルにお泊りでしたかといいたかったががまんした。とにかく彼女は事実をねじまげ、こちらの明確な指摘をことごとく無視する。「私は自分の仕事をやっているだけです」。彼女はためらいもなくいってのけた。米国平和研究所はパレスティナでも活動している。もしイラクとパレスティナの音楽家が集まるプロジェクトを私が企画したら、興味はありますか？　まさか！　イラク人音楽家が五五人もアメリカに来る話に、うちはもちろん、よそのどこだってお金は出しません。

アメリカは中東系市民に対する憎しみにむしばまれている。憎まれる側は反撃する力もないし、メディアに訴えることもできない。NYOIのアメリカ訪問は、彼らが抱く妄想を揺るがすことになる。何もないところから努力を重ね、相互理解の旗手へと成長したイラクの若者たち。アメリカにはびこるイスラム教徒への固定観念を、彼らがベートーヴェンという武器で壊しにかかるのだ。

私はアメリカへの信頼が揺らぎはじめた。革新的、先駆的、能力主義、勤勉、多様な文化、打たれづよさ、前向き、リスクを恐れない——NYOIの特徴は、勇敢な国アメリカを支える要素だったはず。だがいまは、そんなものはどこにも見あたらない。どんなに慎重に言葉を選んでも、アメリカの財団への働きかけは四角い穴に丸い釘を打ちこむようなものだ。私がドイツからの国際電話で、スコットランド英語で話すことも、財団側の拒否反応に拍車をかけたにちがいない。

在バグダード・アメリカ大使館の答えはじつに明快だった。イラクの文化交流はイラクが金を出せばいい。イラク文化省がかかわらないかぎり、自分たちは何もしない。莫大な費用をかけてプロジェクトを進め、海外の支援者に売りこんできた五年間は何だったのか。大使館の言い分はもっともだが、バグダード中心主義の文化省に、地方や民族の垣根を越えたユース・オーケストラへの支援を依頼するのは大きな賭けだった。

マジッドはイラク文化省に出向き、口約束を取りつけることに成功した。一一月二五日付のメールで、マジッドは次のように知らせてくれた。「今日、文化省文化部のアキール・アル＝ミンデラウィ部長と三時間話しあった結果、NYOIの二〇一四年アメリカ訪問を文化省が支援してくれることになりました。支援対象はNYOIの公式代理人であるイラク青少年オーケストラ協会で、金額は一万五〇〇〇から五万ドルということです」

一万五〇〇〇から五万ドル？　それっぽっちで何ができる？　この数字は何を意味するのか。おそらく、この援助でどれだけおいしい思いができるか様子見ということだろう。いろいろいいたいことはあるが、ともあれアメリカ大使館のデニーズ・カークパトリックに連絡すると、支援額は文化省にぴったり合わせるといわれた。オランダのRMVD財団が準備資金として出してくれたのが九〇〇〇ドルだ。ともかくこのお金で、ヴィザ関係の弁護士を雇うことができる。

九月から一二月までは、先の見えない孤独な日々が続いた。オーディションのほうは、グラスゴーのズハルのノートPCが壊れ、引きついだ私のマシンもいかれたりしたものの、順調に進んでいた。体調が回復したズハルは、グラスゴー大学で法律と政治を勉強しており、フェイスブックやスカイプで私と雑談することも増えた。苦労してスコットランド生活になじんだ彼女は、以前のやぼったさを脱ぎすて、身体つきもすっきりして、魅力あふれる女性に成長していた。いまどきの服でおしゃれした画像をアップし、友人たちと知的なおしゃべりを楽しむ姿は、未来のイラク首相にふさわしい頼もしさだ。彼女は兄のアパートを出て、自由なひとり暮らしを満喫していた。

充実していたのはズハルだけではない。続々到着するオーディション動画を見る私も胸が高鳴っていた。不正のない純粋な競争で選ばれ、海外で充実した夏季講習を受けられるとあって、応募者の実力は年々上がっていた。今年はＮＹＯＩの講師一名のほか、独立した立場で評価できる人物にも審査に加わってもらった。さらにＹｏｕＴｕｂｅ経由の応募動画を全世界で視聴できるようにした。応募者は、合格者が受かった理由を自分の目と耳で確かめることができる。

アメリカ訪問のためには、オーケストラはかつてないほど努力が必要だ。そこでＵＳＡナショナル・ユース・オーケストラのオーディションと同じ課題曲を設定した。ＵＳＡユースも全国からもっとも優秀な若者を集めることをめざしており、講習費用も全額負担する。動画オーディションを採用しているユース・オーケストラは、ＵＳＡユースとＮＹＯＩのほかはまだ少ないが、この方式は誇らしい成果をあげていた。

しかし年が明けて一月に入ると、たくさんの問題が影を落としはじめる。ＩＳＩＬという凶悪な新興テロ組織が、バグダードの西七〇キロにあるファルージャを占領し、イスラム国の成立を宣言した。事態は混迷し、解決の糸口さえも見えなかった。

カーネギー・ホールとニューヨーク州立大学クイーンズ校はつねに前向きで協力を惜しまない。私に対しても友好的だったが、私自身はＮＹＯＩという大きな赤ん坊を誰かに託したい気持ちが強かった。結成一年目のＵＳＡユースは、ゲルギエフの指揮でニューヨーク、サンクトペテルブルク、モスクワをまわり、ロンドンのプロムスに参加する大イベントを控えている。ＮＹＯＩに楽員一四名を貸しだすのが現実ではせいいっぱいだ。でもクイーンズ・カレッジには、こちらが必要な物や人材がすべてそろっていた。ニューヨーク州立大学の知名度は全国宣伝にもひと役買うだろうし、東海岸ツアーの足がかりになり、イラクからの航空運賃も安くつく。

私は自分の運営能力とリーダーシップ、それにノートPCをめいっぱい稼働させた。時差の関係でケルンより二時間早いイラクから、毎朝オーディション関係のメールが飛びこんでくる。午後から夜にかけては、五時間遅いアメリカ東海岸から夏季講習の連絡が届く。二〇一四年に入っても資金調達のめどが立たない状況では、誰の時間であろうとむだにはできなかった。

22 エルジンの解決策

喜びのない日々が重い足どりで過ぎる。私は絶望しきって、ケルンの通りをふらついていた。ところが一月一一日、妖精のお母さんが私のメールアカウントに魔法の粉を届けてくれた。

ポールへ

NYOIツアーの話を読みました。行き先は東海岸だそうですが、計画を変更もしくは拡大できるなら、シカゴにNYOIをお迎えしたいです。エルジン青少年交響楽団がパートナーとしてご一緒します。

楽員のみなさんはホームステイするか、宿泊施設を手配します。すばらしい演奏会場もあります。シカゴは芸術がとてもさかんな都市で、さまざまなかたちで文化を体験することができます。

今回のお誘いは、このオーケストラおよび理事会の目的にかなうものです。ご興味があればぜひ連絡をください。ツアーの資金調達についても相談に乗りますし、私たちも協力します。

私たちは五つのオーケストラと三五〇以上の団体を擁する大規模な組織です。地域との結びつきも強く、音楽科の学生にもつてがあります。

この話に興味をもっていただき、ご協力できれば幸いです。

ランダル・スウィガム
エルジン青少年交響楽団芸術監督

マンマ・ミーア！　オーディション結果は数日中にズールがメールする予定だが、これで合格者の期待を裏切らなくてすみそうだ。希望の光が一瞬きらめいた。

ランダルと電話で話すうちに、私は夏季講習の舞台をクイーンズ・カレッジからエルジンに乗りかえることに決めた。ランダルたちも賛成だという。彼らは、ロバート・バーンズの「ハギスのために」を私が朗誦する動画をYouTubeで見て、気にいってくれたらしい。USAユースのほうも、プロジェクト自体が大幅に変わったことを理解して、おたがい別々にやっていくことに同意してくれた。でも、私のスコットランドなまりを好意的にとらえてはいないだろう。こうしてエルジンが新しいパートナーとなり、エルジン・アーツ・センターがNYOIのアメリカデビューの場所となった。

エルジンの可能性が出てきたときから、私はこちらの案に好感を抱いていた。ボン、エディンバラ、エクサンプロヴァンスでの経験があるからだ。エルジンは人口一一万、シカゴから西に七〇キロほど離れた小さな町だ。エルジン青少年交響楽団の関係者と話したときも、NYOIをアメリカに呼んで、面倒をみてやろうという寛大さと暖かみを感じた。問題を効率よく処理する姿勢、地域との強いつながりは、これまで訪問した町と共通している。情熱と知恵にあふれた女性たちがかかわっていることも大きい。エルジン案に手ごたえを感じて、こちらも容赦ない性格が目を覚ました。大都市が失った開拓者精神がエルジンにはあった。

ランダルが私との連絡担当に指名したのは、エネルギーの塊みたいな女性だった。デジタルメディア責任者のレイチェル・エリザベス・メイリーだ。自らもホルンとピアノを演奏するレイチェルは、エルジン青少年交響楽団との調整のみならず、プロジェクト全体の管理にも大きく関与してくれる。元気いっぱいで明るい人柄と、NYOIのアメリカ訪問を信じて疑わない姿勢は、疲労がたまりまくり、そのうえアメリカ事情に暗い私の不足分を補って余りある存在だ。彼女が話を進めるうえで必要な情報は、私からすべて提供できる。ソーシャルメディアを活用し、時差をものともせずにやりとりを重ねるうちに、アイデアと解決策とやる気が湧きだす好循環ができてきた。あらゆる点で、レイチェルと私は波長がぴったり重なっていた。

イラクでオーディション結果が発表になると、例によって不合格者の泣きごとや、不正を非難する声が飛びかった。今回バグダード組は、チェロパートの定員六名中五名を占めて上々の出来だ。唯一のアッシリア系であるフルート奏者のファディは、二〇〇九年に一四歳で参加していた。一九歳になり、背がうんと伸びた彼はオーディションをみごと突破して返り咲きを果たした。ヴァイオリンとヴィオラは、クルド人が楽勝で合格した。ありがたいことにトランペットのフランドも復活したので、迷わず彼を一番に据えた。

コントラバスのサミルは年齢制限にひっかかって参加できない。ファゴットのムラドは不合格にした。ムラドはNYOIではもう何も学ばないだろうし、バグダードでファゴットを教える約束も果たしていない。オーディションもアフマドが圧倒的によかったとなると、ムラドを引きいれる必要はなかった。チェロのバシュダルは目覚ましく進歩した。けれども、クルディスタン地域政府の支援を得て、ウェスタン・ミシガン大学大学院でチェロを勉強しているためにＮＹＯＩへの参加資格を失った。対象はイラク在住のイラク人だからだ。

二月には、新プロジェクトは着々と進行していた。エルジン青少年響が市長にかけあった結果、ＮＹＯＩは七月と八月の二カ月間、地元の学校を借りられることになった。毎年一二月におこなわれる施政方針演説でマイノリティ対応を盛りこみたい市長としても、願ったりかなったりだ。そして私は二週間の予定でスレイマニヤを訪れた。二〇〇九年にＮＹＯＩが産声をあげたこの町で、地元オーケストラを指導するためだ。オーケストラの楽員の多くはＮＹＯＩ卒業生だ。

スレイマニヤでは、ＮＹＯＩの現役の仲間たちが王族のような歓待をしてくれた。通訳のシュワンとサマン、コンサートマスターのアラン・カミルたちに、連日連夜食事に連れだされる。場所は会員制クラブや高級ホテルだったり、車で行くような裏通りの店で、町いちばんの七面鳥と豆の料理をごちそうになったり。彼らの愛と気づかいを噛みしめながら、二〇〇九年のことを懐かしく思いだす。あのときはコステロズのピッツァだけが、「腹をこわさずにすむ」食事だった。

ある晩、フードコートでピッツァをつまみながらアラン・カミルがいった。「これは夢じゃないよね？」ああ、夢じゃない。二月に入ってからすべてが順調だった。エルジン青少年響と私は、大きな山を毎日のように乗りこえている。それを支えるのが対話であり、おかげでこのプロジェクトは理念も内容も正しいと確信がもてた。

翌晩、アメリカ訪問に参加する楽員たちにホテルのロビーに集まってもらった。最新の状況を手短に説明したあと、本題を切りだす。現地で練習が休みの日は、食事は自己負担してもらえないだろうか。二週間ないし三週間、楽員全員の食事を丸抱えする費用はかなりのものだし、食事が気にいらないと、食べ物もお金も捨てるはめになる。可能なところは費用を負担することでみんな納得してくれた。予算を抑えられるのはもちろんだが、オーケストラへの責任を果たす意味でも、賛成が得られて私は胸をなでおろした。彼らは私の買えない車を乗りまわし、私のもてないスマートフォンを使いこなす。皮肉な話だが、欧米諸国が把握しきれていないだけで、クルディスタン経済はけっこううまくいっているのだ。

キルクークからワリードがやってくると、うれしい再会にみんな大喜びだ。さっそく食事に繰りだした。ワリードの黒い瞳は熱く輝き、自信に満ちた表情も変わらない。本で英語を独学中だという彼は、ゆっくりと、でも正確でよくわかる英語を話す。そのときの会話は覚えていないけれど、二〇一〇年から成長を見守ってきた青年と直接やりとりできる喜びは格別だ。ワリードたちはどんな運命に翻弄されようとも、不屈の精神で戦い、学び、生きつづける。

二週間の練習を経て、私は二〇〇九年以来ひさしぶりにテラリー・フネルの舞台に立ち、スレイマニヤ管弦楽団を指揮した。曲はフォーレの《パヴァーヌ》に、地元の作曲家カワン・マフムードの新作。二〇一二年にNYOIで作品を演奏したカルザンの弟だ。そしてシューベルトの交響曲第五番だった。短めのプログラムだが、それだけ演奏の質に力を入れられるし、聴衆も喜ぶ。そのおかげか、友人も知らない人もたくさんやってきて、お祝いをいってくれた。故郷に帰ってきた気分だ。ただ、この期におよんで理解に苦しむのは、私に代表されるような文化をなぜイラクがもちたがるのかということだ。

三月、アメリカ訪問の準備はいよいよ熱が入ってきた。でもヴィザ取得を依頼できる弁護士がまだ見つからない。五五名のイラク人を観光ヴィザでアメリカに入国させ、ひとり残らず出国させるのは、並大抵の仕事ではない。私たちを導いて、荒波を乗りきってくれる弁護士が必要だった。

三月一八日、新たな問題がもちあがった。今度はエルジン青少年響のほうからだ。二人の理事が安全面を問題視したため、理事長がコンサルタントに丸投げした。コンサルタントは敵意むきだしのメールを送ってきたが、内容はことごとく的はずれだった。この男はセキュリティの専門家というが、むしろ保険会社のセールスマンだ。

コンサルタントはいきなり、私たちは警備をつけるべきだと断言した。でも、そんなことどの国でもやってない。イラクにとって敵国だったイギリスでもだ。エルジン側もそれなりに注意を払うが、国際的な事件に備えなさいというコンサルタントの勧告は、私にいわせれば過剰反応だ。

コンサルタントはさらにこう続ける。私たち「徒党」がアメリカ国内を移動することに、アメリカ人および在米イラク人が異議を唱え、何らかの反対運動が起こるかもしれない。イラクのユース・オーケストラにわざわざ反対する理由って何だろう？　あげくに、誰かが暴力で政治的な主張をするかもとまでいいだした。妄想と暴力にとらわれているのは、アメリカなのかイラクなのか。本気でわからなくなった。

コンサルタント氏が売りこんできたのは、仲間うちの「エグゼクティヴ警備サービス会社」だ。この会社が移動経路を確認し、宿泊施設と演奏会場を調査する。楽員たちの言葉も話せたほうがいいから、元警察官やＦＢＩ捜査官が適役だろう。よい人材を紹介する。なるほど。だがアラビア語イラク方言とソラニー・クルド語がわかる者が、はたして見つかるかどうか。

理事長は現実的な対応を提案してきた。これまでＮＹＯＩが訪れたところに、安全面をどうしたか問いあわせるというものだ。私は喜んでベートーヴェン音楽祭、プロヴァンス大劇場、エディンバラの連絡先を教えた。これでヒステリーもおさまるにちがいない。

私はレイチェルにこんなメールを送った。

イラクでも警備関係者と何度も話したことがあります。警備が必要かとたずねたら、もちろんと答えるでしょう。それが彼らの仕事だからです。そして仲間を推薦してくるはず。

在米イラク人も、ほかのアメリカ人に混じって移動するわけで、私たちがまとまって移動することに反対する理由がわかりません。もちろんどんな社会にも危険人物はいますが、私たちはまだ遭遇したことがありません。オーケストラである以上、移動も演奏もいっしょにやることは当たり前なのに、これでは理事の方々の見識が疑われてもしかたありません。

「徒党」という言葉も好ましくありません。ＮＹＯＩは音楽家の集まりであり、部族どうしの戦いではないのです。私もＮＹＯＩの安全を真剣に考えています。彼らをイラク国外に連れていくのは夏季講習のためであり、安全な環境を提供することがその成功に不可欠です。

けっきょくのところ、いちばん重要な質問に誰も答えていない――誰が、誰を、何から、どうやって守るのか？　アメリカ人はイラクをさんざん破壊したのに、このうえさらに脅威になるということか？　サダム・フセインのアメリカ侵略作戦で、一二万人のアメリカ市民が犠牲になったわけでもあるまい。むしろその逆だ。エルジンの理事会は、大学やバスに誰かが武器をもって乗りこんでくると本気で心配しているのか？

こうした疑問への明快な答えはなく、銃とむつみあうアメリカの硫黄《いおう》くささを感じながら、私はこう書いた。

NYOIの楽員たちは、武装したアメリカ人との戦争のなかで育ちました。練習や自由時間に銃をもったアメリカ人がいると、PTSDを発症しかねません。武器をもった人間が練習場に来たら、私は出ていくように命じるでしょう。

こういう話を情報として伝えてもらえませんか？　NYOIの楽員にとって、安全は毎日の切実な問題です。見当ちがいのことをやろうとしたら、すぐに見ぬかれます。

レイチェルもこれにはびっくりしたようで、こんな返事をくれた。

今回賛助に選んだ弦楽器奏者はユースOBやその友人で、全員一八歳を超えているはずです。私はその点を何度も理事会で強調しているのですが、「もしうちの子たちが参加していたら心配だわ」といいだす理事がかならずいます。「だったらおうちに閉じこめておくことね」と答えますが。イラク財団のタラも、過去の経験をもとに状況の打開を試みる。

音楽交流でイラクとアメリカの学生がいっしょに行動することに不安があるようですが、これはイラク人とその文化に対する無知と未経験から来るものであり、二つの国が人的交流でつながりを強めることはできないという誤った観念に基づいています。

六〇年の歴史をもつイラク青年指導者交流プログラムの経験からいわせてもらえば、アメリカ人は平和的な抗議行動にしろ、暴力を使った攻撃にしろ、外国からの訪問者に政治的な主張をすることはありません。

三月一九日、ヴィザ関連のことをまかせられるニューヨークの弁護士がようやく見つかった。エルジン青少年交響楽団が合衆国市民権・移民局に提出し、「優先処理」してもらう申請書類の作成を依頼する。だがこれは少々先走りだ。エルジン青少年響の全面的な支援が確定してからでないと、申請はできない。レイチェルはヴィザ取得の同意を得ようと理事会の説得を続け、マジッドと私もたくさんの書類を用意した。夏季講習の始まりは七月後半。三月も残り少なくなり、これまでの経験からすると、ヴィザがまにあうかどうか不安な状況だ。関係者の不安をやわらげるため、私たちは安全管理の予算を一万ドル追加した。エルジン青少年響の無形の支援に報いるためにも、当然の対応だ。

しかしこんな問題が些末に思えるほど、イラク情勢は深刻化していた。過激派組織ＩＳＩＬは西部アンバル州で暴れまくり、三〇万人が難民となった。イラク軍も応戦してラマディおよびファルージャの一部を奪還するが、イラク首相はサウジアラビアがＩＳＩＬに資金を出していると非難した。それでも私たちはがんばるしかない。

四月一日、またも障害が出てきた。エルジンのカプティン市長は、ＮＹＯＩに学校を使わせてくれると約束していたが、市議会がなかなか承認しないのだ。原因は別のところにあって、そのとばっちりが来ているとレイチェルは教えてくれた。エルジン青少年響が奔走した結果、すぐにすばらしい解決策が見つかった。ノーザン・イリノイ大学が快く施設を使わせてくれることになったのだ。場所は町はずれだが、エルジン側の安堵のため息が聞こえるようだし、宿泊施設、大学の安全管理、食事と必要なものはすべてそろっていた。音楽学部の施設を活用すれば、エルジン青少年響の講師から個人レッスンを受けることもできる。

そのころワシントンＤＣでは、文化省の援助金を早く銀行に振りこむようイラク財団がイラク文化センターをせっついていた。このお金がないと航空券代が払えない。イラク財団はＮＹＯＩのワシントンＤＣ訪問に一万ドルを援助しており、イラクとアメリカの考えかたのちがいを知る貴重なパートナーだ。フレンズ・オヴ・ブリティッシュ・カウンシルＵＳＡにオンライン送金したいので手伝ってほしいとイラク文化センター（ＩＣＣ）がいってきたので、タラと上司のレンドはセンターを訪ねていった。ところが話はすんなりいかなかったようで、タラからこんなメールが届いた。

件名　ＩＣＣのお役所仕事について
　オンライン送金の手伝いをするものと思っていたら、三人の職員がものものしくやってきました。文化省から送金前に三点確認せよといわれているらしい。それは項目をすべて明示した予算と、文化省からのお金の使い途、それに楽員全員の氏名と出自です。

最初の二つはわかるが、「楽員全員の氏名と出自」って？　おなじみの悪い予感が背筋を走った。文化省は民族構成を知りたいのだ。クルド人の割合によっては、ご意向にかなわない可能性もある。マジッドと私はいらだちを抱えながら求めに応じた。このあとの展開が見えたような気がした。

　私たちはロイヤル・ヨルダン航空に航空券の手付金を支払った。参加者は全員アルビルで同じ飛行機に乗り、ヨルダンのアンマンを経由してシカゴに向かう。となると、やはりバグダードから不満の声が聞こえてくる。バグダードから来る二〇名は、バスに五時間半揺られていったんアルビルに行かなくてはならないからだ。この情勢でもまだバス移動は可能だった。しかし彼らはバグダードから飛行機でアンマンに入り、そこで三五名のクルド人参加者と合流したい。こちらもその可能性を検討したが、つねにぎりぎりの予算でやっている以上、実現は難しかった。

　クルディスタン地域からも悲鳴が聞こえてきた。アメリカ大使館が、クルド人にヴィザを発給するための面接は、アルビルの領事館でなくバグダードでおこなうというのだ。イギリス、フランス、ドイツはアルビルに置いた領事館で対応してくれたが、アメリカは領事館にヴィザ担当の係官がひとりしかおらず、面談の予約は数カ月先まで埋まっている。費用を節約したいアメリカ大使館は、安全かつ権威ある首都に出向いてこいとクルド人にいっているわけだ。しかしあいにく、バグダードでは二〇一四年に入ってから五〇九人もテロで死んでいる。外国の機関が集まる地域をアメリカ人がグリーン・ゾーンと呼ぶのは、安全度が高いのと、彼らが「青くさい」からだろう。とはいえアメリカ大使館の判断は、イラクの秩序崩壊を食いとめ、中東地域の地政学的バランスを維持しようという国際社会の意向にも添っている。それで人命がどれほど失われようと、政治家には痛くもかゆくもない。クルド人は事実上の自治を獲得しているとはいえ、まだバグダードと一蓮托生なのだ。

マジッドはプロジェクトの責任者として毅然たる態度を見せた。これまではアラブ人がわざわざクルディスタン地域を訪れていたのだから、クルド人も同じ苦労をするべきだ。そうでなければ、ナショナル・ユース・オーケストラでやっている意味がない。そのころイラクとＩＳＩＬの戦いは落ちつきはじめていたが、それは嵐の前の静けさだった。

五月に入っても、イラク文化センターの話は行きづまったままだ。バグダードやイラク財団がどれだけ圧力をかけても、かたくなに送金しない。エルジン青少年響が緊急融資をしてくれたおかげで、航空券代を期限内に支払うことができた。フレンズ・オヴ・ブリティッシュ・カウンシルＵＳＡの会長であるエリンは、状況を確かめようと五月二一日にイラク文化センターに乗りこんだ。その結果、新しい要求リストが私の受信箱に届いた。

ポール、タラへ

今日、イラク文化センターの代表（七名）に会ってきました。ＮＹＯＩのアメリカツアーに喜んで支援するといい、以下の情報をもらえればただちに送金するそうです。

1. アメリカ滞在中の詳細な日程。
2. 参加者全員の氏名とパスポートの写し。各人の出身地。
3. 宿泊やバス移動など、ワシントンDCでかかる費用の詳細。
4. 参加者全員の航空券予約確認書の写しと料金。最終的には航空券の写しも必要。
5. ヴィザの写し。
6. NYOIを宣伝するすべての素材に、イラク文化センターのロゴを入れてほしい（イリノイでも）。
7. ワシントンDCでのレセプションおよび全演奏会にイラク大使が列席すること。
8. アメリカ滞在中は、文化センターの代表者が同行する。
9. ブリティッシュ・カウンシル・イラク代表の連絡先（これは私が伝えます）。
10. 送金先であるフレンズ・オヴ・ブリティッシュ・カウンシルUSAは501c3団体であることを再度強調し、必要なら監査ずみ財務諸表と年次報告書を送ると伝えました。

いますぐ五万ドル受けとれないと、飛行機を逃してしまうと五回以上訴えたところ、上記の情報を明日もらえたらすぐに送金するということです。

向こうがポールの携帯番号とメールアドレスをたずねてきたので、私が教えました。彼らは山のように写真を撮り、何がどう必要かを長い時間議論していました。

イラク文化センター側は出席者の大半が名乗りもせず、自分たちで議論するときはもっぱらアラビア語だったという。それでも相手の希望を引きだしたのだから、エリンは手ごわい状況でみごとにやってのけた。翌日、私たちは必要なものをすべて送り、入金を待った。ひたすら待った。

それでもアメリカ訪問は少しずつかたちが見えてきた。ズハルは、ニューヨークにあるウィ・アー・ファミリー財団のナンシー・ハント会長とやりとりを続けている。財団が直接援助することはできないが、会長が個人的に動いてNYOIをニューヨークに呼ぼうとしているのだ。また、カーネギー・ホールを通じて関係ができたクイーンズ地区のラガーディア文化センターが、今シーズンに中東文化を特集することがわかった。幕開けにうってつけの団体がとつぜん出現したわけで、ラガーディア側は大喜びだった。

ワシントンDCでは、ジョージ・ワシントン大学にあるライスナー・オーディトリアムでの演奏会をタラが企画した。夏休み中の八月ということで、巨大なケネディ・センターでは客席は埋まらないし、エキストラを雇ってオーケストラの規模を拡大することもできない。その点ライスナーは客席数が六〇〇ほどだし、大学にはもう学生が戻ってきている。ただ、イラク財団はこういう企画を手がけた経験がなく、集客のための宣伝活動や、チケットの価格設定はまったくの手探りだ。私は直感を働かせて、地元でいちばん強力なネットワークに接触してみた。それがワシントンDCゲイ男声合唱団だ。彼らは驚くほど親切で、団長はライスナーで演奏するときのコツをこと細かく教えてくれた。イラク文化センターより、ゲイ合唱団のほうが応援してくれるなんて皮肉な話だ。タラと私は、商工会議所でのコンサート、イラクでの音楽家生活やＮＹＯＩの活動について論じる公開ディスカッションなど、関連企画もどんどん入れていった。

　私はエルジン青少年響と密に連絡を取りあった。距離が離れているだけに、信頼を保つことが重要なのだ。ＮＹＯＩのソーシャルメディアにも、レイチェルに加わってもらう。「和解」という少々面倒なテーマも率直に話しあった。イラク全土から奏者が集まっているＮＹＯＩはすでにそのお手本だが、メディアがほしいのはもっと大きな視点、つまりイラクとアメリカの和解だろう。いろんな財団と話をしても、そのことが気になっていながらいいだせないのがわかる。だが和解には責任をともなう。それはアメリカ例外主義への挑戦であり、そこまで踏みこむ勇気は誰にもない。私たちは音楽づくりに専心するしかない。この訪問にどんな意味を見いだすかは、それぞれにまかせよう。

　五月二一日、合衆国市民権・移民局が「証拠の要求」をしてきたと弁護士から連絡が入った。この一五年間、演奏家は団体に加入した年を知らせるだけでよかったのに、正確な日付までほしいという。さらに米国音楽家連盟もしくは米国音楽芸術家組合が、ＮＹＯＩのサポートスタッフ、通訳者、プロダクションマネージャーの訪米に異議なしとする手紙をつけろといってきた。これらの職種にはどちらの団体も関与していない。ずいぶん時代錯誤な話だ。ともかく時間がないので、五〇〇ドルの手数料を払って必要な書類を用意した。

　ヴィザの問題はまだあった。中東諸国のアメリカ領事館では、団体のヴィザ申請の場合、合衆国市民権・移民局の承認前に面接をおこなうことにしている。そうすればぎりぎりになって手間どることがないし、身元照会も余裕をもってできるからだ。ところが今回、バグダードのアメリカ大使館は面接を前倒ししないといってきた。沙汰があるまで待たねばならない。きな臭い感じだ。

イラクでの破壊行為は続いていた。ISILは忌まわしい処刑画像を公開する。イラク軍はラマディおよびファルージャの一部を奪いかえしたものの、それで終わりではなかった。六月、ISILが北部の都市モスルの大半を占領したという知らせが飛びこんできた。モスルにはNYOIのヴァイオリン奏者ロイスが住んでいる。ISILは南下してティクリートも制圧した。すでにバグダードは射程圏内だ。戦闘員の数も、二〇〇〇～三〇〇〇名という当初の推測をはるかに上回っており、シーア派主流の政府にうんざりしていたスンニ派組織も味方につけていた。

六月二日、ヴィザ面接の準備をするようにという連絡が大使館からマジッドに届いた。楽員もサポートスタッフも、すでにオンライン申請はすませて待機している。六月五日、ISILはサマラに攻めこむが、イラク軍の空爆を受けて撤退する。二日後には、ラマディにあるアンバル大学を襲撃してたてこもった。ここでもイラク軍部隊が突入し、人質になっていた学生一三〇〇人は解放された。翌六月八日、ISILはワリードのいるキルクークに迫り、周辺の村を占領した。イラク文化センターから飛行機代を送金してもらおうと、マジッドが再度文化省に足を運んだのも同じ日だった。エルジン青少年響のランダルは、文化センターの送金がどうしてもだめなら、援助を一〇万ドルに引きあげることを考えていたようだ。文化省で面談してきたマジッドはノートPCを開き、レイチェルと私にメールを書いた。

文化省のアキール・アル＝ミンデラウィ、および法律・会計担当者と面談してきました。連絡が遅くなったのは、事故があったからです。私の目の前、二〇メートル先で爆発が起きて血の気が引きました。

面談では、文化省が文化事業を金銭的に支援するための制度と規則が説明されました。それによると、航空券代は援助の対象外ということです。これが第一の悪い知らせです。

第二に、文化省文化部では四万五〇〇〇ドル以上は出せないということです。それ以上は文化大臣の同意が必要ですが、同意が得られるのは二〇一五年になります。長時間にわたる話しあいで、援助額は四万五〇〇〇ドルで、航空券に使ってもよいことになりました。ただし以下の条件です。

1. 宿泊・交通費に三万ドル。領収証を提出すること。
2. 保険関係に一万ドル。領収証を提出すること。
3. 食費に五〇〇〇ドル。領収証を提出すること。

使えるのは四万五〇〇〇ドルまで、それも領収証と引きかえで。この段階でそんなことをいわれるとは。マジッドがかわいそうだし、自分たちもみじめだ。ワシントンDCの宿泊には三万ドルもかからないし、食事やホテルの領収証は現地でないともらえない。

けれども、これがイラクでは当たり前なのだ。リスクを負うのは自分以外の誰かで、もらうときはかならず前払い。でも払うときは口約束しかせず、ぎりぎりまで引きのばす。主導権をとって、必要なものを確実に手に入れるメカニズムだ。ときには袖《そで》の下を使って金額の折りあいをつける。どう考えても許される行為ではない。私はそれがいやで、文化省との接触を避け、ドイツからインターネットでNYOIを直接運営してきた。しかし五年目のいま、とうとう文化省につかまって一発お見舞いされてしまった。

六月九日、モスルが陥落。住民五〇万人が脱出してクルディスタン地域に逃げこんだ。ロイスのようなキリスト教徒の家族も四〇〇世帯含まれていた。翌一〇日、合衆国市民権・移民局から二度目の「証拠の要求」があった。ヴィザを発給したくないのが本音だろう。バグダードでの面談が時間切れになることをねらって、力いっぱいブレーキをかけているのだ。こちらも負けるわけにいかない。求められた書類は三時間で用意した。

六月一一日、ISILはモスルのトルコ領事館を占拠、職員を人質にとった。さらにバイジにも攻勢をかけたが、製油所までは掌握できなかった。二日後、イラク軍が放棄したキルクークの町に、クルディスタン地域の軍事組織ペシュメルガが入った。これでワリードと家族は当面安全だろう。破滅的な状況に置かれると、人は楽観的になるのだ。私たちは準備の手を休めない。インタビューやマスコミの露出が増えてきて、メディア対応に長けたズハルが本領を発揮する。

六月一四日、私は在バグダード・アメリカ大使館の文化主任、ニコラス・パップに電話をかけ、ヴィザの件で協力してもらいたいとメッセージを残した。もう彼の助けを乞わないと前に進めない。ISILの脅威が迫っているこういうときほど、「いつもどおり」にやることを徹底しなくてはならない。一五日、ISILはタル・アファルの町と空軍基地を制圧したが、イラク軍はイシャキを奪還した。

六月一六日、月曜日にニコラスからメールが届いた。休養充分の彼は、国務省の資金援助の申請用紙を添付してきたが、処理には何週間もかかるだろう。クルド人のヴィザ面接はバグダードでおこなうとニコラスはあくまでいいはるが、クルディスタンとバグダードを結ぶ道路はＩＳＩＬの支配下にあるのだ。私は信じられなかった。

翌日、ニコラスと職員は大使館を出てアルビルに避難した。だったらヴィザ面接はアルビルでやればいいじゃないか――ひねくれ者の私はそう思った。

六月一八日、水曜日。マジッドからメールが届いた。

みなさま

先ほど在バグダードアメリカ大使館のアシールに電話でたずねたら、バグダードのヴィザ発給は停止したといわれました。イラクがこのような状況なので、大使館が支援する話も打ち切りということです。

木曜日、合衆国市民権・移民局が一〇ページにもなる「却下予定通知書」を送ってきた。何が何でも私たちをアメリカに入れたくないようだ。証拠の要求とちがって、却下予定通知書が二度にわたって届くことはめったにないが、こちらが完璧な対応をしたら二回目もありうるといわれた。手続きを長引かせて時間切れにもちこもうとしているのだ。さらには、エルジン青少年響をはじめ関連ウェブサイトも見てまわったようで、そうまでして不利な材料を集めたがるのは異例だった。通知書には、夏季講習をやると演奏の質が落ちるといったとんちんかんな理由が並んでいた。

ＮＹＯＩは顔ぶれが一定でないし、活動も年一回。移民局はそこからよけいな想像をふくらませる。つまりヴァイオリン奏者と称してテロリストが加わるかもしれないということだ。こうなるともう泣き笑いだ。過激思想に染まってテロに走る人間は、音楽とはとっくに縁を切っている。あるいはヴァイオリンを弾いただけで処刑されているはずだ。移民局の懸念はもうひとつ、楽員を装ったＩＳＩＬが入国し、アメリカ国内に留まること。でもそれは国務省の管轄であって、ヴィザとは無関係だ。ＮＹＯＩは音楽そのものより、逆境に決然と立ちむかえる強さで知られたオケだ。移民局はそのことを何度も引きあいに出して、アメリカ入国には適さないと判断を下した。

楽員たちの消息は、可能なかぎり把握に努めていた。とりわけ心配だったのは、モスルに避難したロイスと、キルクークにいるワリードだ。バグダード市内は商店も閉まり、まるでゴーストタウンだという。ＩＳＩＬが次にどう出るか、かたずを飲んで見守っているのだ。楽員たちは、まだ若いのに二度も国の崩壊を経験している。自分では何もできない彼らは、感覚を麻痺させて日常生活を続けるしかない。だがマジッドだけは別だった。弟が拉致されてしまったのだ。手遅れになる前に見つけだそうと全力を尽くしたが、悲しいことに手遅れだった。

戦闘は激しさを増していた。ＩＳＩＬは原理主義を振りかざして恐怖をあおる。クルド人は強靭な意志で自分たちの土地を守り、さらにコバニのあたりまで広げようとする。いっぽうイラク軍は兵力もアメリカ製の兵器も充分なのに、そこまでの戦意はない。なぜなら国家としてのイラク、人びとの心のなかで脈動するイラクは、もう破壊されて存在しないからだ。

クルディスタン地域政府の軍隊はペシュメルガと呼ばれる。「死に立ちむかう者」という意味だ。五年間生きのびてきたＮＹＯＩも、彼らとともに死に立ちむかおうとしていた。

23
イラクとの和解

和解にはいろんな道がある。そんなものを無視するのもひとつ。イラク人の多くはそうしている。サダム・フセインのような犯罪者を罰したり、南アフリカのように真実和解委員会を立ちあげてもいい。全員がおたがいを対等な存在と見なし、その前提抜きで和解はありえないと主張してもいい。法律でも個人でも、公平で正しくあろうとする。犠牲者には国内外の支援団体が助けの手を差しのべる。クルディスタンとイラクの政府がやっているように、社会を改革して安定した未来を築くのも和解のひとつの道だ。

どの道も終わりはなく、ごちゃごちゃしていて、非効率で、やる気が失せる。問題があっても見ないふりをしていると、人種差別、宗派差別、原理主義にすぐ陥る。色わけがかんたんだから。戦争はすぐ始められる。でも平和と和解は難しい。英国教会バグダード主教アンドルー・ホワイトは、神をあがめるのは週に一日だけで、残り六日は和解に忙しいといった。

NYOIの場合、和解への最初の一歩は回復だった。戦争で失われた子ども時代を取りもどす。崩壊した教育制度を立てなおす。イラクの人びとが世界と健全なかたちでつながるようにする。イラクへの軍事侵攻にイギリスが参加したとき、スコットランドは激しく反対した。そして、経済制裁破りをした地元グラスゴーの建設会社から罰金を徴収し、イラクのユース・オーケストラがエディンバラを訪問するときに支援した。これが公正ということだ。

NYOIがYouTubeでオーディションをするのも公正さの表れだ。楽器とビデオカメラがあって、インターネットにつながっていれば、イラクだろうとどこだろうと自宅から応募できる。その場で演奏するオーディションは一発勝負だけど、ビデオオーディションなら何度でもやりなおしがきく。ただし、環境によってはなかなか難しい。楽器の状態が悪すぎる。家族や友人の理解や協力がない。宗教上の制約がある。動画の質が悪すぎて見劣りする……。それでも奇跡を起こす者はいる。フルートのワリードは、持ち前の才能と根性で環境の壁を乗りこえ、オーディションを突破して私たちと演奏することになった。

三〇歳までという年齢制限もひと筋縄ではいかない。モスルからの唯一の参加者で、ヴァイオリンがかなり上手な男性がいた。彼から音楽を奪ったら、モスルのような都会ではやっていけそうもない。彼はパスポートに記載されている生年月日より老けて見えるが、そこは誰も指摘しなかった。バグダード組のひとりで、大太鼓を自分で所有し、トランペットも吹く参加者は、イラクのオリンピック代表をめざすレスリング選手でもある。彼のパスポートも「若づくり」されていた。彼は下の年代の競技会に出ていたが、男性ホルモンが出まくる頑強な体格で相手を苦もなくひねり倒していた。クルド人の場合、出生記録がもともとなかったり、フセイン政権時代に破棄された者のパスポートは一月一日生まれになっている。

特権階級に属する裕福な家の出身で、貧弱ながらも音楽教育を受けてきた者もいる。それでもオーディションに合格した以上は、貧富に関係なく費用はすべてこちら持ちだ。ただ彼らは往々にしてひとりよがりになり、オケのレベルが年々上がっていることにも無頓着で、オーケストラでの居場所をなくしていく。

オーディションには、スウェーデンやオランダ、ヨルダン在住のイラク人も応募してきた。とても優秀なのだが、イラク在住のイラク人という条件からはずれる。限られた予算は、それをいちばん必要とする者に集中させたい。外国人を受けいれるのは、一番ファゴットを吹くトルコ人のブルジュのように、ほかに空席を埋められないときだけ。席次は完全に実力主義だから、女性がパートリーダーを務めることも多い。あまり上手でない者は、イラク人のうまい子や、ドイツ、イギリス、フランスの賛助奏者の隣に配置した。

平等か公正かという問題は、時間とともに変容していく。NYOIが始まって以降、クルディスタン地域はより安全になり、多様化と国際化が進んだのに対し、バグダードは暴力が激化し、原理主義がはびこって混迷している。オーケストラでも、バグダード組は全員がイラク国立交響楽団と強いつながりがある。いっぽうクルド人はNYOIの講師が頼りだ。講師たちは、地域政府が独自に発給するヴィザで来訪する。ただし規定が異なるし、安全面の問題もあるので、私も講師たちもバグダードに行くことはできない。そんな事情から、二〇〇九年の発足当初はアラブ人主体だったNYOIも、二〇一三年にはクルド人優勢になっていた。平和な生活のなかで練習を重ね、人脈もできたおかげだ。少数派の知恵だろう。

こうした事情を考えれば、オーディションは正当かどうかはさておき、公正ではある。不正がはびこるイラク社会で、オーディションは公正さが保たれている数少ない場だ。外国人講師が動画だけで評価するとはいえ、応募者はどうしても劣悪な環境に足をひっぱられる。だからこそ、才能と努力があからさまに出るのだ。みんな平等という前提を実現したのだから、音楽を通じた和解も不可能ではないはず。

オーディション方式は、イラクならではの多様性を生みだした。

NYOIの楽員構成については、この町やあの町から採用するよう政府関係者から示唆されたこともある。でも、この町やあの町には音楽家がいなかったり、いても見劣りする者ばかりだった。それでもオーディションのおかげで、男性、女性、クルド人、アラブ人、アッシリア人、アルメニア人と多彩な顔ぶれが自然に集まった。

オーケストラの空気を悪くする人間は実力があっても排除して、「いい子」だけ集めたのでは？　そんな質問をされたこともある。私の考えはこうだ――楽員どうしがどう思っているのか知るすべはないし、友好的な人間だけ集めるのは和解の理念に反する。私の知らないところでごたごたは起きているし、一部は耳に入ってくる。といっても性格が合わないとか、言葉の行きちがいがほとんどだし、楽員たちは意見がちがってもすりあわせている。演奏でおたがいに協力することがいちばんの解決策だ。

民族や性別に偏見をもつ差別主義者は、いたとしてもほんのわずか。彼らはここでひとつの事実に気づく。自分がここに座っていられるのは、いろんな背景の人がそれぞれの席に座っているから。すべての席は、実力次第で誰が座ってもよい。それが音楽というユートピアを活かすための決まりだ。

講師陣は音楽のチームワークづくりを最優先した。全員を平等に扱い、おたがいを尊重してよく聴きあうよう導いた。練習のなかで和音を合わせたり、音量の大きい小さいをそろえたりする根気のいる作業だ。それでも、いつもの練習が新しい意味を帯びる場面があった。厳しい練習に疲れたころ、ミニマル・ミュージックで知られるテリー・ライリーの代表作《インC》や、スコットランドのフィドルの曲で即興演奏をする。楽しみながらチームワークを高める遊びだ。楽員たちは刺激を受け、講師たちの工夫を喜んで受けいれる。

意思疎通をどうするかは、学びを通じて和解するときにいちばん重要なことだ。通訳のシュワンとサマンは、クルド語とアラビア語が同じぐらい使われるよう気を配っていた。シュワンは空調設備の技術者、サマンは医学生で、NYOIの通訳をするために音楽のことを猛勉強した。いまやイラクでも指おりの音楽通だ。二人がいなかったころは、講師に注意されたことは楽員たちが手分けして通訳し、全員が理解できるようにしていた。そうやっておたがいに耳を傾け、協力しあうことが、オーケストラが続いていくための土台となった。

本番で崩壊しないためには、楽員みんなが同じレベルで演奏できる必要があり、必然的にレパートリーは限られてくる。ただ、イラクでは音楽のよい悪いが判断される機会がほとんどなく、音楽的水準がどうこうという意識がないことは幸いだった。誰からもできないとはいわれてないから、やってみる。そのやる気と信念は、五年間まったく変わることはなかった。

ドイツ、フランス、スコットランドのユース・オーケストラを迎えるようになってからは、NYOIの楽員たちは積極的に彼らに働きかけ、あらゆる手段で意思を通わせて、演奏会に向けてすばらしい相乗効果を生みだした。それはNYOIにとって、音楽、教育、友情が花開く新しい世界を知ることでもあった。文化的な隔絶のなかで育ってきた楽員たちだが、そうした経験を積むうちに、二〇一三年ごろには隔たりはすっかり埋まっていた。

シュワン、サマンをはじめとする通訳者の働きのほかに、言葉以外の二つの文化的要因が和解に大きく貢献した。ひとつは、講師陣と私が中立な第三者としてふるまったこと。イラク人でない私たちが音楽に専念したことで、参加者たちも協力しやすくなった。このオーケストラにイラク人指揮者は考えられない。二〇〇五年にイラク新憲法が制定されたときは、まとめ役に不信の目が向けられたが、NYOIのチームは信頼関係を築き、公正であろうと全力を尽くしてきた。そんな五年間の努力が希望となって、楽員たちも少しずつ勤勉・秩序・尊重を体現してくれるようになった。

もうひとつはオーケストラの戦略を共有できたこと。それは第一回の夏季講習にさかのぼる。あのとき色のちがう紙に各自が思うことを書き、練習室の壁いっぱいに貼った。講習期間をただ無難にやりすごすのではなく、みんなでめざす未来像を描いたのだ。当時の楽員でそこまで感じとった者がどれくらいいたかわからない。でも壁一面に貼られた色とりどりの紙は全員の目に入っていたはずだし、私はそれを実現しようと心に決めたのだった。

ナジャト・アミンが作曲した《アンファル》は、アラブ人楽員には重圧だった。独裁者によるクルド人虐殺の過去に向きあわなくてはならないからだ。なかには事実を認めない者もいた。それでも私たちは、真実を通じて和解をめざす意思を力づよく表明した。この作品をクルド人、アラブ人、フランス人がともにフランスで演奏したことで、クルド人への毒ガス攻撃が国際的に認められ、ある種の正義を果たしたともいえる。

ダニエル・バレンボイムのウェスト＝イースタン・ディヴァン管弦楽団では、楽員たちが中東和平について完璧な英語で議論していた。でもNYOIにそんな時間も余裕もない。ヨーロッパ各地の音楽院で勉強した者はいないし、三種類の言葉を使わないと練習にならない。だからあくまで、音楽を通じて教育し、意志を通わせることにした。一年に二週間か三週間そこらの講習で、大したことができるはずがない。それでも、イラクでクラシック音楽を演奏する人間は究極の少数派であり、それが強い連帯感を生んだ。出身地域がどこであれ、ナショナル・ユース・オーケストラに参加した経験は生きつづける。彼らはいつの日か、イラクを代表する若手音楽家として羽ばたくにちがいない。

イギリス外務・英連邦省に属する文化教育機関、ブリティッシュ・カウンシルは、自国が参加した軍事侵攻のあと、イラクの音楽教育を再興するべくNYOIの発展を支援した。NYOIの楽員たち、なかでもバグダードとハラブジャの出身者は子ども時代を奪われた犠牲者だ。オーケストラ活動を通じて、子ども時代を取りもどしてほしい。それがブリティッシュ・カウンシルの考えだった。

イギリス訪問に際してスコットランド政府がおこなった援助は、イラク国民への正義のおこないといえる。一九九〇年代に始まった石油食料交換プログラムで契約をかちとるために、グラスゴーの企業ウィアー・グループが賄賂を贈ったとして最高裁で有罪判決を受ける。同社は罰金三〇〇万ポンドに加え、不当に得た利益一三九〇万ポンドの返還を命じられた。この判決は、イラク国民に対する不法行為を正すだけでなく、戦争で生じた損害の賠償という意味あいもあった。それゆえ、NYOIは一〇万ポンドを受けとることができたのだ。

公正で良質な音楽づくりに、腐敗や宗教や政治は関係ない――そのことを若い音楽家に学んでもらう試みがＮＹＯＩだ。だが教える側からすると、その作業は明快でありながら挫折感も大きい。やることは欧米で指導するのと同じだが、教わるほうは特殊な問題を抱えている。プロ意識、技術、創造性、共感力といった音楽づくりの土台は、楽員たちが想像だにしないものだった。これらの要素のなかで、音楽を変え、和解をもたらす力がいちばん大きいのは共感力だ。共感とは相手の苦しみを感じとり、おたがいを理解すること。癒しのプロセスがあるとすれば、その根底には共感があるはずだ。

ＮＹＯＩの楽員たちに室内楽をさせることも、イラク再建への試みだった。国を分断する溝を飛びこえて友情をはぐくみ、それぞれの技能や知識を伝えあう。英語を話せる楽員たちには、室内楽がとりわけ威力を発揮した。おたがいはもちろんだが、ドイツ、フランス、イギリスの仲間とも容易にやりとりできたからだ。ズハル、ボラン、サミル、ヘルグルド、バシュダル、ムラドといった英語のうまい者たちは、イラクから外国に飛びだし、家庭をもったり、資格を取得したり、キャリアを積んだりしている。

ＮＹＯＩに参加した優秀な若者たちは、いずれそれぞれの町や村を指導したり、政府機関で国の将来を決めたりするのだろう。イラク・ナショナル・ユース・オーケストラでの猛練習、友情、外国との交流、そして輝かしい成功を、彼らはけっして忘れないはずだ。

24
熱意

イラク・ナショナル・ユース・オーケストラは、私をはじめ無数の人たちの熱意のたまものだ。それはまちがいない。しかしここで問いたいのは、NYOIは持続可能なビジネスモデルを確立できるのか、それとも陽気で行動的な楽団のままかということだ。

二〇〇八年、ズハル・スルタンは戦争で引きさかれたイラクにナショナル・ユース・オーケストラをつくりたいと思い、最初の一歩を踏みだした。だがこのアイデアはとつぜん生まれたわけではない。ズハルはアレグラ・クラインとアメリカン・ヴォイシズの音楽プロジェクトに参加していたし、パリにあるユネスコ本部でピアノを披露したこともある。イラク国立交響楽団にピアニストとして呼ばれ、ハープ奏者がいないためハープのパートを弾くこともしばしばだった。ブリティッシュ・カウンシルが若い社会事業家を支援する、グローバル・チェンジメーカーというプログラムに選ばれたこともある。それがきっかけで、イギリス・チャンネル4のリアリティショー「バトルフロント」ともつながりができた。彼女がユース・オーケストラの指揮者を探しているという話が新聞に載り、エディンバラのブロートン・ストリートにあるバロニー・バーで、フィッシュ・アンド・チップスを食べようとしていた私の目に留まったというわけだ。

話は二〇〇二年に戻る。私はブリュッセルで開かれていた「ジャーニーズ・イン・ビトウィーン」で司会を務めた。ヨーロッパにいる難民希望者を芸術で支援するために、ブリティッシュ・カウンシルが主催した会議だ。翌二〇〇三年には、ケルンで小さなプロジェクト「ミュージシャンズ・イン・エグザイル」を自分で立ちあげて、難民に楽器や練習場を提供する活動を二〇〇七年まで続けた。このとき中東出身の音楽家とたくさん知りあいになった。あるデスメタルのギタリストは、テヘランでひそかに演奏して逮捕され、ドイツで難民申請していた。社会のなかで音楽が果たす力は大きく、音楽家が一堂に会するだけで多くの利点が生まれ、未来につながることはみんな知っていたのだ。

だからイラクにナショナル・ユース・オーケストラをつくる話は、私をはじめ多くの人に強烈に響いた。民族や宗教ごとに孤立した若者の集団をひとつにまとめ、音楽教育が不毛の地にその種をまく。そんな試みがいずれイラク全土に反響していくのではないか。フル編成のオーケストラをつくり、演奏会を開く野望が実現すれば、イラクという国の可能性にも注目が集まるにちがいない。オーディション方式で参加者を決めることは、失望と冷笑が満ちるこの国で、公正を貫き、信頼を築く足がかりになるはずだ。ズハルと私は、立場はちがっても同じところをめざしていた。

ブリティッシュ・カウンシル、スコットランド政府、ベートーヴェン音楽祭といった数多くのパートナーもまた、このプロジェクトの社会的な意味を理解し、勇敢かつ寛大に力を貸してくれた。最初の二年間、誰にも負担を求めなかったのは、存続させることが最優先だったからだ。厳しい状況下では、とくに資金集めが難航して失敗する確率がとても高かった。一〇〇個の解決策のうち正解の一個にたどりつくには、残り九九個をやってみなくてはならない。損得勘定抜きでがむしゃらに運営することで、NYOIへの本気度を示すことができた。常識で思いつく選択肢を全部試したあとで、解決策が意外なところから出てくることも多かった。

私がNYOIの楽員たちに強く共感できたのは、厳しい逆境のなかで、音楽家として成長していった経験があるからだ。置かれた時代や状況はまるでちがうが、そんなことは問題ではない。彼らは助けを必要としていた。狂気と背中合わせで、それを容認するのが当たり前だと学んできたのだ。彼らが責任あるおとなのアーティストとして成長するには、ほんとうの「当たり前」を学びなおす必要がある。幸運にも私はひと足お先にそのことを経験していたから、彼らを健全な場所に導くことができる。私たちは音楽家として、マイノリティとして、口に出さなくても同じ気持ちを共有していた。

イラクとヨーロッパの文化的な摩擦は、オーケストラの成長の糧になった。教材も指導者もほとんどなく、独学でやってきた彼らは打たれづよい。社会が危機的な状況にあっても、ぜったいに成功すると心に決めている。そんな若者を集めて、より大きくて安全で、質の高い集団にするのが私たちの役目だ。世界が注目するのは、勇気と心の交流といった表向きのストーリーかもしれないが、NYOIを過去に例のないかたちで成功させたのは、私たち全員に共通する執拗さだった。

イラクに住んでいると国外の状況に疎くなる。でもフリーの指揮者である私は、NYOIのために国外でいろいろ動きまわった。徒労に終わることもあれば、大きな果実を手にすることもあった。とにかくNYOIが無事にやっていける組織を確立するまで、手を引く考えはみじんもなかった。そろそろ離れてもいいかと思いはじめたのは、NYOIが正式にNGOになった五年目からだ。それでもほんとうに手を引いたのは、ＩＳＩＬと合衆国市民権・移民局が束になって私たちを引きずりおろしてからだ。

ＮＹＯＩは私にとって危険な存在になっていた。オーケストラの運営に力を注ぐあまり、人生のほかのことがすべて一時停止状態だったし、何かと世間の注目も集めてしまう。それに私は支援者シンドロームとでも呼ぶべき状態だった。音楽業界の人間がそうなるのも無理はない。ほかの関係者がリスクに気づかなかったり、やるべき仕事をやらないとき、角を曲がった先にある問題をいち早く察知して、解決策を講じてしまう。イラクチームは未経験者ぞろいなので、トラブルの予測ができない。だからうるさくいわないで、彼らができない仕事、やろうとしない仕事はどんどん肩がわりした。その結果、ほかのナショナル・ユース・オーケストラなら何人もの専従スタッフがやる仕事を、私ひとりが引きうけるようになっていた。

ひとりの人間に依存しすぎると、プロジェクトは危うくなる。二〇〇九年までは創設者として中心にいたズハルも、グラスゴーでの新生活が思うようにいかず、以前ほどかかわれなくなっていた。ＮＹＯＩの活動のハードルは年々高くなり、自分はもちろん、力を貸してくれる一流の音楽家たちの評判を落とすまいと、私は講習のあらゆる面に目を光らせた。ＮＹＯＩに寄せられた多額の援助と信頼に応えなくてはと意気込んだのだ。どんなにやりきっても、充分だとは思えなかった。アメリカ訪問が頓挫したとき、私の時間とエネルギーはすっかり枯渇して、もう立ちあがれなかった。いま振りかえると、私の支援者シンドロームと、楽員たちの学習性無力感は表裏一体だったのだ。

口ではどういおうと、多くの人は助けられることを望んでいない。それが支援の現実だ。ＮＹＯＩも最初の二年間は、講習後はいつもの無気力で幻滅した生活に戻る楽員が大半だった。変化はそれほど恐怖なのだ。たとえそれがよい方向であっても。しかしベートーヴェン音楽祭に参加したことで、枠組みががらりと入れかわった。多くの楽員が、音楽や社会、あるいは個人の課題に正面から取りくみ、未知の領域に踏みだして人生を切りひらいた。

まともな人間でも指揮者になれるが、頭がいかれていたほうがなおいい。NYOIは私の狂おしいオーケストラ愛にぴったりはまっていた。でも四〇歳を過ぎたいま、同じ機会はもうめぐってこないだろうし、すべてを捧げるだけのエネルギーもない。この六年間、私は自分の関心を満たすことができたかというと、答えはノー。NYOIは最初から最後まで純粋な自己犠牲だった。だが破滅につながりかねない危険を冒すから、暗闇を通りぬけて反対側に抜けることができる。舞台で演奏する人間として、自分の強みを最大限に活かし、必要ならば何もないところからエネルギーを引きだすすべは心得ていた。

NYOIは年が変わるたびに新たな障害が出現し、まったく予想のできないプロジェクトだった。そこで学んだのは、演奏会は実現すると信じて、そこから一歩も動かないことだ。指揮者の私は、演奏会という目的に到達することしか頭になかった。だが民主主義が根づいていないイラク人の感覚からすると、私は善意の独裁者だ。それでも楽員たちは、忠実かつ献身的なチームワークで務めを果たしてくれた。よい発想があっというまに模倣され、拡散する世界では、孤立無援の冒険はかえって有利だ。実現不可能と思われているから反対も少ないし、成功してもおいそれとまねできない。私は力も責任も与えられた優位な立場ではあったが、シャルル・ド・ゴールの言葉をいつも胸に刻んでいた——墓場は〝欠くべからざる人物〟だらけだ。

フランスでは、私は初めて燃えつきることなく楽しくやれた。準備がうまく流れるようになり、現地で講習が始まるまではフランス側の相談役をやっていればよかった。もちろん指揮者であるから、楽員たちの前に立たないと仕事にならない。毎夏、彼らを集めて練習するのは、一発勝負のオリンピックに向けたトレーニングのようだった。

支援者シンドロームとともに私が陥ったのは犠牲者シンドロームだ。指導者が燃えつきて、エネルギーを補充できないときに起こる。NYOIがイラク国外で知られるにつれて、演奏の質を高める必要が出てくる。海外には成長の機会がごろごろ転がっているから、みんな一期一会の精神で、できるだけ多くのことを学ぼうとする。けれども、せいぜい二週間の夏季講習で、長年の独学のツケが解消されるはずもない。徒労感にむしばまれてまわりが見えなくなり、ここぞというときに判断を誤ることもあった。イギリス訪問のときは、プロジェクトマネージャーのベッカの出産とちょうどぶつかり、講師と楽員は作業を分担することを学んだ。ベッカは一週間だけ講習会を中抜けして、元気な姿で戻ってきた。滞在先のポートベローのパブや砂浜は、私たちの格好の息抜きになった。

NYOIが成功したのは、失敗にうまく対応したからだ。難易度が高い曲にも挑戦し、改善できる点を伝える。この繰りかえしがあったから希望を失わず、挫折しても立ちなおることができた。よそのユース・オーケストラをなぞるのではなく、新しいことに自由に挑戦しながら学び、前進することがNYOIの評判を支えていたのだ。

けっきょくのところ、NYOIは成功だったのか？　構想を実現したという意味ではイエスだろう。

二〇〇九年にやりたいと決めたことはもちろん、それ以上のこともやってのけた。NYOIを始めようというとき、私はズハルに五年間は続けると約束した。それはちょうど、イラク戦争が遠のいてから、ISILが出現するまでの年月でもあった。

NYOIは持続可能なビジネスモデルかというと、こちらの答えはノーだ。NYOIは、情を排した強い意志で行動した結果だ。イラクからの継続的な支援がまったく期待できないまま、生きのこるために国から国へと渡りあるく。そんなプロジェクトは終焉が見えている。いまNYOIはバグダードとケルンに支援組織をもっているが、この先どうなるかは不透明だ。二〇〇九年に始まったとき、NYOIは難しい問題をいくつも乗りこえた。それでもイラク国内の音楽教育の実態が改善しなければ、当座の対策で終わってしまう。国全体の音楽教育の代わりにはなりえない。私もアメリカン・ヴォイシズの友人たちも、年一回の夏季講習がイラクの若い音楽家にとって唯一の命綱だとわかっている。だけど、彼らの才能と可能性を余すところなく引きだしてあげることはできないのだ。

メディアにかんしては、行く先々で何度も取りあげられ、それが次の後援者を引きよせるという好循環が生まれた。ラジオ出演や演奏の録音、ビデオ、新聞記事は残らずソーシャルメディアにアップしたし、夏季講習のない時期にもフェイスブックを更新して、興味をもってもらえるようにした。これは私ひとりの作業で、イラクチームは何もしていない。それでもユース・オーケストラとしてもっとも強力なソーシャルメディアを構築することができた。これを熱心に見てくれたのはイラクに住むイラク人たちだ。彼らはオーケストラの生演奏を聴く機会はなくても、私たちの活動に希望を見つけたにちがいない。

ドキュメンタリー制作についてはとくにいうことはないが、現時点でまだ一本の作品も完成していない。制作と配給ルートについて文書で確約しない制作者とは、今後仕事をしないことにする。そうでなければ、ハエたたきをもたずにハエを追いかけるのと同じだ。それに映像関係者は極端なビジュアル志向だ。予算が少ないのか、思慮が足りないのか、渾身の演奏を劣悪な音質とへたくそな技術で録音してしまう。そのあたりも取りきめが必要だ。それを思うと、サウンドエンジニアのマーク・エドワーズが加わったのは幸運だった。

だが最も大きな成功を得られたのは、やはりオーケストラの楽員たちだろう。夏季講習はそれ自体も重要だが、参加者が経験をどう活かしたかということも忘れてはいけない。そこで締めくくりに、NYOIが与えた影響を三つの視点から見ていこう。個人的な成果、異文化交流、他者との協働だ。オーケストラの合わせ練習や本番、個人練習を通じて演奏技術が向上したことは全員が認めているが、ではその先は？

バシュダル　ドイツ訪問から帰国して、演奏会の録音CDをもらったとき、自分にこういった。「バシュダル、もしいま死んでも、音楽界でひとつやりとげたんだから満足だな」。NYOIは私の人生を変え、夢をかなえてくれた。

イラクでもっとも優秀な演奏者を集めることは、イラクの文化を牽引する未来の指導者を見いだすことでもあった。バシュダルはなりたい自分を思いえがいていて、それをNYOIが支援した。彼も

NYOIを踏み台にして野望をかなえようとした。彼は現在、ウェスト・ミシガン大学の修士課程でチェロを専攻している。

アニー モーツァルトやバッハのオンラインレッスンはとても有益でした。モーツァルトのヴァイオリン協奏曲第五番では、ジョアン（二〇一〇年に講師を務めたジョアン・キグリー）に登場人物を想像してごらんといわれました。モーツァルトの音楽はオペラみたいなのです。それを知って興味が増し、演奏が楽しくなりました。私が教えるとき、生徒には繰りかえし「音楽とつながりなさい」といいます。それを教えてくれたのは、アンジェリア（・チョウ）でした。メンデルスゾーンのヴァイオリン協奏曲第一楽章を勉強していたとき、アンジェリアがこの作品をNYOIで独奏しました。彼女の音は全部意味があって、とても刺激になりました。

アニーもNYOIの出世頭だ。フルブライト奨学金を得た彼女は、ウィスコンシン大学マディソン校の修士課程に進んだ。スカイプやYouTubeを活用して、年間を通じてレッスンの機会を提供する実験にアニーは参加してくれたのだ。残念ながらこの試みは、文化的・技術的な理由から効果はいまひとつだった。現在、アニーは想像することのたいせつさをバグダードの自分の生徒に伝えている。ジョアン、アンジェリア、イローナ、クレアといった頼れる講師陣は、アニーをはじめ女性参加者には最強の役割モデルとなった。

ロイス　オーディションに受かったら、貴重な情報が手に入る。そう思って猛練習した。講習が終わったあとも、音楽づくりや練習をみんなとやれるのが楽しかった。

モスル出身のロイスは、ＮＹＯＩでいちばん孤独な奏者だったかもしれない。モスルはＩＳＩＬの侵略を受ける前から、音楽的に不毛なところだった。自分の才能を信じる気持ちはとても強かったが、人柄は謙虚だった。ＮＹＯＩで他の奏者にもまれながら、ロイスは指導者・教師として成長し、モスルで音楽教室を開いている。

アラン・ラシード　ＮＹＯＩへの参加は私の人生で大きな挑戦でした。同年代の奏者とこれだけ大きいオーケストラで演奏したことがなかったからです。難しかったけれど、とても役にたった。もうひとつ、人生初のコンサートマスターも経験できました。これ以上おもしろいことがあるでしょうか？　でもほんとうにたいへんな一年でした。

二〇一〇年と一一年に参加したアランは、アメリカン・ヴォイシズの奨学金を得てセントルイス・ユース・シンフォニーで学んだ。彼も自らの限界を押しひろげ、イラクとドイツで同年代のオーケストラを率いてコンマスを務めあげたのだ。現在はアルビルでヴァイオリンを教えている。

ダルーン・ラシード　有名人とたくさん知りあえて幸運だった。ＮＹＯＩのおかげで、毎年どんどん音楽が好きになった。上手になるにはまじめにさらうことだと教わったし、音楽の指導法も学んだ。

ダルーンは毎年欠かさず参加した数少ない楽員のひとり。最初はヴィオラをもてあましていたが、シーラやイローナの厳しくも愛情あふれる指導を受けて腕を磨き、規律を身につけた。いまはアルビルでヴィオラの先生をしている。NYOIで培った音楽への感受性と意欲を、生徒たちにしっかり伝えている。

レズワン　コピーでない本やCD、それに質のよい楽器を初めて直接買うことができた。

二〇一〇年から一三年までヴィオラトップを務めたレズワンは、イローナ・ボンダルとの出会いに恵まれた。イローナは良き指導者であるだけでなく、女性としてのお手本にもなった。NYOIが訪れたドイツ、イギリス、フランスには、音楽にかんするあらゆるサービスや品物がそろっていた。イラクはお粗末な楽器店が数えるほどしかなく、楽員たちはお金はあっても、知識や手段をもたないせいでよい買い物ができずにいた。しかしちがう環境を経験したおかげで、NYOIの楽員たちは楽器の正しい手入れ方法を知り、イラク国内で指導や演奏を続けるために必要なものを賢く買えるようになった。

トゥカ　ＮＹＯＩは私の人生で最大の変化、挑戦、冒険だった。参加した最初の年から、すべてが変わった。音楽のことだけでなく、いろんなことをきちんと突きつめてやるようになった。

ＮＹＯＩ常連のひとりトゥカは、チェロとヒジャブをこよなく愛し、ＮＹＯＩの顔として被写体になることも多かった。ＮＹＯＩで活動した五年間、彼女はつねに信仰に忠実で、謙虚で思いやりにあふれ、勤勉だった。とびきりのユーモアももちあわせていた。正確さや客観性をあとまわしにする、感情優先で自分本位な文化が悪いわけではない。ただオーケストラ音楽では、この両極端を理解して使いわけなくてはいけない。トゥカをはじめとするＮＹＯＩの楽員たちは、そんな価値観を自らの文化に取りこみ、指導の現場でも実践している。私にはまねのできないことだ。

アリ・アルガッバン　ＮＹＯＩは、恐れずに演奏する勇気を与えてくれた。自分が演奏する音楽を楽しみ、その気持ちを聴衆に投げかけることを教わった。音楽とは与えること。ありたけの情熱と時間と努力を注ぎこまないと、聴衆の心に届かない。いまは教会で無料で演奏したり、国連の会議に呼ばれたり、自分が通う大学や学生団体でも機会があれば演奏するようにしている。

アリは二〇一一年から三年間ＮＹＯＩで演奏した。送電鉄塔を設計する技術者であり、イラク国立交響楽団の団員でもある。バグダードから参加した数少ないヴァイオリンのひとりだった。ＮＹＯＩが楽員たちを暖かく支え、専門的な指導を受けられる環境を用意したのは、アリのような奏者を育てるためだった。ユース・オーケストラではよくあることだが、無償で演奏する経験は奏者を変える。気持ちを込めて純粋に音楽を提供することで、自分が音楽をやっている理由が再確認できるのだ。

ハッサン NYOIは、イラク国立交響楽団のフルート奏者兼作曲家である自分を高めてくれた。若い世代にもフルート演奏の新しいテクニックを指導できるようになった。

ハッサンは最初はフルート奏者として、その後はオーケストラマネージャーとして、NYOIの五年間をともに歩んだ。イラク国立交響楽団の首席フルート奏者である彼は、バグダードでの心強い味方であり、年を追うごとに自信をつけ、プロ意識を年々高めていった。現在はアルビルにあるアメリカの団体に勤めている。

フランド たかだか一カ月で準備してやりとげるには、ものすごく練習時間が必要だった。でも、限界は気持ちの問題でしかない。演奏旅行で疲れはてたかというと、ちっともそんなことはなかった。やる気がみなぎり、もっと練習をがんばりたいと思うようになった。音楽の力も伸びて、楽しめる演奏ができるようになった。オーケストラは自分のリーダーとしての一面を引きだしてくれた。イラクの音楽活動をもっとさかんにしようと、海外演奏で得たことを余さず友人たちに伝えている。

バレン・カデル　オーケストラで演奏したおかげで、自信がついた。仲間と心を通わせて、相手を傷つけずに批評する方法を学んだ。まちがいを指摘して、どう直せばいいかいえるようにもなった。ＮＹＯＩで得た知識は、地元に戻ってみんなに伝えている。ＮＹＯＩが自信を与えてくれたので、いまは人前で演奏することは怖くも恥ずかしくもない。

ワリード　オーケストラのコントロール、音楽家とのやりとりなど、ポールからたくさん学ぶことができた。みんなＮＹＯＩでの日々を一日たりとも忘れない。

フランド、バレン、ワリードは、共感を足がかりにみんなをひっぱるリーダーシップを学んだ。質の高い指導を受け、意思疎通のやりかたを身につけた彼らは、それぞれの地元に戻り、決めつけや恐怖ではなく、正しい知識と分析をもとに音楽を分かちあおうとしている。なかでも、生まれつき指導者・教師の才能があるワリードは、私から学んだことを最大限に活かしてババ・グルグル室内管弦楽団を設立した。私にとってこれほど名誉なことはない。

ドゥア　ＮＹＯＩを誇りに思うことはたくさんある。木管セクションはとくにそうで、曲を練習中、講師が難しめの新しいテクニックを教えてくれることがある。ヨーロッパの学生ならしりごみしそうだけど、ＮＹＯＩの楽員たちは素直に飛びこんで、すばらしい演奏をやってのける。

ドゥアはいまもイラク国立交響楽団でオーボエを吹いている。

ヘルグルド　西洋のプロの音楽家と知りあい、直接指導を受けたことは、音楽の能力を高めるだけでなく、英語の練習や上達にも大いに役だった。何より地域代理人のひとりとしてポールのもとで働いた経験は、マネジメントの世界で仕事をするきっかけになった。あこがれのドイチェ・ヴェレで、イラクの音楽事情についてブログを書くこともできた。

毎年の夏季講習のほか、ベートーヴェン音楽祭、エディンバラ・フリンジ・フェスティヴァル、プロヴァンス大劇場、「ドイツの友人たち」が与えてくれた経験をもとに、自分でもプロジェクト運営にかかわるようになった。ラニア芸術学校ではオーケストラを創設し、指揮をしている（イラクでポール・マカランダンに、ボンでバリー・ロシュトに指揮を教わり、じっさいに自分でも指揮ができてとてもうれしかった）。ドブズ・ハーツホーンが主宰する「バッハ・ウィズ・バース」は二回マネージャーを務めたし、イラクの音楽家のためのマスタークラスではアシスタントマネージャー兼通訳をやった。

ヘルグルドはドイツ学術交流会の奨学金を得て、現在ドイツで子どもの音楽教育を学んでいる。

海外に出ることは、このオーケストラにどんな影響を与えただろう？　隔絶され、敵意に満ちた環境から、オーケストラのある生活が当たり前のドイツ、フランス、イギリスを訪れた経験は、楽員みんなに変化をもたらした。

フィルマン　向こうの子たちは楽器がすごく上手で、私も助けられた。それでも初めて見たときは、同じ地球ではなく、別の星に来たんじゃないかと思った。

フランド　初めてのヨーロッパ訪問でドイツに行ったときは、カルチャーショックを受けた。ヨーロッパやアメリカのことは、本で読んだり、テレビで見ていたけど、じっさいに行くと大ちがいだった。

ハッサン　異なる立場の人たちが、同じ人間としてコミュニティをつくり、ひとつにまとまる様子に、世界に対する見かたが変わった。ＮＹＯＩの活動は大好きだった。このオーケストラは、宗教や国籍に関係なく、個人がおたがいを頼りにしていた。

アリ・アルガッバン　ＮＹＯＩではすばらしい出会いに恵まれた。新しい友だちがたくさんできたし、知らない文化に触れることができた。

ダルーン・ラシード　背景が異なる人たちを理解し、彼らの文化について知る。ＮＹＯＩはそのやりかたを教えてくれた。いまは世界中に友だちがいる。ＮＹＯＩを通じて、この国にはないものをたくさん見ることができた。それを自分の国でも実現させるためにがんばりたい。

トゥカ　音楽を通じて、異なる文化、異なる宗教をつなぐのがＮＹＯＩだったと思う。その意味で、私には忘れられない経験だった。

レズワン　第一に、ちがう国の知性豊かな音楽家、とくに講師と出会い、ソーシャルメディアで仲よくなって、音楽について質問できたり、新しい情報を知ることができた。第二に、この国には夏の音楽祭がない。ＮＹＯＩのおかげで、ほかの国で夏におこなわれていることを体験できた。アラブ人とクルド人のあいだで、よい関係をつくることができた。こんなに距離が近づいたのは、ＮＹＯＩがあったから。第三に、イラクやクルディスタンから外に出ることができた。ただヴィザを取るのはとても難しい。

アラン・ラシード　このオーケストラは、クルディスタンとイラクのもうひとつの面を紹介するという独自の使命があった。それぞれの国に生活があり、美術や音楽があって、多くの才能ある人間が励ましや後押しを必要としていることを世界に知らせた。

アニー　アイルランドの音楽を勉強したり、バグダードでブリティッシュ・カウンシルの支援イベントに参加したのがとても楽しかった。

ヘルグルド　ＮＹＯＩは、音楽家として海外に出る初めての機会を与えてくれた。外国の人たちと知りあって、自分の考えや夢を実現するために、自力でふたたび訪れたいと思った。外国にもつてができて、自分のような音楽家はひとりじゃないとわかったし、自分のため、地域のためにがんばろうと思えた。ＮＹＯＩのおかげでぼくの夢は大きくなり、四年間の経験を活かしてＤＡＡＤ（ドイツ学術交流会）の奨学金をもらえた。いまは競争の激しいドイツで勉強している。

ＮＹＯＩは新しい世界への扉を開き、参加者は自分のため、イラクのために成長して強くなった。最後の章でくわしく語るが、とくに女性に与えた影響は無視できない。誰もが文化大使としてみごとに活躍した。助っ人をしてくれたユース・オーケストラとのつながり、各地での演奏会、そしてメディアを通じて、ＮＹＯＩはたくさんの人の心を揺さぶった。孤独とおさらばすると決めた楽員たちは、国境を越えた友情を積極的にはぐくみ、楽員どうし、さらには音楽の世界ともつながったのだ。そこから思ってもみない展望が開けて、ＮＹＯＩのエネルギーを新しい方向に活かす者も出てきた。彼らはＮＹＯＩの経験をどう伝えるのか。最後の問いはこれだ。

バシュダル　ＮＹＯＩは若い音楽家の力になってくれると力説して、友人たちに応募するよう勧めてきた。がんばって実力をつけてきた自分は、ＮＹＯＩの一員であることを誇りに思う。友人の多くは半信半疑だったけど、このオーケストラが多くの変化を引きおこしたことを、ぼくを見て学んだようだ。

ロイス 教会を借りてヴァイオリンとピアノの教室を開いたり、講義やレッスンをしたり、リーダーシップの指導もしました。いまは学校教師として、地元で音楽と声楽を教えています。

ダルーン NYOIは楽員だけでなくスタッフにも、日常生活に積極的になることを教えてくれた。家族や友人とのつながりを強めて、いちばん美しく、最高の演奏をしたいと考えている。地域への貢献もNYOIから影響を受けたことだ。NYOIは過去に例がないほどイラクに貢献してくれた。いま私はアルビル芸術学校でヴィオラを教えている。去年の学生は一八名で、NYOIで学んだことすべてを彼らに伝えたいと思っている。いくつかのオーケストラにも所属して、アルビルで弦楽四重奏団も結成した。NYOIの楽員ができる地域貢献として、いちばんいいかたちではないだろうか。音楽を愛することを教えてくれたポール・マカランダンとズハル・スルタンは、人生で成功するための私のお手本であり、刺激でもある。多くの人に私のことを知ってもらえて、NYOIをやってよかったと思っている。

アニー いまバグダードの難民キャンプで、図書館と音楽室をつくる準備をしています。女の子だけの弦楽四重奏団をつくるために、私はヴィオラに転向しました。練習も始めましたが、残念ながらいまは中断しています。すぐにでも再開したいのですが、練習場所がないのです。それにメンバーの親たちは、演奏会の予定がないのに集まることにいい顔をしません。

トゥカ　いろんな国を訪問して、たくさんの文化を経験しました。チームワークの意味もわかってきました。いまはバグダードの音楽・バレエ学校で初心者に合唱の基礎を指導するほか、PTAセンターで難民にチェロと音楽理論を手ほどきして、自分の経験をみんなに伝えています。

アラン・ラシード　政治家がやらなかったことを、NYOIがやっとやってくれたと思う。

彼らはまだ指導者ではないかもしれないが、いずれ地域の文化を背負う存在になる。そのとき、みんなで力を合わせたこと、それによってみんなが変わっていったことを思いだすだろう。

この章をもって、私のNYOIの活動はひとまず終了となる。二〇〇九年に描いた構想を実現するために、私はすべてを注ぎこんだ。もちろん後悔はしていないし、そこで学んだことを積極的に伝えていきたい。でも、イラク・ナショナル・ユース・オーケストラと私の最終章を完全に閉じる前に、二〇〇八年、バロニー・バーでフィッシュ・アンド・チップスを前に自問したことを、もう一度考察しておこうと思う。

25
イラク人とは

二〇一五年には、過激な宗教観をもつＩＳＩＬは世界が注目するなかで偶像破壊に走り、イラク戦争でずたずたになった地域の誇りをさらに踏みにじった。国連教育科学文化機関（ユネスコ）のイレーナ・ボコヴァ事務局長は声明のなかでこう述べている。「文化財は戦闘の副次的被害で破壊されているのではない。過激派組織は社会の中核に打撃を与えるため、意図的に標的にしているのだ」

本は人間の身代わり――イラクにはそんな言葉がある。破壊された遺跡よりも、モスル公立図書館の稀覯本よりも、人命のほうがたいせつということか。これは正しくもあり、誤りでもある。

何百、何千という世代を重ねてきたイラクの歴史は、それ自体がひとつの文明であり、生活様式だ。しかし、イラクの文化の都は破壊され、残るのは人間だけになりつつある。それだけに、音楽のある日常はイラク人の誇りを支える重要な土台だ。トゥカやアニーは、バグダードにある音楽・バレエ学校や国内難民のための学校で音楽を教えているが、そんな地道な活動があるから文化は続いていく。イラク国立交響楽団の指揮者であるカリム・ワスフィは、バグダードのレッド・ゾーンでおきた爆撃現場でチェロを演奏して、罪なき人びとが暮らす日常の空間に戻した。れんがやセメントで建物をつくりなおすのは誰でもできる。でもワスフィは、魂と希望で町を再建したのだ。

八世紀に活躍した偉大な詩人アブ・ヌワースの彫像が破壊され、酒杯をもつ手が切りおとされたとき、イラクの知識人は彼を不品行と見なす宗教指導者の意趣返しだと感じた。いっぽうアラブの職業詩人たちは、方言による民族詩の隆盛を非難する。詩の世界が閉塞化する現状を嘆く若者は、吟遊詩人となって皮肉や諷刺をばらまき、論争を巻きおこす。

若い映画製作者たちは、バグダードにあるイラク・インディペンデント映画センターに集まって最新の技術を論じる。「イラク詩作の家」という詩人の団体は、裕福な住民が多いバグダードのカッラーダ地区でイベントを開いている。次の爆撃で命がなくなるかもしれないが、それでも彼らはカフェに集うのだ。若き映画監督ムハンナド・ハッヤルは、アラブ系メディアサイトのアル・モニターのインタビューでこう話している。「死はこの国のどこにでもある。コーヒーショップに入ることを怖がっても、それで安全になれるわけじゃない」

街角に「私は本を読む――私はイラク人だ」と書いた旗を立て、即席の読書クラブを立ちあげる活動もある。読書の楽しみをエリート階級に独占させず、歴史から切りはなされた若者と、豊かな文化遺産をふたたび結びつけようという試みだ。いたずらに恐れる者はもういない。どんなに麻痺していても、人生は続いていくのだ。

文化のせめぎあいは、ＩＳＩＬとイラク人だけの話ではない。三〇年も戦争と暴力に翻弄されながらも、自分たちの生活をあきらめないふつうの市民、つまりサイレント・マジョリティの心のなかでも起きている。それがなければ、何もなしとげることはできない。「生きるべきか死ぬべきか、それが問題だ……」というシェイクスピアの言葉をここで引用するのは、あながち的はずれでもないのだ。限定された文脈で演奏されるクラシック音楽も、音やリズムは正しいか、そうでないかのどちらかだ。

ＮＹＯＩでは、正確さとの戦いがつねにつきまとった。オーケストラ音楽を世界共通の文化たらしめている要素のひとつは、正確に演奏することだが、イラクではそれが相対的に扱われる。イラク文化はあいまいで、そのうえ壊れている。誤りをひとつ正すと、次の誤りが顔を出す。それをつぶすとさらに次が出てきて、きりがない。楽員たちが集中しきれないのが問題かと思い、少人数に分けて練習しても、全奏を再開すると元の木阿弥。誰かが目を光らせていないと、学んだことが維持できなかった。

楽員たちは個性がきわだっていて、それが外国人にとってはたまらない魅力だったようだ。ドイツ、スコットランド、フランスのユース・オーケストラにくらべると、ＮＹＯＩはとんがった個性がごたまぜに入った袋だ。町を破壊しつくしたとしても、誰かひとり生きのこっていれば文化は再建できる。打たれづよく、愛嬌がある彼らは、イラクの未来を象徴する存在だった。

だからといって、戦争が彼らを強くしたという理屈は乱暴だろう。彼らは幸運なほうであって、夢を断たれた者はたくさんいる。第二次世界大戦後のヨーロッパを振りかえると、ピーター・マクスウェル・デイヴィス、ビートルズ、ピンク・フロイドらの登場で音楽界はかつてない飛躍を遂げた。ただ当時のヨーロッパとちがって、イラクには希望も理想もない。暴力が渦まき、生きながら死んだような状態が続いている。ドイツの復興を助けたマーシャル・プランもなければ、戦後初の西ドイツ首相となって国の再建を進めたコンラート・アデナウアーのような人物もいない。優れた理念をもち、積極的な文化交流でイラクを強力にまとめあげていた知識人たちは、国を脱出するか、戦争で殺されてしまった。イラクのアイデンティティはぽっかりと穴が開いたままだ。

世界初のナショナル・ユース・オーケストラはウェールズで誕生し、一九四七年に最初の演奏会を開いた。国の誇りと未来への希望を新しいかたちで表現したいという若々しい推進力は、まさに私たちが生みだしたかったものだ。でもイラクはその試みを顧みようとしなかった。なぜか？　文化は一銭もお金を産まないからだ。欧米では当たり前の競争原理も、この国では冗談でしかない。腐敗と身内びいきが食事や呼吸と同じぐらい自然な環境では、公平に競いあう場をつくりようがないのだ。だから人びとは何をやるにしても、あきらめる結末を織りこんでいる。それを思うと、バルハム・サーレハ博士が最初にＮＹＯＩの味方になってくれたのは最大の幸運だった。博士は資金を援助するだけでなく、公正と平等をめざす私たちのメッセージも後押ししてくれたのだ。

ＮＹＯＩのオーディションは、客観的な評価を突きつける。イラク国立交響楽団からの参加者にも、ＮＹＯＩは公正な競争ゆえに急速に伸びたと理解する者はいる。でも、国立オケの団員だから自分は優秀だと信じて疑わない者も多い。傲慢な態度で面目を保とうとするのか、自分の弱点を認めて成長しようとするのか、ここが分かれ目だ。ＮＹＯＩでは、外国人講師の指導や海外演奏旅行で、いやでも実力を思いしらされる。

オーケストラで起きた摩擦は、民族的な性格によるものがほとんどだった。アラブ人の男性たちは強くて男らしく、すぐに地位をめぐって争う。女性はもちろん女らしいけれど芯は強く、男性たちの手綱をしっかり握り、音楽家として、セクションリーダーとしての務めを立派に果たす。クルド人は集団志向で、威圧感が薄く、性格もいくらか穏やかだ。NYOIでやっていくには、へこたれない根性が求められる。バグダードから来た者はとくにそうだ。弱音を吐くやつはいない。才能に恵まれ、先を見通す力があって、英語が話せる者が、NYOIで新しい意識にめざめてイラクを出ていくのも当然だろう。

NYOIでは、女性たちの果たす役割と影響力がとても大きかった。ドゥア、アニー、トゥカ、レズワンといった優秀な奏者は、ほかの楽員をひっぱる役目を果たした。アニーなどは、ウィスコンシン大学マディソン校で修士課程を終えたにもかかわらず、帰国して入団したイラク国立交響楽団では第二ヴァイオリンの後方に座らされた。既存団員にとって脅威だったのだ。でもNYOIのアンジェリア・チョウやイローナ・ボンダルといった女性講師の存在、さらに外国での演奏経験を通じて、女性が主導的な役割を果たす国も多いとわかり、イラクでも可能なかぎり先頭に立つようになった。

NYOIの外国訪問は、孤立しがちなバグダード在住の奏者たちが多様性に目を開くきっかけになった。ワークショップを女性が指導したり、地元ユース・オケから助っ人で来た女性奏者が隣に座ったり、イラクでは考えられないことだらけだ。NYOIには幅広い人材が不可欠で、それを毎年実現できたからこそ、実力も演奏の質も向上していったのだろう。

イラク人楽員と講師陣が共有していたのは、経験を通じて成長していきたいという強い欲求だ。演奏した作品の作曲家も、それぞれ強い個性を放っていた。楽員たちは講師を通じてシューベルトやベートーヴェン、メンデルスゾーン、ハイドンの世界を知り、反対に、アラブ人のなかに遠く息づくベドウィンの魂や、クルドの音楽に流れる悲しみは楽員たちが教えてくれた。楽員たちの並みはずれた学習意欲に刺激を受け、教えるほうも技術や音楽性、言葉の問題を乗りこえて、打開の道を探っていった。

とはいえ、イラクの自己中心的な文化は鼻につく。腐敗と無能力にむしばまれ、社会システムが崩壊してしていているこの国では、われ先に権力と金を手に入れようと必死だ。うまい汁を吸える特権階級は誰も他人のことなどかまっていられない。

NYOIをやるうちに私もずぶとくなったし、遠く離れたドイツからでもインターネット経由で仕事を進めていたが、しだいに身動きがとれなくなった。政治家や支配階級など特権に恵まれた人たちは、石油開発や建築、通信の巨額契約で賄賂を得ることには熱心だが、イラクの文化や精神性の立てなおしにはまるで関心がない。宗教も政治を通じて人びとの生活を支配しようとする。こうしてバグダードには、派閥主義の高い城壁がいくつも築かれた。これぞ「分割統治」のお手本だろう。こんな状況で、どうやって国を再建していくつもりなのか。

いっぽうオーケストラは音楽家の集まりだ。全員がいっしょに演奏するつもりで参加している。講習のない期間も各地域にいる代理人が活動していて、インターネット経由の応募やオーディション動画の制作とアップロード、ヴィザの申請について対応してくれる。オーディション動画や講習の録音を配布するのも彼らの仕事だ。楽員たちが広大な地域に分散しているクルディスタン地域では、とりわけこうした手助けが不可欠だ。金銭面の魅力もあるにせよ、それでも若い音楽家たちは共通の目的のために力を合わせていた。

バグダードでは、マジッドが応募者の窓口になっていた。彼は怠惰な役所に何年もかけあって、N

YOIのNGO登録をようやく果たした。マジッドのチームは、オーディション動画や応募書類の選考を期日どおりにやってくれた。ホルンのラニアとアリ、ムハンマドがオーディションの練習で助けあっていたことは、講師のサラが気づいた。動画で全員が同じところをまちがっていたのだ。

室内楽の練習はとにかく手こずった。指揮者のいない室内楽で、強情な楽員たちにおたがいの音に耳を傾け、拍を数えながら演奏させなくてはならない。それでも室内楽は夏季講習にぜったい欠かせない要素だった。集団が協力しながらともに学ぶ姿勢が広がっていけば、宗教の枠を超えて、みんなで共有できる社会活動が生まれるだろう。NYOIはイラクに地域社会を育てる試みでもあったのだ。

挑戦者を本気にさせるオーディションも物議をかもした。応募者全員を公正に評価した結果、不合格になったことを受けいれられない者がいるのだ。基準がそもそもなかったり、ゆがんだ基準しかない環境でやってきたから、演奏の質という概念が理解できない。その年の合格者より劣っていたという判定に、プライドはずたずたに傷つく。それでもオーケストラの実力が向上するにつれて、オーディション応募者は増えていく。イラク国内の情勢もいくらか安定し、人びとに向上心が芽ばえてきたのだ。オーディションに合格してやりがいを感じた者は、自然に指導者になっていく。ほかの人たちのために門戸を開き、オーディションやその後の講習で応援するのだ。そんな行動は、独断的、閉塞的な人びとの心に寛大さの種をまく。イラクの文化はそこからふたたび育っていくにちがいない。

がんばる人が相応の見返りを得られることも重要だ。NYOIの場合、それは肩書だった。マジッドは運営部長、プロジェクトマネージャーであり、NYOIがNGOになってからは代表になった。ワリード、ヘルグルド、バシュダル、ダルーン、アランは地域代理人。ハッサンとバシュダルはオーケストラマネージャー。ズハルは創設者で、私は音楽監督だ。要するに権威づけだが、それでも結果をともなわなければ敬意は得られない。その意味でも、私たちはイラクの既成概念にきつい一撃をお見舞いしたことになる。

逆境に負けない楽員たちは、戦争を完全に遮断し、生存本能を音楽に注ぎこめる強さをもっている。危険で外出できないときは、彼らは家にこもって楽器を演奏する。戦争中は宗教もさかんだった。人びとは宗教から生きる知恵を学び、自らを守る砦にした。だが宗教は暴力を生みだす道具にもなる。宗教指導者は政治的な立場も獲得して、法の解釈を押しつけ、政府や都市、州を切りきざみ、イラク軍まで分裂させた。これでは、私がイラクで出会った若者の多くが無神論者なのも当然だろう。

生活と家の破壊に手を貸す宗教に、嫌悪感を覚えない者がいるだろうか？　だが神の存在を疑うことなどあってはならないイラクで、そんな意見を表明することはできない。

そんな状況のなかで、イラク・ナショナル・ユース・オーケストラは、社会規範を公然と無視する、時代錯誤で矛盾した存在だった。私はオーケストラの楽員が、スンニ派かシーア派か、キリスト教徒かと考えたことはない。宗教のちがいに何の意味もなかった。クルド人とアラブ人の摩擦にしても、大半は言葉の壁によるものだ。それでも、音楽をともにつくるという揺るぎない目的があったから、壁を低くすることはできた。

宗教に加えて、シリアとイラクを代理に立てた地政学的な争いもあって、イラクでの生活はなかなか落ちつきを取りもどせない。イラク戦争で受けた心の傷も引きずったままだ。楽員のなかにも、極度の自己愛、摂食障害、うつ病といった精神症状を抱える者がいた。戦争、殺戮《さつりく》、長老たちの横暴に痛めつけられたイラクの人びとは、つねに軽いショック状態にあり、前にも書いた学習性無力感にとらわれている。宗教で厳しく禁じられているが、自殺願望も蔓延しているし、不安感、頭痛、だるさ、集中力欠如といった心身症状を訴える男性も多い。イラク人の精神衛生は、病原体が侵入して体液がにじみでている傷口と同じで、治癒からはほど遠い。ＮＹＯＩはそんな人びとが力を取りもどし、自滅的な行動から脱却するよう導こうとした。しかし学習性無力感はあらゆる場面で顔を出す。

二〇一一年にイラクで撮影を担当したカム・マシソンは、オーストラリアの先住民族アボリジニのドキュメンタリーを制作したときの話をしてくれた。苦しい生活を強いられていたアボリジニに、善意にあふれる人びとは支援を惜しまなかった。しかし彼らも「支援者シンドローム」に陥って疲れきってしまい、資金が底をつくと同時に離れていった。残されたアボリジニは、次の支援者をひたすら待ちつづけた。イラクの若い音楽家が自分の足で歩けるようにと努力を重ねてきた私だが、アボリジニの例とどうしても重なって見える。変ないいかただが、オーケストラの活動を続けることはゼロサムゲームになっていた。楽員たちがうまくなればなるほど、私の人生は深く落ちこんでいった。

これは支援活動でかならず起きる悪循環だ。問題は、この先どこに行くのか、いつやめるのかということ。仕事もリスクも私や仲間たちに背負わせ、自分は何もしないで傍観する人間はイラク国内外にいた。ただしこれだけはいえる。ＮＹＯＩを別の人間がらがったかたちで運営していたとしても、リスクを避ける怠け者に用はない。必要なのは才能と度胸があり、変化する状況をすばやく理解して対応できる真の支援者だ。自分がそうだというつもりはないが、この種のプロジェクトには、これで正解というマニュアルもケーススタディもない。

ベネズエラのエル・システマ、ダニエル・バレンボイムのウェスト＝イースタン・ディヴァン管弦楽団は、まったく別種の生き物だ。刺激は受けるが、NYOIとちがいすぎる。

NYOIにはびこる学習性無力感は、イラクの愚痴文化という側面もある。本人たちは意識していないが、イラク人は問題を自ら引きうけるのではなく、愚痴をこぼして誰かのせいにする。NYOIの最初の二年の講習では、楽員たちが並べたてる白々しい嘘に、講師も私も言葉を失ったものだった。おなじみの「メンツ」は、社会の恥を隠すための方便なのだ。ことわざから学べることはたくさんあるが、イラク人がよく口にするのはこんなことわざだ——人生はキュウリと同じ。一本つかんだら、ケツに一〇本つっこまれる。運は悪くて当たり前なのだ。

一九五〇年代から続くイラク国立交響楽団は、文化省の支援を受けられる恵まれた組織だ。しかし政府は宗教界の影響を強く受けているため、地方での演奏が難しかったり、不可能だったりする。また、歌唱にかんする規定も複雑だ。たとえばスコットランド自由長老派教会では、人間の声は神の楽器とされており、無伴奏で神を称える歌を歌うことは認められる。いっぽうイスラム世界では、楽器でアッラーとその使者を賛美することはできるが、踊りや娯楽や趣味で演奏することは許されない。そもそも音楽は、心に平安をもたらし、アッラーに思いを馳せ、信者としての務めを心に刻むためのものだ。とはいうものの、宗教的な祭や婚礼、お祝いの場では、スーフィーのダフなどの太鼓を景気づけで鳴らすことはできる。だからNYOIでも、暗く不安な場所を喜びで満たしたいときは、誰ともなく太鼓を叩きはじめていた。

音楽は時間の芸術だが、時間は文化の強力な担い手でもある。イラクのアラブ人が、豊かな文化の源流である古代メソポタミアに郷愁を抱くのも無理はない。とはいえ、それだけではいまの危機的状況を脱することはできないし、むしろ現在と未来から目をそむけている。NYOIで取りあげたアラブ音楽は、はるか遠い昔や、親戚のようにアラブ人の心に息づくベドウィンの伝統を強く思いおこさせるものだった。ISILが文化財破壊におよんだのも、それがイラク人の最後の心の支えであることを計算したうえだった。

NYOIが委嘱したムハンマド・アミン・エザット、オサマ・アブドゥラソル、ランス・コンウェイ、アリ・ハッサーフの作品は、どれもフセイン以前の懐かしいバグダードを描いていた。一九五〇年代から七〇年代のイラクは文化の絶頂期で、カフェがあちこちにあり、演奏会や舞台、文学、美術が隆盛をきわめていた。フセイン政権も、知識人が社会に与える影響を無視することはできなかった。エザットらの作品には、そんなイラクの黄金時代をよみがえらせたいという思いが込められている。欧米人の耳には安っぽく聞こえても、アラブ人の魂が高らかに歌われているのだ。

クルド人にとっても、未来はどこまでもロマンティックな理想だ。クルディスタン地域の独立は非現実的で、シリア、トルコ、アルメニア、イラン、イラクに分散しているクルド人がひとつにまとまるのは難しいだろう。たとえ地政学的に可能であっても、クルド人どうしの溝が深すぎる。クルド人国家再建という壮大な夢を描く者、イラクのクルディスタン地域独立という現実路線を探る者、どちらも前向きではない。それでも彼らはISILに敢然と抵抗し、言語、伝統、土地を敵に渡さず、むしろ奪いかえそうとする戦いに勝利してきた。経験と文化に裏うちされた闘士であることを、世界に示したのだ。クルド人は過激なのである。

ＮＹＯＩが取りあげたムハンマド・ザザ、アリ・アウスマン、カルザン・マフムード、ナジャト・アミンの作品は、欧米ではもう放棄された現代音楽の文法を使って、クルド人の未来を指ししめそうとしている。彼らはイラク国内のみならず、イランやトルコの濃厚なクルドの伝統に接している。外国のオーケストラのために曲を書く機会を与えられた彼らは、平明なクルド民族音楽に複雑で洗練された響きを与えるため、現代的かつ個性的な様式を選んだのだろう。古風な民謡メドレーを期待した欧米の聴衆は裏切られたかもしれないが、少なくともクルド人のありのままの声を伝えることはできた。

けれども、クラシック音楽とクルドの心を結びつけるという点では、演奏者も作曲者も力およばずだった。作品は技術的にはやさしかったが、西洋音楽への理解不足を露呈していた。西洋音楽は音を積みあげる和声が基本であり、厳密な調音があって初めて成立する。いっぽう中東音楽は音の連なりで構成され、リズムが複雑で即興性が強く、調音法も複数存在する。クラシック音楽はお金を稼いだり、無料で夏季講習に参加するための手段であって、祝福したり、与えたりするものではなかった。ＮＹＯＩはそんなクラシック音楽の認識を変えようとした。

クルド音楽でおなじみの太鼓ダフは、ダルーンとシャーワンが名手だった。この楽器はイスラムの神秘主義者スーフィーが魂を呼びさますのにも使う。ＮＹＯＩもその力にあずかった。ヘルグルド、ワリード、バシュダル、トゥカ、アニー、ズハルといった中心的な人物たちが人生にめざめたのは、まちがいなくＮＹＯＩがきっかけだ。彼らほど野心がない者はうしろのほうでおとなしく演奏していたが、地元に帰ると権威ある厳しい先生だったりする。夏季講習が終わると、次のオーディションまで楽器を押入れにしまいこむ者もいた。そうなるとＮＹＯＩは教育組織ではなく、ただの旅行代理店だ。そんな参加者でも、オーケストラの席を埋めるためには必要だった。

ひとたび魂が目覚めたクルド人作曲家たちは、クルド人の苦悩を世界に知らしめるために、深い悲しみを音で表現した。ナジャト・アミンの《アンファル》などは、ＮＹＯＩにアラブ人楽員がいることをはっきり意識して書かれており、罪と罰を強く印象づけようとする姿勢は、クルディスタン地域に根づよい被害者意識から来ているのだろう。しかし同時に、クルディスタン地域が比較的平和なためか、悲劇的な歴史をともに悼む余裕も感じられる。でもバグダードは失われた時代を懐かしんでいないと、日々の暴力と混沌から自らを守れない。新しい未来が開けたときに始まる服喪の作業は、バグダードではまだ先の話のようだ。

そんな推理が正しければ、アラブ人とクルド人の芸術のちがいも理解できる。アラブ人の心が古代へのあこがれ一色ならば、ＩＳＩＬによって遺跡が破壊されたり、文化財が闇で売りとばされたりしたあと、どうやって前に進めばいいのか。少数派のクルド人はクルディスタンの再統一を夢見ているが、六種類の方言と国境で隔てられた現状で、はたして独立をかちとれるのか。イラクのクルディスタン地域は侵略をうかがう勢力に囲まれ、クルド人の心は根拠のない劣等感にさいなまれている。自己破壊、自己保存のどちらであるにせよ、クルド人の精神構造からして完全独立をあえて避けそうだ。

時間と歴史の感覚はオーケストラにも影を落とす。毎日の練習でも、時間どおりに着席してチューニングを始めることさえできない。これは長い戦いを経て、イラク流の時間感覚を改めさせることに成功した。ただどんなに順序どおり進めようとしても、オーケストラは堂々めぐりにはまる。あるパッセージに誤りが見つかれば修正する。ふたたび同じパッセージを演奏すると、別なところにまちがいが出てくる。その繰りかえしだった。

楽員たちが時間と音楽をどう感じているかは、小さな黒い音符が指示することよりはるかに重要だ。木管セクションを指導するダギー・ミッチェルは、練習の締めくくりによく「ちがいはわかったかい？」と問いかけた。楽員たちは元気よくうなずく。でも「前よりよくなった？」とたずねると、少し不安そうだ。自己反省をやりすぎると、疲れて集中力がなくなり、ミスが増える悪循環にはまる。現代音楽ともなると、彼らの技術レベルと経験では作品の文脈が理解できず、親しみもてないため、演奏者も指揮者も怒りを募らせることになった。アリ・アウスマンの《祈り》をやっていたとき、コントラバスのサミルのふてくされた態度が目に余り、私はこういった。「いいか、この作品が嫌いなら一回で完璧にやれ。そうしたらいつまでも練習せずにすむぞ！」

そんな状況でも、果てしない忍耐と信頼を通じてＮＹＯＩは劇的に進歩していった。二〇一二年のイギリス訪問時にプロジェクトマネージャーを務めたベッカは、報告書にこう記している。

ほんとうに驚きのオーケストラだった。メディアで読んだ話は一〇〇パーセントほんとうだ。夏季講習の最初の全奏を聴いたときは、演奏会が本気で心配だった——へたくそなスクールバンドみたいな音だったからだ。それから三週間で変わるとは正直予測していなかった。でも本番では度肝を抜かれた。そこに至るまでの道のりを知っていたからなおさらだ。夏季講習という集中した時間で受けた、質の高い音楽的な指導は若い演奏者たちを根底から変えた。その影響は深く根をおろし、彼らの生命線となっていくだろう。

急激な学習曲線を描けること。それは欧米で移民や難民の労働者が恐れられる理由のひとつかもしれない。

NYOIは毎回顔ぶれも変化し、活動も変わっていったが、オーケストラと私のあいだには家族のような感情が育っていった。イラク人の心のなかにはいつも家族がいるし、私の指揮も家族を求める気持ちが根本にある。社会基盤が徹底的に破壊されたイラクでは、頼れるのは家族しかいない。

現代のイラクの家族は両親に子どもが二、三人とわりあい小さいが、親族も含めた大人数でひとつ屋根の下で暮らしている。この国には保険の概念がないから、子どもが年金がわり。なるべくたくさん子どもをもうけて、よい仕事につかせ、家族をもたせなくてはいけない。さらに宗教の圧力も加わるため、ゲイを公言する発想自体ありえないし、同性どうしがひそやかな関係をもっている現実も、タブーとして奥深くしまいこまれている。

宗教は家族にも絶大な力をふるう。セックスの役割は、結婚した夫婦が子どもをつくるためと決められているので、若い男女が人前で触れあうことは許されない。そのいっぽうで、セックスにつながるかどうかは別として、若い男どうしが公然とべたべたする文化がある。欧米の異性愛の男にそんなふるまいは見られない。ゲイのレッテルを貼られるからだ。

家族はマフィアでもある。二〇〇三年の軍事侵攻で法の秩序が完全に崩壊し、その後復活の兆しも見えないイラクでは、民族、宗教、家族をめぐる紛争を自力で解決することも多い。酒やはした金でヒットマンを雇うのだ。緊張関係が複雑にからみあう地域社会においては、近隣で暗殺や名誉殺人が起きてもみんな見て見ぬふりをする。ことを荒だてようものなら、自分が標的になるだろう。こうして戦争とテロがいつまでも生きのびる。

石油はイラクの「呪いの資源」だ。バシュダルはよく「問題は私たちが怠け者であること」だといっていた。イラクでは石油会社が地面を掘りはじめてからずっと、戦争と平和が交互に繰りかえされてきたが、腐敗と停滞はつねに存在していた。ところが技術の発達によって、石油のだぶつきが起こる。そうなると生産設備がなく、技術革新もなく、教育があって流動性の高い労働力がいないイラクはお手あげだ。だがそもそも腐敗とは何なのか。NGOのトランスペアレンシー・インターナショナルはこんなふうに解釈している。

「腐敗とは委任された権力を濫用して私的利得を手に入れることだ。失われた金額とそれが起きた部門によって、大きい腐敗、小さい腐敗、政治的腐敗に分類できる」

二〇一四年、トランスペアレンシー・インターナショナルの腐敗度ランキングでイラクが世界第六位になった。説明責任の遂行度は下から一七パーセントという低さだ。だが透明性は確保されている。イラクでは腐敗を恥とも思っておらず、誰も隠さないのだ。説明を求められることもない。二〇一〇年に発表された法の統治に対する信頼度ランキングで、イラクは下から二パーセントに位置していた。政府予算も詳細が明らかにされることはない。でも取引のうまみをひとりじめしたら、それが腐敗だと指弾される。税金を払うように、パートナーにも分け前を与えなければいけないのだ。

NYOIを海外からオンラインで運営したのはそのためだった。イラク国内の銀行は信用回復まで時間がかかっている。出したお金が一〇〇パーセントNYOIに入っているという取引の透明性があればこそ、NYOIは信頼され、欧米のさまざまな組織と五年間関係を続けることができた。それを支えてくれたのがブリティッシュ・カウンシルと「ドイツの友人たち」だ。

バグダードの政治家や高官たちはグリーン・ゾーンの高級住宅に住み、快適な環境でぬくぬくと暮らしている。彼らへの市民の反感は強烈だ。グリーン・ゾーン以外の地域は、二〇〇三年に軍事介入が始まってから電力や水の不足が続き、ゴミ収集も機能していないというのに、エリート連中は金だけ吸いあげている。アメリカ軍に解体されたのち、政府が再構成したイラク軍もお粗末きわまりない。腐敗と能力不足、政治主導の任官で弱体化が著しく、ISILに対抗できる装備もない。

スンニ派とシーア派の対立についてこの本で触れなかったのは、直接のかかわりがなかったからだ。ただ二〇一三年に私が指導したピアニストのムハンマド・ラムシは、バグダードでの爆破事件で親友を失ったとき、シーア派の墓地に行くことができなかった。彼はスンニ派なのだ。NYOIに参加したアラブ人の大半は、バグダード音楽・バレエ学校の卒業生で、音楽をやる者どうしつきあいも長い。クラシック音楽への愛でつながる彼らは、少数派の立場をよく理解している。

だがサダム・フセイン時代、政権党であるスンニ派のバアス党は宗派対立をあおり、シーア派を激しく迫害した。二〇〇三年にフセインが失脚すると、シーア派の新政権と軍・警察の目が届かない権力の真空にシーア派民兵が入りこみ、スンニ派に復讐を開始した。両者の溝は深まるばかりだった。軍がＩＳＩＬの脅威に立ちむかおうにも、腐敗と身内びいきで信頼は失墜し、命令系統は崩壊していた。なかでもスンニ派の兵士は、同じスンニ派で構成されるＩＳＩＬと戦うことに強く抵抗した。

それでも、平穏な状況が続いていた二〇〇九年から二〇一四年までのあいだに、イラク政府はいろいろやれたはずだ。住環境を整備して、アラブ、クルド、アルメニア、アッシリア、トルコマン、ヤジディの多様な文化を回復することもできたはず。南アフリカの例にならい、真実和解委員会を設置してもよかった。しかし政府は大企業や宗教界のご都合主義に流され、強欲の文化を選んだ。

イラクの子どもたちの将来は、生まれた家や宗教で決まってしまうのか？　そのとおり。教育の機会は狭められ、金持ちの政治家や公務員ばかりがいっそう裕福になる？　当然だ。利己的な老人たちは、権力の座にしがみつき、公共のための資金で強欲を満たしているかぎり、若者たちを叩きつぶすだろう。それが人間の本質なのかもしれないが、イラクほど極端な国もめずらしい。

いっぽう、クルディスタン地域政府が発表した政策文書「ＫＲＧヴィジョン２０２０」にはこう記されている。「政府は二〇二〇年までに腐敗を一掃し、あらゆる責任を公正かつ有効なかたちで果たしていく」。目標の実現は難しいだろうが、少なくとも彼らはそう宣言した。

イラクはというと、ＩＳＩＬのせいで苦境に陥り、資金が足りないと主張する。すごいブラックジョークだ。政治家たちがふところにしまいこんだ巨額の金がほんらいの使い道に回っていたら、イラクはいまのような惨状になっていただろうか？　あの金はいまどこにある？　ＩＳＩＬは占領地域に独自の文化を押しつけたが、公共サービスを実施し、腐敗を根こそぎ追放した。もしイラクが文化や治安、住民サービスにお金を賢く使っていたら、イラクは国民が戦ってでも守りたい国、未来のある国になり、ＩＳＩＬの侵略も許さなかっただろう。

そんな状況でも、希望と尊厳を取りもどし、恥ずかしくない人生を築こうとする若者がイラクにはいる。希望を抱き、寛容さを身につけ、人間性をどこまでも信じる力が誰よりも強いのは、ＮＹＯＩの楽員たちだった。彼らは私の弟であり、妹だ。その崇高な精神があれば、生きながら焼かれる地獄からの脱出口はきっと見つかるはずだ。

解説

樋口美治（中東音楽研究家）

本書は、イラクのユース・オーケストラ結成プロジェクトに、中東についての経験や特段の知見ももたずに飛び込んだ、スコットランド出身の若手指揮者ポール・マカランダン自身による手記である。二〇〇八年にはじまるその七年間にわたる物語は、イラクの若き演奏家の卵たちと、彼らを取り巻く混沌とした状況、そして多くの支援者との葛藤を描いている。

とはいえ、イラク戦争（二〇〇三）後の混沌とした政治・社会状況や、本書の終わり近くにも描かれるイスラム原理主義テロ集団ダエシュ（ＩＳＩＬ）などを要因とする不安定な治安状況のため、著者は、イラク国内にはこの七年間にわずか三回しか足を踏み入れられていない。しかも、比較的治安が安定していたイラク北部のクルド人自治政府域内の、それも石油開発の利権で沸き返り急激な変貌を遂げた数都市において、数週間活動できただけにすぎない。よってイラク国内の音楽家の中心地である首都バグダードには足を踏み入れることもかなわず、そのため本書の舞台の多くは楽団の支援者がいるドイツ、英国、フランスなど、イラク以外の国々となった。

そのせいか、イラク各民族の文化・伝統や、近代以降のイラクにおける西洋音楽の歩みにかんする記述のなかには、旧宗主国である英国をはじめとした欧米人一般にありがちな中東の文化にたいするステレオタイプの見方がうかがえる。とはいえそれは、このプロジェクトでの滞在がクルド自治区の数都市に限られ、そのためにクルド人を通じた情報に頼らざるをえなかったことに起因しているともいえるだろう。しかし本書はそうした点を差し引いても、外側からはほとんど見えてこないイラク戦争後の市民生活の一面、とりわけ戦乱のなかで生まれ育った現代イラクの若者たちが、将来を見通せない荒廃した社会状況のなかで、西洋クラシック音楽という文化に安らぎや希望を見出す前向きな姿を描きだしている。

日本は一九七〇年代から、インフラ整備などのイラクの大規模な開発に、官民ともに深くかかわっていた。一九八〇年代には、いったんイラン・イラク戦争の激化した時期に陰りを見せたものの、一時は数千人の邦人がイラク各地に在留するまでになった。また同時に、日本の大学関係者による遺跡の発掘活動をはじめ、イラクの伝統音楽家グループや国立舞踏団の来日公演の実施など、多方面での良好な関係を築いていた。しかし一九九〇年のクウェート侵攻と翌年の湾岸戦争以降、両国の関係は冷え切ってしまう。そのため、独裁政権、戦争、民族対立、テロ、経済制裁といったネガティヴなキーワードがメディアをにぎわすばかりで、イラクに暮らす人々の文化的側面について触れられる機会は皆無に等しくなった。

筆者は一九八四年から二年間、バグダードにある当時のイラク共和国文化情報省管轄のイラク古典音楽院で、イラクの伝統音楽を学ぶ機会を得た。その後も、一九九〇年のイラク軍のクウェート侵攻の前までは、バグダードを定期的に訪れていた。その間、伝統音楽と西洋クラシック音楽を問わず、アラブ、クルド、トルコマン、アッシリア、マンディーなどの多様な民族にわたる多くのイラクの音楽家の知己を得た。湾岸戦争とその直後の混乱の数年間を別にすれば、イラク国内のみならず、中東諸国・欧米に移住した多くの音楽家たちとの交流は、三十有余年にわたる今日まで続いている。

イラクにかんする情報は、インターネット上を中心に種々雑多なものが氾濫しているものの、イラクの地の悠久の歴史、多様な民族と宗教・宗派、とりわけ彼らの文化についてとなると、一般には馴染みが薄い。そこで、本書の内容と直接かかわる近代以降の歴史的背景とイラクの音楽文化にかんするものを中心に、若干の解説を記して、一般の読者が本書をより深く味わうための一助としたい。

古代からオスマン帝国支配下までのイラク

ティグリスとユーフラテスの二つの大河に育まれたイラクの地は、紀元前三〇〇〇年以上前から古代メソポタミア文明が栄え、シュメール、アッカド、バビロニア、アッシリアなど数々の王朝による支配が続いた。かの地は楽器の歴史にも深くかかわっており、紀元前二六世紀のシュメール人のウル王墓からは、黄金の牛頭の飾りをもつリラやハープをはじめとした世界最古の弦楽器も発掘され、復元されたものが大英博物館にも展示されている。

紀元前六世紀頃からは、古代マケドニアのアレクサンダー大王の征服時期をはさんで、幾多のペルシア系帝国による支配が続いた。とはいえ当時は多くの民族を抱えており、たとえばサーサーン朝時代のイラク地域には、ゾロアスター教徒のペルシア人、遊牧のアラブ人、ザグロス山脈麓のクルド人、バビロン周辺のユダヤ教徒、南部マーシュ地帯のマンダ教徒をはじめとする多様な民族が暮らしていた。

七世紀前半からは、サーサーン朝を破ったアラブ人によってアラブ・イスラム化が進み、アル・イラークと呼ばれるようになる。八世紀にはアッバース朝の為政者（カリフ）のもとで、唐の長安に並ぶ当時の世界の最先端都市バグダードが造営され、広範なイスラム世界の中心地として栄華を誇った。アッバース朝第五代カリフ、ハールーン・ラシードの時代に絶頂期を迎え、それにしたがって宮廷音楽文化も盛んとなった。イブラヒームとイスハークのマウスィーリー父子（ペルシア人）やズィリヤーブをはじめとしたアラブ音楽史上で語り継がれる著名な音楽家が活躍したのはこの頃のことだ。

一三世紀中頃には、弱体化したアッバース朝はモンゴルのフラグの軍によりバグダードを徹底的に破壊され、滅亡した。その後イラクの地の地位は低下し、ペルシアと中央アジアを支配するテュルク・イスラム系諸勢力の支配下に入ることとなった。

一六世紀初めからはペルシアを支配するサファヴィー朝の支配下となり、住民の多くが、現在イラクの最大宗派であるイスラム教シーア派（一二イマーム派）となった。しかしこの時期は、広大な版図を誇り最盛期を迎えたトルコ系のオスマン帝国との争いのため、イラクの地は両者の支配に揺れ動いてもいた。けっきょく、一六三九年以降、第一次世界大戦終結までの長きにわたって、オスマン帝国の支配を受けることとなった。

一七世紀末から一八世紀にかけてのオスマン帝国は、西欧技術や文化の吸収をはかり、新たなトルコ・イスラム文化を成熟させた。しかし一八世紀になると帝国の中央集権化が弱体化し、イラクは現在のジョージア（グルジア）地方出身のマムルーク（奴隷身分出身の軍人）の支配下となる。そして一九世紀に入ると、帝国は行政から軍事、文化にいたるまで西欧的な体制への転換をはかる改革（タンジマート）を推し進めた。イラク地域はモスル、バグダード、バスラの三州に再編され、西欧諸国の経済的進出が激しくなった。

この時代の音楽面に触れておくと、たとえば第一次世界大戦までのオスマン帝国下におけるバグダードでは、わずかな数の伝統器楽合奏団「チャルギー」とイスラム教徒の歌い手によるイラキ・マカーム（ユネスコの無形文化遺産）をはじめとした伝統音楽が、社交の場であるコーヒー店やパトロンとなっていた富裕層の個人の邸宅で演奏されていた。伝統音楽の楽器の演奏家は限られた数のユダヤ教徒が中心となっていて、演奏法を家族以外に教えることすらまれであった。

第一次世界大戦以降の近代イラク

第一次世界大戦でオスマン帝国は枢軸国側として参戦し、英国軍の侵攻によってイラクも戦場となった。一九一七年にはバグダードは英国軍によって陥落し、翌年オスマン帝国は降伏。連合国と一九二〇年のセーヴル条約を締結して広範な領土を失う。

しかし大戦後の一九二一年、イラクは英委任統治領メソポタミアとなり、メッカのハーシム家のファイサル・イブン・フセインが国王となる。いっぽう、ムスタファ・ケマルの主導するアンカラのトルコ軍がギリシアとの戦いに勝利した。そして一九二三年のローザンヌ条約において現在のトルコ領が確定し、オスマン帝国は消滅しトルコ共和国となる。しかし、セーヴル条約に示されていたクルド民族の国家構想はこの新たな条約で無効とされ、クルド人の居住領域はほぼ現在の国境線で分断・分割されることとなり、現代のクルド人問題の直接的原因となった。イラク北部のクルド人の独立も受け入れられず、バルザーニー一族を中心としたたび重なる反乱も英国により鎮圧された。

一九二七年のキルクークでの油田の発見により、イラクの経済的重要性は急激に高まり、バグダードを中心に近代化・西洋化が進んだ。この時代のイラクの音楽の動向を見てみると、外国製のレコードが流入するようになり、オスマン帝国滅亡以来新たに中東の音楽文化の中心地となったカイロ発の汎アラブ歌謡をはじめ、トルコの器楽、イラク南部地方の歌（リーフィー）、新たなユダヤ教徒イラク人音楽家の歌謡などがバグダードやバスラ、クウェートを中心に流行し、音楽の大衆化がはじまった。そのため音楽家育成の社会的要求も高まり、一部の音楽家によってヴァイオリンやウードの演奏法が個人ベースで教授されるようになっていたようだ。

一九三二年、イラクは英国の間接支配のもと、中央集権のイラク王国として独立する。それによってよりいっそうの急速な近代化と西洋化が進展した。一九三六年にはイラク国営放送が開始。新たなアラブ音楽がさかんに流される反面、伝統的コーヒー店などでの演奏機会は失われていき、音楽家の活動の場はイラク国営放送の番組や新たな小規模ホールでの数少ない演奏会に限られていった。いっぽうで、都市の富裕層や知識層のあいだでは、西洋クラシック音楽も親しまれるようになる。

イラク最初の近代的音楽学校

一九三六年には、イラク王国教育省は伝統古典音楽と西洋クラシック音楽の教育機関として、イラクで最初の音楽学校となる国立音楽院をバグダードのワジーリーヤに設立した。そして指導者として、イラク近代音楽発展に多大な影響を与えることになる著名な音楽家シャリーフ・ムヒー・ディーン・ハイダルを、イスタンブールから招聘した。彼は、オスマン帝国から任じられたハーシム家のメッカの地方総督のトルコ人妻の子として、一八九二年にイスタンブールで生まれた。音楽の才能に恵まれ、幼少期よりオスマン宮廷音楽家から伝統音楽の教えを受け、その才能を開花させた。その後、法律を学ぶかたわら、ダール・フヌーン（イスタンブール大学の前身）で伝統古典音楽と西洋クラシック音楽を学び、ウードとチェロの演奏家となった。

ムヒー・ディーンは、伝統楽器であるウードの演奏に伝統的な演奏スタイルや楽曲の枠にとどまらない緊張感と変化に富んだ革新的な表現や、驚異的な運指テクニックをもつ演奏の名手として知られる。また作曲家としても同様の評価をえている。彼の演奏家ならびに作曲家としての名声はトルコ国内にとどまらず、一九二四年からチェロ演奏に磨きをかけるために四年間訪れたアメリカでも、高度な演奏技術・表現と独創的作品が賞賛された。国立音楽院では学院長職にとどまらず、ウードとチェロ教授を兼任。全アラブ世界で知られたウード奏者のジャミール・バシール、彼の弟でイラク音楽界の中心人物となった世界的ウード奏者ムニール・バシール、サルマン・シュクル、ガーニム・ハッダードをはじめとした多くの優れた器楽奏者を育てた。

その国立音楽院は、西洋音楽部門ではピアノ、ヴァイオリン、チェロ、クラリネット、フルート、トランペット、トロンボーン、オーボエが、アラブ伝統音楽部門ではウード、カーヌーン（ツィター）、ナーイ（葦笛）の器楽演奏、楽理、声楽、調音、語学などの科目が教授された。

発足当初の学生の多くは、公務員や医学生をはじめとした他の専攻をもつ学生がほとんどであったため、夜間のみの六年制でスタートした。教授陣はアッシリア人で軍楽隊出身の作曲家ハンナ・ペトロスをはじめとしたイラク人、ルーマニア人ピアニストのジュリアン・ヘルツらの外国人で構成された。

一九四〇年には外国からの招聘教授陣の充実化、弦楽部門などの拡充、美術部門の併設などがおこなわれ、バグダード芸術学院（マアハド・フヌーン・ジャミーラ・バグダード）として再編された。初期の卒業生には、その後イラク音楽界の重鎮となった音楽家も多く、また、卒業後母校で講師を務めるものも多かった。一九五〇年代から六〇年代初めにかけてアラブ世界で名声を博したイラクの国民的歌手、ナーディム・ガッザーリーも同院の卒業生である。

一九五二年からは中等教育修了者を対象とした五年制の全日制（現在まで続いている）となり、夜間部はじょじょに廃止となった。全日制スタート以降はより多くの卒業生を輩出し、教育省傘下の各種の学校で芸術関連の教師の職についた。また、優秀な学生は国費でソヴィエト、ハンガリー、英国をはじめとした欧米諸国に留学した。

一九五八年には美術系の芸術大学にあたる芸術アカデミーがバグダードのワジーリーヤに設立され、一九六七年にバグダード大学の芸術学部に編入された。一九八七年には同学部に音楽学科が発足した。

イラク国立交響楽団

一九四一年、イラクで初めての室内楽団がバグダード芸術学院で結成された。同学院の協力で一九四八年にはバグダード・フィルハーモニー協会が設立され、さらに同協会によってバグダード・フィルハーモニー管弦楽団が結成。バグダードやキルクークでの演奏活動をおこなった。このバグダード・フィルハーモニー管弦楽団がイラク国立交響楽団に発展するわけだが、その流れをこの間の社会状況とともに見ていこう。

独立以降、イラクでは反英運動が広がったが、第二次世界大戦中の軍によるクーデターやクルド人の反乱は、石油利権を確保したい英国によりことごとく潰された。一九四八年には第一次中東戦争が勃発し、戦争によってイラク経済は悪化。一九五二年のエジプトでのクーデターと共和制移行でアラブのリーダーとなったジャマール・アブド・ナーセル大統領のアラブ民族主義政策に呼応するかのように、一九五八年七月一四日、アブドルカリーム・カーシム率いる自由将校団によるクーデターによってイラク共和国が成立した。この直後の一九五九年、イラク共和国政府によって、バグダード・フィルハーモニー管弦楽団は正式なフルオーケストラのイラク国立交響楽団となった。同じ年に設立されたエジプトのカイロ交響楽団とともにアラブ世界ではもっとも古い交響楽団である。

一九六〇年代のイラクは、たび重なるクーデターで政変が繰り返された。イラク国立交響楽団もそういった政治的不安定な状況に無縁でいられるわけもなく、何度も活動中止を余儀なくされた。

一九六八年七月一七日の無血クーデターの成功により成立したバアス党政権は、クルド人の反乱やシーア派の反体制派を抑え込みながら、党名であるアラブの復興（「バアス」は復興の意）と社会主義を旗印に独裁的な体制固めを進めた。またそのいっぽうで、石油事業の国営化とOPECの石油戦略による価格の高騰で急増した石油収入を背景に、軍備増強と産業基盤の整備、学校・文化施設の整備、教育・人材開発や文化事業などに力を入れ、イラク社会の近代化、世俗化を急速に推し進めた。

それとリンクするようにこの頃のイラク国立交響楽団も、バグダード芸術学院卒業後に欧米各国で学んで帰国した演奏家を加えたり、友好国からの演奏家や指揮者も客員として迎え入れたりして拡充再編成をおこない、多くの海外公演もおこなうようになった。

一九七〇年代中頃からはイラク人女性演奏家もさまざまな楽器パートにおいて、常任メンバーとして楽団に加わるようになった。その多くは、バグダード芸術学院やバグダード音楽・バレエ学校出身者であった。同楽団でもっとも著名なソロイストは、イラクの女性音楽家の先駆者で、バグダード生まれのアルメニア系女性ピアニスト、ベアトリス・オハネシアン（一九二七〜二〇〇八）である。彼女はバグダード芸術学院でピアノを専攻し、卒業後イラク政府の国費留学生としてロンドンの王立音楽アカデミーに留学。また、フルブライト留学生としてニューヨークのジュリアード音楽院でもピアノを専攻し、カーネギー・ホールでの公演を終えたあとイラクに戻り、母校のバグダード芸術学院のピアノ部門長に就任した。彼女は、ミネソタやジュネーヴで教鞭をとった数年間（一九六八〜七二年）をのぞくと、一九六一年から九四年まで楽団の常任ソリストを務めたほか、中東諸国で多くの音楽セミナーをおこない、オーストリアとドイツでの定期的なリサイタルをはじめ、欧米、中東諸国で演奏会を開いた。一九八〇〜九四年のあいだには、多くの作品も作曲した。一九九六年からは、経済制裁下で状況がきわめて厳しくなったイラクを離れ、アメリカでの生活を選択した。

サッダーム・フセインが一九七九年に大統領となると、名実ともに彼の独裁体制が固まる。一九八〇年にはイラン・イラク戦争が開戦。戦争の長期化によってイラクの経済と財政は悪化し、イラク国立交響楽団も財政難に見舞われたが、ミサイルによる都市攻撃を受けた最中でも、活発に演奏活動が続いた。

皮肉なことに、独裁者サッダーム・フセインによる統治時代には、西洋音楽であろうが伝統音楽であろうが、反体制的政治スタンスでない限りにおいては、音楽家が狙われたり、音楽活動が阻害されることはなかった。民族や宗教・宗派、性差別なく多様な音楽家が活動し、イラク国立交響楽団は毎月定期演奏会を開いていた。外交団主催による各国の音楽家の公演、アラブ古典音楽団の演奏会、「芸術の日」や「バビロン・フェスティヴァル」などの定期的な音楽フェスティヴァル、エジプトやレバノンなどアラブの人気歌手の公演など、毎週のように演奏会が開かれた。バグダードの国立劇場、ラシード劇場、大型ホテルのホールなどの会場はつねに多くの聴衆でにぎわい、人気の高いコンサートのチケットは一般には入手がきわめて難しく、会場の入口は入場できなかった人であふれかえっていた。公演の多くは、国営テレビによってライヴや録画が全国ネットで放映されていた。しかし一九九一年の湾岸戦争とその後の長きにわたる経済制裁下の時期に入ると、イラク国立交響楽団においても多くの優れた演奏家が離団し、年を追うごとに人的にも財政的にも楽団の活動は窮地に追い込まれていった。

イラク戦争後、さらに多くのメンバーが国外に去るなか、旧イラク軍の軍楽隊出身のメンバーを加えてようやく楽団は維持され、米軍の庇護のもとで活動を再開した。二〇〇三年一二月にはワシントンのケネディ・センターで、ワシントン・ナショナル交響楽団、ヨーヨー・マと、多分にブッシュ政権寄りの政治的意味合いの強い共同演奏会をおこなった。その後、イスラム原理主義組織やその親派などによるメンバーの誘拐、脅迫、暴行や殺害の被害にあうなどして、さらに多くの演奏家が離脱したが、本書に記述されているような若い演奏家をメンバーに加えて、何とか演奏活動を継続し、二〇一〇年頃からは定期公演もおこなっている。

楽団のメンバーは、現在も公務員として国から給与が支払われているが、けっして充分なものでなく、彼らのほとんどはさまざまな職業を兼務しながら演奏活動を続けている。二〇一八年には公務員の兼業禁止と議会選挙後の混乱により、半年以上の給料と経費が未払いとなり楽団存続の危機を迎えたが、九月には乗り切り、ムハンマド・アミン・エッザト指揮のもとホームグラウンドの国立劇場で一一月に定期公演を再開し、満員の聴衆を集めている。

バグダード音楽・バレエ学校とイラク古典音楽院

本書に登場するズハル・スルタンやナショナル・ユース・オーケストラに参加した一部のメンバーの出身校として、再三言及されているバグダード音楽・バレエ学校は、一九六八年、バアス党政権のイラク共和国文化情報省によって設立された。西洋クラシック音楽とアラブ古典音楽、そしてバレエを専門とする小学校から高校までの一貫教育の芸術系学校として、バグダードのマンスール地区にある。

当初、ムニール・バシール、その弟のフィクリー・バシール（モスクワ留学から帰国）、フィクリーの妻であるトビリシ生まれでロシア音楽アカデミー出身のアグネス・バシール、ロシアのボリショイ劇場から派遣された教師陣をはじめとした優れたスタッフを擁していた。

生徒の多くは、著名な演奏家をはじめとする音楽関係者や都市部の富裕層、知識人の子弟で占められている。西洋クラシック音楽、伝統音楽の双方の音楽家や教育者を輩出し、イラク国立交響楽団のメンバーにも多くの卒業生がいる。イラク戦争後も男女共学校として存続し、同校やイラク古典音楽院の卒業生を中心としたイラク人の教師陣が指導にあたっている。

一九四八年の第一次中東戦争以降、一九五〇年代のユダヤ教徒のイラク出国の流れは、イラクの伝統音楽に大きなダメージを与えることとなった。ユダヤ教徒が中心だった伝統音楽の演奏家の消失により、優れた演奏家の数は激減した。

一九七〇年、ムニール・バシールを中心とした文化情報省音楽芸術部局は、イラキ・マカームをはじめとしたイラクの伝統音楽再興のための演奏家養成を目的として、夜間部のみの六年制のイラク古典音楽院をワジーリーヤ地区に設立した。かつてのユダヤ教徒の豪邸を校舎としたものだった。一五歳から成人までの才能あふれる若者が、民族や性別を問わずイラク全国から集められた。教授陣はバグダード芸術学院出身の伝統音楽の演奏家を中心に、チュニジアやハンガリーなどからも招聘された。

筆者の留学当時（一九八〇年代半ば）、学内は自由な雰囲気にあふれ、女子学生もヒジャブを被ることもなく流行の服装に身を包んでいた。アラブもクルドもその他の少数派も（筆者のような東アジアの人間であっても）、民族的な違い、宗教・宗派を明確に認めながら、イラクの音楽の仲間としての一体感を抱き、レッスンに励んでいた。当時の卒業生の多くは、今日まで、国境を越えた広範なネットワークを形成している。

このイラク古典音楽院、一九八六年からはラシード通から少し入ったオスマン朝時代の伝統的建物を校舎に、全日制として再スタートした。七〇年代から八〇年代には、イラクを代表する多くの優れた音楽家を輩出したが、彼らの大半は、湾岸戦争以降の経済制裁期からイラク戦争までのあいだに国外に脱出し、欧米諸国やアラブ諸国に住むこととなった。フセイン・アザミー、サーリム・アブド・カリーム、ナシール・シャンマ、フェリーダなどをはじめとする面々が、イラクの伝統音楽やアラブ音楽の著名な演奏家、人気歌手、高等音楽教育機関の教師・指導者として活躍している。現在はイラクに残った同校の卒業生を中心とした教授陣が、同学院の立て直しに奮闘している。

先の見えない国家再建と音楽文化の復興

二〇一四年のアメリカ公演がすべてキャンセルされて以降、イラク・ナショナル・ユース・オーケストラは、宗派対立の激化に乗じたダエシュの急速な勢力拡大の状況とともに活動停止状態となった。著者のポール・マカランダンは、その後、彼の母国スコットランドの中心都市グラスゴーで、かつては造船で栄えたが造船業の衰退とともに荒廃してしまったゴヴァン地区の再生をめざす文化団体グラスゴー・バロンズの中心人物として活動している。みずからが指揮するコミュニティ・オーケストラの演奏活動、クルド人をはじめとした難民や亡命演奏家グループによる公演の支援、市民や子供たちの音楽活動の支援などがその内容だ。

二〇一七年、ダエシュによって四年近く占拠・蹂躙《じゅうりん》された第二の都市モスルをふくむイラク北西部地域が、ペシュメルガ、イラク政府軍、シーア派民兵組織、米軍主体の有志連合軍の空爆による再三の掃討作戦により、ようやく解放された。しかし今度は、クルド自治政府の議長ムスタファ・バルザーニーが、二〇一七年九月にイラク政府、周辺国、国連、米国、EUの反対を押し切り、クルディスタン独立の賛否を問う住民投票をイスラエルの後押しで強行し、民族間紛争の激化再燃の緊張が走った。その結果、バルザーニーは自治政府議長退任に追い込まれ、ダエシュ掃討後、クルド側が実効支配していたババ・グルグル油田のあるキルクークもイラク政府に奪還された。また、イラク戦争後の初代大統領で、クルド二大勢力の一方であるクルド愛国同盟の指導者ジャラール・タラバーニーが死去し、クルド自治政府の行く末も混迷を深めている。

二〇一八年五月に実施された国民議会選挙後、シーア派指導者ムクタダ・サドル師とイラク共産党の政党連合のトップが確定した。たび重なる交渉のすえ、連立多数派政権が成立し、同年一〇月にはようやく、本書でも何度か言及されたイラク連邦政府副首相とクルディスタン自治区の首相の要職を務めたクルド人バルハム・サーレハが大統領に就任した。シーア派の元石油相アデル・アブドルマハディも首相に指名され、ようやく組閣となった。とはいえ、今後はたして、政治の腐敗・不公正にたいする不満や怒り、イラク戦争後から進まぬ地方におけるインフラの復興整備、壊滅的に破壊されたモスルをはじめとするダエシュからの解放地域の復興、くすぶり続けるクルド独立の動きと宗派間対立、依然として続くテロへの対応など山積する課題にたいして、このような変わらぬ顔ぶれの組み替えと数合わせによる新体制が、適切に対処し改善・是正していけるかは、大いなる疑問である。

　本書においても言及されているように、湾岸戦争後の経済制裁期以降の人材流失と財政難やイラク戦争後の治安の悪化のなか、バグダードにある既存の音楽教育機関やイラク戦争後にクルディスタン自治区に誕生した新たな音楽教育機関のいずれにおいても、質の高い音楽教育がおこなわれているとはいえない。イラクを離れ各国で活躍する多くの音楽家も、特別な演奏会への出演やごく短期間の個人的な里帰りをのぞいては、イラクに帰国し国内で活動するといった動きはほとんどない。その多くはイラクを出てすでに四半世紀を迎えようとしており、すでに亡くなった演奏家も珍しくない。どうにも先が見えない混迷がえんえんと続くなか、本書に登場したイラク・ナショナル・ユース・オーケストラの団員をはじめとして、音楽への情熱にあふれながらも混乱のなかを生きぬくイラクの若者たちによって、西洋クラシック音楽、伝統音楽を問わず、「イラクの音楽文化の復興」が遠からずもたらされることを期待せずにはいられない。

著者

ポール・マカランダン（Paul MacAlindin）

スコットランドのアバディーンに生まれる。サリー大学、ヨーク大学、オープン大学で修士・博士課程を修了。スコットランド室内管弦楽団、ＢＢＣフィルハーモニック、ロイヤル・フィルハーモニー管弦楽団にてピーター・マクスウェル・デイヴィスのアシスタントを務め、一九九三年からプロの音楽家として活動を始める。それ以来、ニュージーランド交響楽団、デュッセルドルフ交響楽団、スコットランド・ナショナル・ユース・オーケストラなど多くのオーケストラで指揮者や客演指揮者を務めた。イラク・ナショナル・ユース・オーケストラでは六年間にわたって音楽監督を務める。英語、ドイツ語ともに堪能。

訳者

藤井留美（ふじい・るみ）

翻訳家。訳書は『レッド・アトラス』（日経ナショナルジオグラフィック社）、『私はすでに死んでいる』（紀伊国屋書店）、『フルトヴェングラー　グレート・レコーディングズ』（音楽之友社）など多数。アマチュア室内オーケストラを二〇年以上にわたって共同運営した経験を持つ。

求《もと》むマエストロ。瓦礫《がれき》の国《くに》の少女《しょうじょ》より
イラク・ナショナル・ユース・オーケストラの冒険《ぼうけん》

二〇一九年五月三一日　初版第一刷発行

著　者　ポール・マカランダン
訳　者　藤《ふじ》井《い》留《る》美《み》

発行者　鈴木　茂・木村　元
発行所　株式会社アルテスパブリッシング
〒一五五-〇〇三二　東京都世田谷区代沢五-一六-二三-三〇三
TEL　〇三-六八〇五-二八八六
FAX　〇三-三四一一-七九二七
info@artespublishing.com　https://artespublishing.com

ブックデザイン　福田和雄（FUKUDA DESIGN）
印刷・製本　太陽印刷工業株式会社

ISBN 978-4-86559-195-8　C1073　Printed in Japan

アルテスパブリッシング
ARTES